2011年秋于百年老校衢州一中门前

校园里的春天

2014年春在家小区内

新校长与老校友

韩济生院士（左三）参加母校110周年诞辰庆典

儒师们

载誉而归的语文组奇葩　2011年10月

立人天地

无法不温柔

一本书读懂语文老师

毛香菊 著

黑龙江教育出版社

“教育需要温柔”，这是作者得之于教育实践的悟道之言。“温柔教育”既是基于教师对学生的真切理解，是实现教育目标不可或缺的，同时也是一种行之有效的教育方法。“师者”用一片爱心、一汪深情、一腔真意感化学生，所取得的成效，远过于疾言厉色、风暴雷霆，这是大多数教师都能感受到的。作者用一桩桩小事、一个个细节娓娓道来，特别能感动人。作者说：她坚守的是“温柔为师，温和做人，温文做事”的原则。那么，其作品表述的“温柔教育”理念，亦可谓之“文如其人”罢。

——浙江师范大学兼浙江大学教授、博士生导师　王嘉良

随着文字，仿佛回转身来到树高林深的校园，仿佛行走在玉兰花瓣飘落一地的小径。有依稀的书声从不远处传来……这本书里，多数篇章是从老师的视角，来观察校园，感悟生活，记录与学生们相处的点点滴滴。其中有难忘的记忆，有感动的瞬间，更有细碎的欢乐，长久的慰藉。书中文字，亲和平易，娓娓道来，春风拂面，细雨无声，其温柔一如毛老师其人，其诗意一如悠缓安静的校园。

——作家　周华诚

面对学生，她无法不温柔；面对儿子，她无法不温柔；面对父母，她无法不温柔；面对朋友，她无法不温柔；面对心爱的文学，她也无法不温柔。

她的温柔，是爱，是勇，是担当，是宽容，也是自信，是智慧，是财富。

她是母亲，更是一个在高中语文教育岗位上坚守了二十多年的好老师。

读懂她，读懂这本书，就是读懂了一座爱的花园，读懂了一个个孩子的青春岁月，读懂了一曲曲教师的理想之歌，读懂了教师与学生之间用真诚用理解用生命写下的绵绵心语。

——儿童文学作家　毛芦芦

教育是太阳底下最光辉的职业，教育也同样是需要静下心来的职业，我不知是这种职业涵养了毛老师的“温柔”，还是毛老师的“温柔”浸润了自己的职业，我所知的是，毛老师在“无法不温柔”中收获了“下自成蹊”的快乐，也得到了“温润静雅”的人生体验，这是师者之福，更是生者之幸。从这本书里，不仅能读懂教育，也能读懂成长。

——《第1时间》杂志主编、作家　张小武

师者的爱有很多不同的表达方式，在这个充满焦躁情绪的社会里，坚持以温软的心和言行对待学生，有时比一味地严厉鞭策更需要境界与智慧。在这本凝结了作者二十年教学心血的美文集中，有故事，有情思，有反省，更有希望。

——《作文新天地》编辑　陆姹妮

序 1

这是香菊即将出版的第二本散文集。记得她的第一本散文集《往事》问世前，我也是先读为快，那么一厚摞文稿，几乎是一口气读完的，很为她能在繁忙的教学之余，写出如此之多的质朴、清新文字所感动。虽说中文专业出身的人，写作不应是分外之事，即便当个作家也非非分之念，但以我在高校任教近50年的经历，在我教过的学生中，感觉能做好教师本职工作，又经常动动笔且颇有所获者，并不为多，而对文学写作有相当的专注度，接连推出作品集的，更是鲜见。就凭这一点，我自然对香菊刮目相看，也特别看重她珍惜先前的中文专业选择，试图在“文学”事业上亦有所作为的那一种执着与追求。

与《往事》集泛谈人生不同，这本题作《无法不温柔》的散文集，有特定取材视角。集子中各篇，所谈大抵不离教育：谈校园、谈老师、谈学生、谈师生姐妹情、谈自己从教的“飞扬青春”，内中流淌着浓郁的校园气息，灌注着作者对教育事业的深情厚爱和深深的师生情、母子情、同事情，也透露出作者经过深入思考的教育理念，读来倍感亲切。我以为中学语文教师写散文，以教育为切入口，不失为一条可取的路子。这里有自己最熟悉的生活，有自己对人生、对教育、对“树人”事业最深切的感悟，是一片值得所有教师付出心血、辛勤耕作的文学圣地。文学与教育联姻，既是对文学内涵的拓展，又赋予教育以艺术的生命。我想起了我的家乡上虞白马湖畔的春晖中学，曾走出过一个在现代文学史上非常著名的“白马湖”散文作家群，其主要成员夏丏尊、朱自清、叶圣陶等散文名家，当时都是春晖中学教员，他们坚守一方文化净土默默耕耘，一面从事教育工作，一面写下大量脍炙人口的“教育散文”，在文学与教育两方面都是成就斐然，走出了一条为后世引为楷模的文学与教育结缘之路，他们给文学也给教育留下了宝贵的精神财富。这应当成为后来者师法的榜样。香菊不妨多揣摩先人的写作智慧，汲取前辈的写作经验，期望她有更高远的理想目标，在“教育散文”创作上有更大的收获。

本书颇令我赏识的另一点，是以“温柔教育”理念贯穿于全书中。“教育需要温柔”，这是作者得之于教育实践的悟道之言。“温柔教育”既是基于教师对学生的真切理解，是实现教育目标不可或缺的，同时也是一种行之有效的教育方法。“师者”用一片爱心、一汪深情、一腔真意感化学生，所取得的成效，远过于疾言厉色、风暴雷霆，这是大多数教师都能感受到的。作者用一桩桩小事、一个个细节娓娓道来，特别能感动人。作者说：她坚守的是“温柔为师，温和做人，温文做事”的原则。那么，其作品表述的“温柔教育”理念，亦可谓之“文如其人”罢。近年来，香菊在教育教学方面取得显著成绩，其提出“温柔教育”，便颇见功力与心得，这也是我颇感欣慰的。我相信，有此较深的教育教学实绩积淀，香菊在散文创作上跨出更坚实的一步，应当是可以期待的。

王嘉良　2014年7月于浙师大丽泽花园

王嘉良，浙江师范大学兼浙江大学教授、博士生导师。现任浙江师范大学学术委员会副主任、文学研究所所长。

序 2

一本语文老师的散文书稿，摆在我面前。忙里偷闲地读完。随着文字，仿佛回转身来到树高林深的校园，仿佛行走在玉兰花瓣飘落一地的小径。有依稀的书声从不远处传来。

语文老师，喜爱写作，似乎并不令人惊讶。然而并不是每一位语文老师，都愿意将心绪诉诸文字。毛老师热爱写作，喜欢将生活所感所思交付于笔下，而且坚持不懈，出过散文集《往事》，现又有这一本沉甸甸的《无法不温柔》捧出——这样的成果，令人欢喜，也叫人赞叹。

这本书里，多数篇章是从老师的视角来观察校园、感悟生活，记录与学生们相处的点点滴滴。其中有难忘的记忆，有感动的瞬间，更有细碎的欢乐，长久的慰藉。书中文字，亲和平易，娓娓道来，春风拂面，细雨无声，其温柔一如毛老师其人，其诗意一如悠缓安静的校园。

我向学生朋友们推荐这本书。透过这本书，你可以了解一位老师丰富的精神世界。假使你正上中学，你向语文老师学什么？当然不仅是学怎样写文章，更要学的是，怎样感受生活，怎样让心灵诗意而饱满。我也向家长朋友们推荐这本书。孩子的健康成长，从来不是一件简单的事。这本书犹如在学校与家庭之间、老师与家长之间架设了一座小桥。由此，于家于校，于师于生，这本书都是善事一桩。

是为序。

周华诚

2014/6/5

周华诚，新锐作家、媒体人，《读者》杂志签约作家，台湾《联合新闻网》专栏作家。

自序

坚守温柔

人，拥有什么的时候，往往不懂得珍惜，这或许是身在庐山之中的缘故。

我或许是拥有温柔的，因为一直以来听过太多的人对我说：你好温柔啊！

最初，只是微微一笑，算是回答。然后就想，这该是好事情吧。温柔，温顺柔和的意思。一个女性，拥有温柔，就意味着她温婉柔和，性情和蔼，与人友善，是属于端庄贤淑类的，有什么不好呢。在国人传统的观念中，女子无才便是德，而这德中便有温这一条。

后来，慢慢有了变化，温良谦恭的女性审美似乎被另一种风景逐渐取代，那是新时代女性的精干泼辣、伶牙俐齿，甚至锋芒毕露，这近乎是一种强悍之美、阳刚之美。之前是为男人们所主宰的，但是，在新的时期，新女性以这种阳刚占领着强者的风景线。

而此时的我依然在接受着“温柔”之赞，并对“温柔”一词的感觉发生着些许变化。

有时，当听到有人说我温柔时，就会莫名其妙地惭愧起来，感觉那是不是在暗示我不够煞劲、不够犀利、不够泼辣。于是得空便独自寻思：一直处于温文尔雅的状态中的我，很少训斥人，也缺乏雷鸣电闪般的气势，不免让人觉得是一个没有脾气的人。是否要设法改变自己？让自己变得在人前强悍勇武一点儿，犀利煞劲一点儿，这似乎和“人善被欺，马善被骑”“柿子总是捡软的捏”等俗语也有千丝万缕的关联。于是就幻想做强悍一点儿的女人，不被欺，不被骑，像女王那样，让周围的人对自己服帖依从，觉得那才是成功者的英姿。

于是学着发脾气，对与自己走得极近的人，偶尔大声嚷嚷，或言辞犀利；对“不听话”违反学习常规的学生不再委婉说教，而是严厉训斥令其改错；对一般事物处理果决，少听杂乱的建议。在各方面都努力展示自己的强悍勇武。但一切都显得那么不自然，仿佛一场拙劣的表演，而自己既是那拙劣的演员，又是那失望的观众。对表演失望，对自己失望，因为那不是真正的自己。当温柔彻底丢失时，感觉十二分的不自在，像一个做错了事情的孩子，终日惴惴不安。如果说非要如此才让自己丢掉那种“过时而无用”的温柔，那我宁可让自己过时而无用了。

终于逃离不了温柔之乡。因为舍不得那份温和，丢不掉那份谦让，换不掉那寸柔肠，改不掉那种轻语。

于是，坚守那份属于我的温柔。

当我对学生说话柔和的时候，感觉心里满满都是对他们的关爱。温柔是一种爱，我坚信。总怀疑自己这份天生的柔和，源于父母早年一直以来对我的无限宽容和百般宠爱。从未遭受过父母的打骂，即便犯了自认为是天大的错误，吓得几乎要浑身发抖时，发现，父母都只是以温和的言辞教育我。长大后，我在校园为人师，却像姐姐一般地和我的学生相处。在我身边，他们像一块块身体圆润的鹅卵石，欢腾的溪水欢快地从身上流过，磨砺他们粗糙的外壳，却不曾带给他们刀割般的痛楚。

当我和朋友说话柔和的时候，感觉我有满怀的柔情。如果我能给朋友带去一份开心和温暖，那么我的内心也会多一份开心和温暖。柔和一点儿，谦让一点儿，于人于己都有利，人心都是肉长的，你能为别人吃亏，给别人带去温情；那么，总有一天，人家也愿意为你付出，你也将收获到来自他人的温情。宽容、柔和可以化干戈为玉帛，让温情洒满人间。

当我温柔的时候，觉得自己满身都是力量。无论前方有什么艰难险阻，我都会一往无前。受挫了，笑一笑；受伤了，忍一忍；跌倒了，爬起来，拍拍身上的尘土，不哭不叫，继续前行。拥有温柔，我可以笑对生活。温柔让我变得坚强。

我懂了：温柔不是弱小，不是无能，不是懦弱，而是一种平和下的拥有，它预示着一种平和的心态、一种美好的心情。宽容是一种自信，是一种勇敢，是一种财富，更是一种生命的宁静状态。教育有温柔，学生多一点幸福；生活有温柔，家庭多一份温馨；社会多一份温柔，世界多一份美好。

我拥有温柔，坎坷的生命旅途会变成一马平川！

无法不温柔！

坚定地去守护那份温柔吧，做一个温柔的教师，温柔的家长，温柔的女儿，温柔的朋友。去呵护我们的学生，去关爱我们的孩子，去孝顺我们的父母，去友爱我们的朋友。

希望将来有一天，在自我总结的时候，我还能不无解嘲般地对自己说上句，我虽然已老，但我仍然很温柔。

作者　2014年7月于衢州

目 录

CONTENTS

第一辑　金色校园

金色的校园

这是一座爱的花园——

我有幸走入这片园地，这辈子注定与它缘分至深。

金色，是最美的颜色。她有朝阳般温暖的光线，有丝线般柔滑的质感，有稻浪般丰收的气息，有宫殿般华贵的气质。不是所有的东西都能散发出金色的光芒，她的形成必定经历了一般事物所不曾经历的颠簸和拼搏，她的内质必定包容了一般事物所不能包容的丰厚和广博，她的力量自然是平常事物所无法比拟和匹敌的。能够让上天赋予金色的事物不算多。在世间万物中，若能以金色英姿展示于天地之中；那么她一定是一种高贵、美丽，能够温暖人心、辉映万物的神奇而美丽的传说。

校园就是这样一个传说。

她是我童年梦幻中的宫殿。在我浑身还散发着稚嫩而又顽劣不羁的气息的时候，我被送到了一个有花有草、有房子有操场、有黑板桌凳、有老师和小伙伴的地方，从此，我知道了什么叫文字和数字，知道了什么是文学和历史，学会了感喟和思考，过上了有梦想的生活。虽然，那时教室的地面是泥土色的，墙壁一片灰黄，操场上飞扬的尘土在晴天足以抹黑我们的鼻孔，在雨天喜欢粘住我们的裤脚，但它们带给我的是奔跑的力量和放飞的童心。后来，学校换了一所又一所，里面有了高高的楼房，白墙红瓦，室内整齐地排列着老黄色的桌椅，椅子上坐满了一个个和我一样的追梦少年，翻着彩印封面的书本，在氤氲着油墨香的图书室里如饥似渴地汲取着知识的精华，一颗颗跳动的心随着一页页翻过去的文字有节奏地搏动着，知识的殿堂在一个个心房中破土垒起……

直到有一天，我又以师者的身份扎根在了这个被叫做学校的地方。坐在教室和图书馆里全神贯注地阅读着的不是我，而是我的学生们。我站在讲台上，看着下面一张张朝气蓬勃的脸、一双双炯炯有神的眼，看到阳光从窗外射进来，落在教室内鹅黄色的课桌上，落在学生们崭新的课本的彩色封面上，反射到衣着整洁、面容愉悦的男孩女孩的脸上，才发现，金色的阳光已经铺洒到了教室的每一个角落，整个教室已经被一种淡淡的金色浸染过，显得无限温暖祥和。窗外矮山上，原本翠绿的树叶上面也被洒上了一片片金光，在微风的吹拂下不断翻动着那璀璨的光芒。原来阳光格外青睐校园，金色的校园是那么美丽！

校园就是金色的。她不仅有金色的教室、金色的树叶、金色的书本，还有金色的粉笔、金色的声音和金色的心灵。为师者的勤勉严谨、呕心沥血，为学者的孜孜以求、奋力进取，无不在给生机勃勃的校园涂抹上一层璀璨的亮色。在这样明媚温暖的天地间，草木在萌发，花朵在绽放，心灵在飞扬，儒风在流淌。

走进一所洒满阳光的百年老校，我流连忘返。这位历经沧桑、积淀深厚的老者，正以他浑厚的笔法书写着他新时代的篇章。看他的校园，绿荫如盖，花草掩

映，楼宇高耸，书声琅琅；看那些师者，伏案笔耕，讲台挥洒，激情昂扬；看那些学子，听说读写、计算论辩，不舍昼夜。金色的朝阳织就的华美纱巾，披系在阳光广场上参加升旗仪式的青少年们的身上；金色的晚霞裁剪的炫丽礼服，围裹在漫步峥嵘山上的为师们的胸襟前，合着校园内洒满了朝阳的楼房、花草，合着校园中点染了晚霞的矮山、小径……哦，我们的校园沐浴在一片金色之中，园中的莘莘学子在那片金色的光辉里酣畅地呼吸着、舒展着，在温暖的润泽中不断获得滋养，一天天地变得健壮强大。

金色属于爱的校园。我有幸从孩童时光就走入这片园地，漫步穿梭，直到步入人生的秋季，这辈子注定与这个园子缘分至深。这是一种幸运，一种幸福，也是一种考验，一种涅槃。我赢了，因为经受住了风雨的洗礼，拨开了偶有的昏暗和雾霾，回味着经历过的快乐和艰辛，曾经的一切都成为温暖的定格。

金色的校园，我人生中重彩浓墨的一笔，我生命中举足轻重的一段，我的人生因为她而充盈丰满，我的日子因为她而收获许许多多的爱和美丽。

百年老校

一批批学者、科学家、革命志士、文化名人，
从这里出发，为这所百年老校赢得骄傲和荣光。

今天是11月11日，一个特殊的日子，我们的学校110岁生日了！

天刚蒙蒙亮，闹钟欢快的铃声就唱响了。一骨碌爬起来，穿上校服：身上一套毛料藏青色的裙装，颈项上系一条鲜艳的白底红条子花纹的领结，腿上是肉色连裤丝袜，脚蹬黑色高跟皮鞋，披肩发梳理齐整，脸上略施粉黛，嘿，都认不出自已了，好精神啊！

从未这么早到过学校，但校园里已经很多人了，全都穿戴齐整精神饱满，男老师一个个帅气十足，女老师一个个妩媚动人。看着变了模样的熟悉而又陌生的同事，突然之间内心涌起一股说不出的激动：原来，每一个人都是可以做到精神振奋光彩照人的！

更漂亮的是我们的校园，昨晚的连夜布置，使今天的校园成了一个五彩缤纷、到处洋溢着喜庆气氛的美丽花园！

宽阔的校门口拉着三幅庆贺母校110华诞的横幅标语和竖条对联，每一联都是那么文采飞扬震撼人心：“孔氏圣地，物华毓秀，百年薪火聚古城灵蕴；东南阙里，自强日新，三衢鸿庠书盛世华章”“数载励学育英才岁岁登先，百年润德成广厦拳拳施教”“厚德载物，底蕴幽幽一往无前传薪火；敦品励学，英才济济百折不挠报神州”。这些浓缩了母校百年历史的文字，都出自学校老师的智慧神

笔，是全校师生对历经沧桑的母校的衷心赞美。

大门正中间的矮墙上，镶嵌着校友金庸题写的“浙江省衢州第一中学”九个苍劲浑厚的烫金字，一看到它，就会让人联想起10年前母校100华诞的时候金庸老先生亲临现场，为母校校名挥毫泼墨的动人情景。矮墙前面的地上铺满了鲜花，中间是用金黄色小盆花拼出的“110”几个金灿灿的数字，门口两侧分别矗立着高大的鲜花柱子，上面清新娇美的鲜花盛情地怒放着，似乎在满怀深情地翘首等待每一位即将来到学校的人：老校友、新朋友、各级领导以及慕名而来的嘉宾，等待着他们和全校师生一起，共襄母校110周年的庆典。校园宽阔的空间到处都洋溢着欢乐祥和的气氛。

校园内，文白楼高高的墙体上挂着密密麻麻的庆贺竖幅。红色的底子，金色的贺词，把校园的半壁天空都映红了。一条红色地毯从大门口通向校内行政楼、校史陈列室、教学楼、科技楼，再向前不断延伸，一直通往高而宽阔的酱红色塑胶操场。那里，是今天庆祝大会的主会场；那里，有更多的竖幅并列铺排，展示着这所百年老校浓厚的人情基础；那里旌旗飘扬，彩球高悬，淡黄色的座椅整齐排列，六门金色的礼炮昂首挺立，时刻等待着激情四溢的人们将它们点火鸣放。

穿着藏青色校服的老师和穿着白色衬衫的学生及工作人员纷纷在各自的岗位上忙碌着……

这是金色的秋天，天上悬挂着淡淡的云朵，偶尔有一抹早出的金色的阳光，穿越千里万里，静静地落在轻轻的云朵间，把白色的云朵染成了一种淡淡的金色，校园的天空因了这抹金色而变得分外温暖和光亮。

上午9时30分，来自各地的校友嘉宾陆续到来，喧腾的锣鼓响起来了，缤纷的花束通过激情的双手晃动起来了，真情的呐喊声从年轻的学子心窝里飞扬出来了："亲爱的校友，欢迎你们回家！敬爱的朋友，欢迎你们指导！"按捺着激动得快要蹦出胸膛的心，来自四面八方的校友们踩着红地毯，面对着无数张热情洋溢的笑脸，他们热泪盈眶，伸出颤抖的手，和年轻的、年长的校友相握，敞开胸怀和他们拥抱，他们已经记不清多久没这么激动过了，他们真的觉得自己是回到家了。

30年代毕业、上饶集中营幸存者、如今已经是耄耋老者的邹鼎山，在一位年轻老师的搀扶下，在无数校友的热烈欢呼中，安详地走在红地毯上；40年代毕业、现任北京大学神经科学研究所所长、神经生物学系主任的中国科学院院士韩济生和著名作家阿章一起，迈着矫健的步子精神抖擞地走向主席台；50年代毕业、后在清华大学水利系深造、我国水利领域的知名专家张国祥教授，以及汪燮卿院士、叶廷芳教授等在几个老师的簇拥下，满脸笑意地走向主席台；一批省市领导满面春风地一路微笑着来到主席台落座。

遍布全国各地的校友、专家纷纷拨冗祝贺母校诞辰。金庸先生为母校发来的贺词是："敦品励学明德育人"；全国政协常委、北京大学哲学系主任叶朗教授发来贺信，盼望母校营造浓厚的文化氛围和艺术氛围，在全校形成重视学习文化经典和艺术经典的风气；国家总督学、著名教育家陶西平先生衷心希望母校"开拓创新，锐意进取，办出特色，争取成为我国先进教育思想的代表、培养一流杰出人才的摇篮"；校友周迅利用在国外宣传新片的间隙为母校发来生日祝福视频；就读于各高校的校友们也通过视频表达了自己对母校的生日祝福。

还有无数位校友，目光中充满惊喜，走向校史陈列室，走进对他们说来像迷宫一样的一幢幢新楼宇，东走西逛，左顾右盼，试图寻找到当年他们留下的足迹……

那个长长的画廊上或许有他们的足迹和记忆。

从1902年在衢郡中学首开学堂至今，110年来，一代又一代一中人经历了风霜雨雪的洗礼，最终走到了今天。多少人克服艰难险阻，奉献了青春和智慧，为培养新一代人才而抒豪情洒热血；又有多少人激越昂扬，在此挥洒笔墨和汗水，用青春写下了自己无悔的篇章！文史学家、教育家祝文白，革命音乐家张曙，国学大师、北京大学图书馆馆长毛子水，语言学家方光焘，植物生殖生物学家王伏雄、共和国外交官徐以新……一批批学者、科学家、革命志士、文化名人先后从这里出发，走向全国和世界各地，他们为祖国图强盛，为人民谋福利，也为这所百年老校赢得了无上的骄傲和荣光。

庆典开始了。金色的礼炮接连发出了巨大的轰鸣声，用震耳欲聋的声音向世人宣告：一个历经沧桑的古老学校今天迎来了她110岁生日！漫天的彩球飘飞起来了，无数的和平鸽一起放飞，千万朵鲜花如潮水一般涌动。攒动的人头中，祝贺母校诞辰的呐喊欢声雷动，整个校园瞬间成了欢乐的海洋。深情的集体诗朗诵是在校年轻学子对母校最深挚的祝福；慷慨激昂的演讲是韩济生院士代表老一代校友对母校的深挚怀念和对新一代校友的殷切希冀；文采飞扬的贺词是省市领导对这个百年老校的温情祝福和厚重期盼……

在《难忘今宵》的悠扬音乐声中，在3000多名与会嘉宾和师生的热切关注下，孙亦器校长和汪燮卿院士来到特制的时间胶囊旁，缓缓揭开鲜红的幕布，开启时间胶囊，并将全体校友、来宾、师生饱含深情的心愿卡和代表学校历史的物品小心翼翼地放进时间胶囊。它将人们此刻美好的心情和希望记录下来，寄给遥远的未来。

激情奔放的庆祝活动在下午和晚上依然持续着：阳光广场上，新老校友嘉宾欢聚畅谈、合影留念；报告厅内，专家校友神采飞扬地给学弟学妹们讲述自己的

奋斗历史；多功能厅中，作家校友和文学社社员分享自己的文学创作体会；体育馆里，老校友们和年轻的校友们共同表演文艺节目。柔美的腰肢优雅地舞动起来了，嘹亮的歌声穿透了体育馆的顶部，飞向广袤的天际。

这是一个金色的秋天，这里有金色的标语、金色的花朵、金色的暖阳，有像金子般纯真的心：每一个老校友都为母校如今的美丽和美好而欢欣骄傲，为年轻学子的朝气蓬勃而满怀欣喜；为自己能亲临现场庆祝母校110年华诞而感到无比幸福。每一位在校的师生对到来的校友、嘉宾都充满诚挚的深情，当他们是一家人，给予他们最高的礼遇，并为自己能有幸成为这个百年老校的一员而深感幸运。

这是一个金色的秋天，也是校园金色的季节，因微风吹拂而翻飞的樟树叶在阳光的照射下发出闪闪的亮光，像一枚枚光芒四射的金片。

我们的校园沐浴在一片金色之中。

青春一中

老师的办公室，每天发生很多美妙的故事，

我悠然地收获着自己的快乐和幸福。

每天进出于整洁美丽的校园，心情是那么的舒畅，但让我更欣喜、备感温暖的是身边人。

燕子是一个留着披肩发，皮肤白皙，个子高挑，一说话满脸就充满笑意、一笑两眼就眯成一条缝的漂亮女孩。我们同一年来这个学校，同在一个办公室，位置相邻，不同的仅仅是年龄。有吃的、用的，燕子常常会和我分享。初到学校，家离学校又远，一时不知如何解决午睡问题，燕子毫不犹豫地让我一起和她住到她的寝室里。看我带来的棉絮不够厚，她就用自己的棉絮为我的床添加垫被；我家人在异地，她经常说些温暖的话来宽慰我；我的牙不好，吃饭慢，她常常耐心地等我把饭吃完。一个涉世不久的女孩能给一个比她年长的同事如此温情的关怀，我的内心常常被一种温暖和感动萦绕着。

燕子不仅善解人意，还谦逊好学，博采众长。重点大学中文系毕业的她，不仅文笔好，思维敏捷，口齿伶俐，而且善于钻研，乐于请教。她常常会向我这样一个没有多少资历的普通老师请教问题，比如课堂环节的设计、教学论文角度的选择等，和语文组其他老师也有很多探讨。那次校内散文教学比赛，燕子胜出，将要参加市里的比赛，组里的同仁一个个为燕子出谋划策，帮燕子查资料、分析文本、策划教案、随堂听课、修改教案。燕子在市里比赛时，课堂教学组织得自然流畅，文本分析深入浅出，获得了第一名，代表市里到省里参加比赛时又获得了第一。当载誉归来的燕子被人逼着说获奖感言时，她直说全靠大伙帮忙，荣誉应该归整个语文组。燕子就是这么一个谦逊可爱、勤勉向上而又开朗大度的女孩。

在这里，像燕子这么优秀的年轻老师真的太多了。生活在这样一个充满朝气的群体当中，我常常被一种活泼热烈的氛围感染着，被一丝惧怕自己落人之后的忐忑激励着，被一种不由自主向上的力量推动着。这让我每天精神振奋，每天青春焕发；让我每天都拼搏并进步着！

让我惊喜的还有温馨的办公室。

这分明就是我们的第二个家。早上7点赶到时，办公室的门早已打开，雷哥已经把第一壶水烧开。雷哥是班主任，常常是第一个开办公室门的人，他每天要安顿和检查班里学生的早到情况。课间的办公室常常处于喧闹的状态中，只有上课时，老师们才得静下来奋力备课、批改。下课时分，学生交作业，问问题，老师找学生谈话，辅导学生功课，办公室就是一个教育教学的密集化空间。

午休时刻，学生们都在教室里做作业了，此时的办公室异常宁静。忙乎了半天的小葛、小胡老师铺开他们网购来的小折叠床，欢快地叫了声“睡双人床哦”便并排而卧，雷哥在静静地写他的教学博客，阿磊老师用低沉而又浑厚的男中音

娓娓地和一个学生说着话，谆谆的教导之语时而钻进我极放松的耳朵里，有很多是当年当班主任的我也曾对学生说过的，很熟悉，很亲切。当那个饱受阿磊老师教导的学生轻轻悄悄走出办公室时，雷哥也写好了教学博客，躺在躺椅上和衣而卧，而我也迷迷糊糊地进入了梦乡。七八个男女，两三个小床，三四张躺椅，几条板凳，都在暖暖的空调室里慢慢地进入了梦乡，直到午睡课结束的音乐声响起，这个温馨的画面才被切换成忙碌有序的格调。

工作到下午四点，饥饿感有时会骚扰肠胃，丽萍老师就会变戏法似地弄出一些零食来：饼干、薯片、苹果，梨子等，见者有份。平时被闲置在家的饼干，到了办公室，和室友们一起吃起来，味道竟然那么香甜。有几次，办公室里鲜熟玉米的香味飘到了门外，引得路过的老师进来探望，原来是雷哥班里的家长送来的自家种的玉米煮熟了。肚子咕咕叫的时候，一人半根热玉米棒捧着咬，那种甜香，真是香到嘴里，甜到了心里。

夜晚的办公室宁静宜人，待在办公室可以做很多美妙的事情：把课备得充分点；把几个状态不够好的学生找来聊一聊，敦促他们改进；上网看看新闻，和老朋友聊聊天，或者写写生活和工作感悟。偶尔把文章投到编辑部，不久后署着自己名字的文章可能会变成铅字，那时，小小的快乐就溢满整个心头。呵呵，在办公室里发生过的美好的故事太多了。

想起梁启超的《少年中国说》，红日初升，其道大光；河出伏流，一泻汪洋。当年的中国在梁先生笔下全然是一个虎虎生威的锐气少年，而今日的一中在我的眼中则如一位儒雅曼妙的少妇，她亮丽而充满激情，丰满而富有韵味，在她温暖的怀抱中，我可以悠然地收获着自己的快乐和幸福。

美哉，我温馨校园；美哉，我青春一中！

奇葩语文组

语文组的每位老师都是光彩夺目的花，
绽放美丽，绽放智慧。

如果把这个百年老校比作一个花木繁茂的大花园，那么学科组就像一畦畦花丛，在这里，常常有争奇斗艳的花朵竞相开放：年轻的老师们在各级各类比赛中常常获得好成绩。每隔一段时间，校内就会有“某某老师获得省（或市）一等奖”之类的好消息传开来，它们像一朵朵鲜艳的花，绽放在生机勃勃的校园里，芬芳散发到了每一个角落。而这当中，语文组这朵花更可谓是璀璨夺目的奇葩，她的光彩令人为之惊叹。

十年前，省教研室开始举办两年一届的高中语文课堂教学比武，迄今为止已经办了五届。这五届中有四届是由衢州一中的语文老师代表衢州市参赛，这是根据全市教学比赛结果确定的。一中唯一没有获得去省里参赛资格的那届，是因为有两个并列第一，鉴于一中老师去省里参赛的机会多，教研室就把那次机会给了并列获得第一的另一个学校的老师。而这五届下来，有三届全省第一名都花落我们一中。他们是海亮、燕子、小桦，都是三十岁左右的帅哥靓妹。

三个优秀的年轻人，在繁花盛开的语文组里，更加枝高一节、色艳一成；在众芳摇落的花丛中闪烁着耀眼的光芒。

让我们一起来回顾这三朵奇葩绽放的经过吧。

他们首先必须在全市的教学比武中脱颖而出。市教研室在选拔唯一的参赛人

员方面从不含糊，省里的通知一下，教研室就早早在全市高中通知市里初赛的时间和上课的大致范围，让各个学校事先进行校内选拔。从那时起，我们语文组的年轻老师们就开始忙乎了。报名、查阅资料、写教案、制作课件、赛前预上、请有经验的教师听课指导、修改教案课件、再预上。接着是校内选拔赛，全组语文老师参评，打分，最后综合各种条件选出一名最佳参赛人员。这样选拔竞争异常激烈，精彩的课堂很多，有些几乎是不分上下，但最终的结果却只有一个人能上。未被选上的只当是又经历了一次历练，也收获了一分成长，入选的从此就担负起了到省里为全校甚至为全市争夺荣誉的重任。所以，他们明白：任务更加艰巨了。

花朵绽放需要事先蓄积能量。在省里要力挫群芳，注定在市里、在学校要经历一番艰苦的磨砺。三人在学校备战时候所上的课，所听取的其他老师的点评，多到了他们所能承受的极限。东北男儿海亮最怕上内容重复的课。同样的课，让他上第三遍，他就会感觉味同嚼蜡，兴味索然，所以，他只好用不同的课文尝试在不同的班级实行教学训练，更多的是注重文本的研究、课堂教学环节的设计。睿智勤勉、灵气饱满的燕子却“吃了秤砣铁了心”要让自己狠狠地吃一阵子苦头，将范围内的一大堆篇目一一进行研读，写成教案，上过课，并请同组的相关人员听课，修改，再听课，再修改。小桦看起来最淡定，不慌不忙连续作战，查寻资料、研读文章、备课、做课件，找相关老师讨论，再苦再累也不哼一声，但这淡定里面所承受的负荷到底有多重，只有她自己最清楚。三个人都经历了对他们来说是极其漫长而艰辛的准备过程。在别人看来短暂的一两个月里，他们要做比平时多好几倍的事情，要承受比一般老师大得多的压力，因为，他们代表的不仅仅是自己。压力太大，以至于到参赛前夕，他们都对自己没有了很好的把握，只认定尽力去做了就好。

但是，上帝是眷顾付出辛勤汗水的人的，而且三个优秀的年轻人不是孤军奋战，他们有很多推力，他们的身后，是整个语文组的支撑。从教研组长到普通老师，从年轻的到年长的，每一个语文老师，都愿意为他们贡献任何一个有价值的想法，或者为他们提供任何一种有益的帮助：为他们找一本书，查一项条目，提供一个班级让他们上训练课等。更有自发组织的智囊团，比赛那天会和参赛者一起，前往比赛地，为他们出谋划策、摇旗助威。

呵呵，有这样的推手和后援力量，三朵饱浸风霜雨雪的花朵能不绚丽绽放吗？

于是，两年一度的省语文教学比武一结束，省里的捷报就第一时间从比赛现场传到美丽的校园："浙江省第三届高中语文课堂教学比武在海宁中学落下帷幕，衢州第一中学的赵海亮老师获得一等奖"；"浙江省第四届高中语文课堂教学比武在余姚中学落下帷幕，衢州一中的王燕飞老师获得一等奖"；"浙江省第五届高中语文课堂教学比武在桐庐中学落下帷幕，衢州一中的梁桦老师获得一等奖"。

三个多么惊人相似的好消息！

惊人相似的不止这一点，三个人还有不少极其惊人的相似之处：待人都极谦恭得体、做事都细心有创意、举止谈吐优雅，在同事中都有很好的口碑，都是学生心目中的"最帅、最美、最爱的老师"。

三朵耀眼的语文之花绚烂地绽放了！我们庆幸。然而和他们一起并肩努力的语文组的其他老师，何尝不是一朵朵含苞欲放或者绽放已久的花朵？这个团队，个个都充满实力，每一朵花都开得那么光彩夺目，整个语文组就是校园这个大花圃里的惊艳奇葩。

校园之声

岗子是学校广播站“校园之声”负责人，
也是美好声音的传播者。

如果说，一个人的声音能代表学校的某种文化特点，甚至在一定程度上能够代表学校的形象，那么，这种声音，大概只有岗子的。

岗子是语文组里的以另一种方式绽放的一朵奇葩。当年市里教学比武，岗子和另一学校的一位老师并列获得一等奖，虽然机会给了那个老师，但是岗子这朵花却没有因为失去一次好机会而黯然失色。他是学校广播站“校园之声”负责人，从广播里传出的飞扬在校园里的每一首歌、每一篇散文、每一句问候，都和岗子有着千丝万缕的关系。岗子不仅负责“校园之声”，而且他自己也是美好声音的传播者。

岗子的声音浑厚而深情。

那次听岗子的朗诵，是在省里的一场诗歌朗诵比赛舞台上。岗子朗诵的是一首叫做《最美女孩》的长诗，此诗写了一位患重病的女孩在许多爱心人士的帮助下和疾病作斗争的感人事迹。岗子穿着一身白色的西装，庄重地站在镁光灯下，炯炯的目光中饱含着温婉的深情和高昂的激情。“你像凛冽寒风中摇曳的秋菊，坚定而执着；你像晶莹冰霜下盛放的腊梅，孤傲而绚烂”，从岗子嘴巴里吐出来的每一句话、每一个字都像一抹抹热情而又柔绵的熨烫，抚摸着所有听众伤感的心，让人仿佛看到了病榻上瘦弱的女孩正微笑着顽强地站起来，向着所有的人露

出温暖的微笑。岗子的声音征服了所有的评委和听众，他获得了第一名。这样的比赛，对岗子来说次数不少。但这不是最重要的，重要的是：岗子是用心在发声，他用自己的真情打动了自己，感染了他人，他用爱的声音赋予了一首首诗灵动的生命。

岗子的声音委婉而细腻。

在教室里，岗子的声音变得温婉而柔和。

作为语文老师，岗子经常要给自己的学生朗读风格各异的美文，同时还要和学生们一起对美文进行解读。解读完了，再进行朗读。岗子一般是自己先进行示范朗读，然后让学生尝试训练。如果学生们没有读出个中的味道，岗子会在学生们出现问题的地方加以指点，比如语音的高低、语调的升降、语速的缓急等，岗子一一给每位学生指出修正的方法，然后配上音乐背景，让学生们再作训练。优美的背景音乐吸引着学生们沉浸在对美文倾情地诵读中。情到、理到、方法到、设备到，在这样的情况下，每一位学生都读得沉醉入境，十个有八个都成了朗诵家。岗子给予学生的不只是知识，更多的是熏陶，用他的温婉和柔和，将一拨拨沐浴在校园知识雨露中的学生们熏染上了一层孺雅的气质。

岗子的声音豪迈而激越。

学校每一次大型的会议主持或盛大的节日联欢都少不了岗子的声音。他的幽默和睿智，他的豪迈和激越，使每一次的盛会或节日的欢庆都充满了祥和欢欣甚至是壮美豪气。学校110周年校庆，岗子自豪沉稳又激情澎湃的声音将庆典的一个个环节衔接得完美无瑕。“我是岗子，我是一中人，我是小丽，我是一中人……我们永远都是一中人！”听着岗子和他的朗诵团队发出的豪情四射的呼喊，所有的校友禁不住热血沸腾。110周年，母校培养了多少优秀的学子，他们奋战在全国各地的各个岗位上，此刻，能欢聚一堂，共庆母校诞辰，这多么让人激动振奋啊！岗子浑厚的声音在诸多清亮激越的学生的声音的衬托下，越发显出雄浑的力量，在场的许多校友情不自禁落下滚烫的热泪。

岗子主持过很多场婚礼，他是比正式司仪更优秀的业余司仪，而且是给朋友们免费主持的；岗子兼职学校团委的工作，他发动并建立的爱心银行让许多关于爱的微小的心愿得以实现，爱的气息随着岗子的呐喊而逐渐弥漫于整个校园；岗子还是一个执着的恋人和称职的丈夫，为了爱，他可以在规定的时间让自己的身上减掉几十斤肉；为了照顾怀有身孕的妻子，他多揽一部分活，承担超负荷的工作量。

但岗子最让人忘不了的还是他的声音。岗子的声音在许多时候代表了我们学校的形象，代表了老师的心声，也代表了许多学生的愿望。有些孩子在岗子的指点和熏染下，考上了高校的播音专业，他们以后也将会和岗子一样，将自己美好的声音传递到四面八方，将自己美好的人生理想，寄于美好动人的声音之中。

春色满园　2014年春

清澈的世界　2013年10月

儒风浩荡

第六届校园十大文学之星　2014年5月

寄情山水的语文老师　2013年3月

奇葩语文组

花护使者

和知名校友罗欣博士

海量

人与人的相遇是一种缘分，

老师也好，学生也好，都该珍惜这场缘分。

我们语文组有个不成文的规矩：在每年开学的第一次教研组大会后要来一次聚餐，在这个语文组团圆的盛宴上，新来的语文老师要被量酒量，不管你是谁，无论你酒量好还是不好，最后都得被量到底，让大伙对你有个初步的了解。“语文老师怎么能不喝酒？”“无酒不文人啊！”语文老师算是以此自寻开心吧。

结果自然是醉的醉，倒的倒，新来的成员在这次团圆宴上一个个都兜了自己老底，没有人逃得出这场盛宴的量尺。但有一个人例外。到最后大家都喝不下了，这个家伙还没被量到底，神志还是绝对的清醒。这个人就是海亮。

第一次听到海亮这个名字的时候就联想起“海量”这个词，心想，这个被学校领导从北方某大学物色来的年轻人该不会是个酒仙吧？是不是能写成海量呢？结果，海亮真的就以惊人的酒量赢得了全组的惊诧目光，他的父母算是给儿子取了个名副其实的名字，不简单哪。不过，海亮是东北来的，据说东北那边的都是喝白酒的，到我们南方用啤酒测量，简直就是给他漱口。学校还有几个东北哥们姐们，像豹哥，像文姐，海霞等，不管男女，个个都是喝白酒的好手。

海亮从此也就被叫作了“海量”。

海量挺实干的。初到学校，海量的班主任就当得相当出色，之后又做年级组长。管理一个年级18个班，900名学生，近百名老师，海量尽心尽职，把一切都安排得井井有条。后来，海量被提升为政教处副主任，但仍然兼任班主任。那时，海量结婚一年多，孩子刚呱呱坠地，他每天六点多就赶到学校，晚上回到家都已过了10点。走之前，孩子没醒来，回到家，孩子早已进入梦乡。一周之内，只有周日这一天，才能抽出一点时间陪女儿玩耍。女儿对他颇感陌生，他就在心里犯急：陪女儿的时间太少了，女儿几乎都不认识自己了。但是，没有办法，学校里情况和他一样的年轻老师不少，当班主任的几乎都这样。为了做好工作，对得起班里四五十名学生，年轻老师必须做出一些牺牲。只是觉得有点对不起家人和孩子，让家人辛苦了，孩子也少了一份爱。

辛苦总是会有收获的。海量不仅在班主任、年级组方面工作出色，在自己语文学科的教学方面也作出了喜人的成绩。省第二届教师教学比武开始了，市区初赛时，海量以全市第一名的成绩获得了到省里参加比赛的机会。为了海量能顺利

胜出，语文组老师们群策群力，帮助海量出谋划策，并派部分老师随同前往比赛的学校。经过精心备战，海量以激情的讲解，睿智的启发，从容的气度，完美的交流获得了全省第一名，为学校也为全市争得了极大的荣誉。

海量人缘不错，为人热情幽默、做事果敢大气。从别的年级组来到了我们这个年级当组长，面对着全新的成员，他竭尽真诚表达了自己要把这个年级带好的决心，希望和新团队的所有成员齐心协力，共同为学校、学生、为老师们自己的理想而努力拼搏。言辞凿凿，激荡人心。

一年一度的学校元旦教工游乐活动的时间又到了。海量组长一马当先，指导本组的每个老师如何选位置以便容易把球踢进格子，如何踩垫子才能使所用的时间最短，人员如何搭配才能让风火轮转得最平稳、最快速。之前，大伙儿都觉得这是小孩子玩家家之类的东西，不必那么认真，随便应付一下就好，但看到海量那么卖力地一个个指点，一次次指正，都禁不住振作起了精神，有了争第一的念头。每当一个组员取得好成绩的时候，海量就大声叫好，让大家都为之精神振奋，一个个都越玩越来劲，结果，我们这组竟然真的就拿了个团体第一名。玩运动游戏也如此认真带劲，以自身的力量来感染和带动身边的人，海量的魅力不容小觑。

一次，我有幸获得了一个校歌歌词创作比赛的机会，就非常用心地写了一首富有本校特色的校园歌曲的歌词。比赛结束后，这首校歌获得了作词、作曲以及演唱等三个奖项。在周一的升旗例会上，海量将这一喜讯向全校师生通报，并表扬了作曲老师、参与演唱的学生以及参与组织的带队老师，但是却没有我的名字。我作词也获奖了，被表扬的名单上却没我，我心里很是失落。在全校师生面前被表扬，这是每个师生都渴望得到的荣誉。例会结束后，同办公室的宁老师就问我为何没得到表扬，我摇摇头，我想，大概是海量漏了我的名字了。宁老师说，学校要发奖金的，是凭名单发的，你还是去到海量那里说一下吧。

中午去食堂吃饭，路上碰到海量，把事情对海量说了，海量呆了一下，说，名单是从办公室那边抄来的，一定是在那边就漏抄了，这个事情是我的失误，我看看如何补救。

我想，也不用怎么补救了，有奖金给我就可以了。

几天后，正值学校110周年校庆。那晚，体育馆灯火通明，新老校友欢聚一堂，尽情载歌载舞，整个体育馆沉浸在一片欢乐的海洋中。主持人在报最后一个压轴节目："莘莘学子敦品励学，阳光广场鲜花灿烂……下面请欣赏我校这次获得市一等奖的自创校园歌曲《前进一中人》。本歌曲的作词人是我们学校语文组的毛香菊老师……"负责报幕的郑岗老师把我的名字念得特别的响亮，台下爆发出雷鸣般的掌声，尤其是我任教的两个班级学生所坐的那个角落，掌声持久不落。很明显，他们是为自己的老师喝彩，所有的学生都愿意看到自己的老师获得喜人的成绩，就如老师希望自己的学生取得骄人的成绩一样。热烈的掌声让我心潮澎湃，我顿时觉得自己写歌词的那段时间的辛苦付出是多么有价值！取得成绩原来能带来那么幸福而美好的感觉。

后来才知道，这一切都是海量安排的。为了弥补上次的失误，海量用这样一种形式给了我足够的奖赏。他深深懂得：老师也是需要鼓舞和激励的。

如今海量的酒量如何已经不是很重要的话题了，海量独特的魅力已经让更多的人感受到了。后来海量被提拔为校长助理。再后来，新学期开学了，没见海量来学校，一打听，原来已经被借调到市教育局去了。

不久前和宁老师一起去市会展中心看图书展，意外遇到了海量，他正和妻子一起为4岁的女儿朵朵选图书，看见宁老师的女儿，海量多选了几本，让朵朵送给宁老师的女儿月月。朵朵对月月说："这几本书是送给你的，爸爸让我和你一起分享哦。"

汪帅

灿烂又不失儒雅的笑容，满身散发出来的开朗和阳光，
的确让人感觉到一股英俊潇洒、风流倜傥的才子气度。

汪帅是我们语文组的教研组长，我们一般称他老汪或者汪老师，但他的学生们喜欢叫他汪帅。

汪帅到底有多帅？据说汪帅年轻的时候的确很帅。我曾无意间在他的电脑里见过几张他年轻时的照片，灿烂又不失儒雅的笑容，满身散发出来的开朗和阳光，的确让人感觉到一股英俊潇洒、风流倜傥的才子气度。

我和汪帅熟识已是近10年的事情。这些年里，汪帅的年纪也渐大了，但当年踌躇满志、激情四溢的锋芒依然不曾褪尽，而儒生书卷气和本真质朴的憨气也愈显分明。

汪帅的观念似乎非常传统。他认为古代男女授受不亲是有一定道理的，所以，他也认为孤男寡女不能在一起吃饭、聊天、散步，至少他没有这样的习惯，即便同事间也如此。一次，和两个女同事从学校对面的单位食堂吃完饭回学校，其中一个因为有事先走了，另一个便和汪帅开玩笑说：“老汪，我们现在是孤男寡女了，你难道不害怕吗？”汪帅大气地说道：“有什么好怕的！”女同事便开始笑，因为她看到前面有几个同事正朝这边走过来，她怀疑汪帅马上要言行不一致了。果然，等看清走得越来越近的一伙人是他玩得较好的一伙男同事时，他真的有点慌了。那伙人看见汪帅竟然敢单独和一个女老师走在一起，便放开嗓门

朝他又喊又叫，汪帅慌忙中就先跑了，扔下那个女老师在后面笑着对他摇头。

还有一次，汪帅说有一个学生家长想到他家拜访他，汪帅慌忙拒绝了，原因是汪帅没有一个像样的家。他的老家在100公里外的小县城里，此处住的是从学校暂租来的旧房，妻子也在老家上班，所以，旧房也没怎么装修，室内仅有的几样家具都很破旧，连床也是那种可以放进博物馆的老爷床。说是有一天，汪帅正酣眠在甜美的梦乡里，突然一声震天动地的巨响，地震发生了，汪帅身下的大地突然间裂开了一个巨大的缝，汪帅整个人坠入了万丈深渊，他慌忙喊救命。醒来时，发现自己那张老爷床塌了，自己和床板一起跌落在了地上。

汪帅生活上的随意俭朴几乎可以用"原始"两个字来形容。早在六七年前，学校很多老师就开始买新房，改善居住条件了。几年之后，年老的，年轻的，经济条件好的、经济紧张的，几乎家家户户都买了新房子，唯有汪帅一直住在破旧的出租房里。近几年，学校老师一个个都买了小车，上班既便捷又免去了冬天寒风刺骨、夏天雨水淋湿的愁苦，除了少数没有拿到驾照的年纪较大的老师和几个胆子小拿了驾照也不敢开车的女老师，几乎所有的老师都有车了。有的一家买了两辆车，夫妻两个各一辆。但汪帅就是没有买，虽然他的驾照早已拿到，但他还是每天骑那辆旧电瓶车，风里来雨里去，到了大冬天就头盔、护膝、棉外套，防冻武装到牙齿。大家忍不住问他为何不买房买车，他憨笑道："老婆大人不同意，房子么，老家有的。"

有一次和几个老师一起外出培训，汪帅和王老师同住宾馆的一个房间。王老师看见汪帅使用的竟然还是无法上网的旧诺基亚手机，就将自己大屏幕的智能手机给汪帅看，将手机上网的好处一一演示给汪帅，然后问汪帅："你看到你身边哪个美女老师的手机是不上网的？你不想随时都可以和美女老师们在线聊一下吗？3000块钱，你卡里没有吗？"汪帅于是惭愧地低下头，讷讷地说："的确是个好东西，回去买一个。"汪帅终于有了一样跟得上时代的东西，那就是王老师说服他买来的手机。自从买了这个智能手机，汪帅的QQ头像就经常挂在网上了。

其实汪帅是个极有激情的性情中人，这一点，他的学生和语文组的老师最清楚。每当他的思维和语文课本上的名家名篇，文言散文，诗歌戏曲链接上的时候，他儒雅而又富有情趣的火花就常常获得激发，并迸发出令人炫目的光彩。

课堂上，汪帅在给学生们讲毛泽东诗词，他一会儿滔滔不绝地讲述毛泽东诗词的写作背景、经过和每一句深厚的含义，一会儿又自己激情朗诵，那恢弘气势震住了所有听者。他的朗诵在学校里很有名气，甚至已经名传异校了。听汪帅朗诵学生们很享受。听汪帅的诗词课仿佛是观看一个艺术家的表演。而汪帅其他的课也同样获得了学生们的钟爱，因为他讲课不守常规，激情四溢的时候就完全跟着自己的感觉走了，哪管它是不是考试的重点，是不是课堂预设的要点。有时，他又讲很多风趣幽默的笑话或故事，惹得学生们笑得前俯后仰，而他自己却依然一本正经。当然，这些都不算汪帅最大的本事，汪帅最大的本事是能让自己的学生考试时分数过硬。虽然上课随性，但他所任教的班级每次考试分数都很不错。

看来学生们叫他汪帅真是发自内心的，在学生眼中，这样的老师就是帅的。

而我们语文组的老师，也是经常沐浴在他文采飞扬的气韵里。当某个年轻老师趴在桌子上打瞌睡的时候，他担心人家受凉，就吟诵《左忠毅公逸事》里的“即解貂覆生”一句，以暗示附近的老师给他盖上，于是一旁的就拿了件大衣，给睡着的轻轻盖上。一起走在去食堂的路上，议论着以“事”字作尾字的书名，汪帅从“往事”到“明朝的那些事”到“早恋的那些事”再到“招生的那点事”，越说越接近时弊，因为当时正处于招生时期，这个题目就很耐人寻味。当某件事情完成得不好，感慨自己似乎江郎才尽的时候，他会带着忧伤而神往的神情念到：“她也是一个美丽动人的姑娘，好像由于命运的差错……”把一番失落寄托在了《项链》中女主角玛蒂尔德身上，引得办公室的同事唏嘘发笑。

汪帅也有非常严肃、严谨的时候。当他对待女儿学习上的问题时，汪帅表现出来的是十二分的认真。初中三年高中三年，六年的时间，汪帅一直让女儿在自己的学校就读，女儿每一天的变化，每一分的进步，他都实实在在看在眼里，担心在心里。女儿很争气，最后以高出重点线30多分的好成绩完成高考。为了让女儿填报好志愿，汪帅花了很多心思，当女儿最终与理想中的重点大学失之交臂时，汪帅的鬓发竟然在那个夏天突然白了好多。幸好，女儿又被另一所重点大学录取了，汪帅焦虑的心才得以平歇下来。

汪帅竟然还会唱歌跳舞，不仅会，而且唱得好跳得也好。那天，他的电脑播放着一曲黄梅戏，声音浑厚，字正腔圆。他问我：“听得出来是哪个名家演唱的吗？”我摇摇头，我对戏曲以及戏曲演员的名字知之甚少。他指着他自己轻轻地说：“著名艺术家在此。”我惊叹再细听，果然是汪帅的声音和韵味。关于跳舞，汪帅坦诚：“哎，为以后退休多找一种乐趣啊，唱歌跳舞，不仅能健身，而且还有艺术的成分呢，何乐而不为呢！”

女超人

她连着几个星期默默做着这件事情，

为的是让每个学生认真地对待每一份试卷，把学业水平考试这一仗打好。

女超人叫李超，是语文组里的一位青年教师。她和我同一年进这个学校，我们一直在同一个年级任教，接触的机会挺多的。我私下里有时会叫她超人，或者超超，因为她有很多地方让我唏嘘感慨。她做的有些事，是我无法做得到的。

超超不是师范毕业的，没有师范院校上课实习的经历，所以，她到我们学校做老师，其实等于刚刚开始实习。但是，学校却把重任交付给她：安排她教三个班级的语文课，其中两个还是实验班。这是任何一个新老师都不可能有的待遇。当然，学校这样安排是有依据的，招生领导去高校招聘的时候对所招聘的毕业生作过细致的调查，超超是南开大学研究生毕业，在大学时就体现出极强的工作能力，加上面试表现好，超超获得了一致的肯定。超超果然不负众望。在课堂上，她能够镇定从容地应对下面五十双眼睛，做到处变不惊。课堂外，对超负荷的工作量她没有半句怨言，批作业，辅导学生，找学生谈话，每一样事情都做得有板有眼，扎扎实实。

超超写得一手非常漂亮的字。那可不是一般的漂亮，是带着一种严谨和扎实的优美。她写的是正楷字，每一个字都方正饱满，间架结构匀称妥帖，笔画刚劲有力，完全不像女孩子的笔力。这样工整有力的字迹，超超不是如绣花一般慢描细作地完成，而是比一般人书写的速度都要快，而且不只是在课堂上的黑板上写得漂亮，在备课本上、听课本上、教研组记录本上甚至平时每一张试卷上，她所书写的字几乎都是那样工整有力那样漂亮。有时她手写的讲义会被印发给全年级的学生。看到讲义上的字迹，我们都差点怀疑是电脑打印的某种字体，仔细辨认之后终于明白，是超超亲手所书，于是禁不住感慨：超人也！

超超的超人之处还在于她做事高效能、强密度，并且在持续长时间未得到休息时状态仍佳。因为孩子小身体又不好，超超常常因为夜间要照顾小孩而得不到正常的休息，有时孩子在夜里三五个小时都不睡觉，弄得超超只有不到5个小时甚至更少的睡眠时间。但第二天早上，她照样让自己精神振作地来到办公室，精神焕发地走进课堂，依旧正常备课批改，和学生交流。她是备课组长，每周要组织召开备课小组会议，事情比普通语文老师要多。来看看她周二的工作流程吧：早上5:50起床，6:30走路去学校，车子留给老公送女儿去幼儿园，7：00到校早读，接下去两节语文课，9：20准备备课组会议的事项，10：00开备课组会议，11:30会议结束。午饭。午饭后不午睡，在办公室备课，下午2：30之后又两节语文课。课后4:30去幼儿园接女儿，晚上7:20到校晚坐班，9:30下课，到家将近10：00。这样的工作时间表对一般人来说是不可能的任务，但超超每个周二都是这个样子。其他时间也轻松不到哪里。超超对此都毫无怨言，她总是尽自己的努力把事情做好，不计较得失。直到放长假她才让自己得到彻底的休整，所以，每个学期刚开学初的超超常常是白白胖胖的。

超超被公认为做事严谨的人，许多科室都让她帮忙做事情：写课题、汇编资料、编校报、编教辅，学校里一些重要的文章也经常交给她去写，比如写110周年校庆宣传片的解说词，比如整理校史文献资料等。超超做事严谨是用心和用时间换来的。别人休息的时候，她仍在做事，和别人同时做事的时候，她力求做得比别人快，比别人好。用这样的要求对待自己无疑会让超超的休息时间比一般人少，但她习惯了，她觉得自己是年轻老师，多做一些事情是对自己的磨练。当哪一天她的工作任务突然被减轻时，她也会欣喜地欢呼：今天好轻松好幸福啊！

超超在市里参加教师朗诵、写作、书法三项基本功比赛获得了第一名，这可就不是出人意料的超人之举了，这是她努力所得，和学校里那些到省里参加课堂教学比武获得第一名的老师们一样，超超在自己的业务上付出了许多，终究也得到了回报，这是应得的荣誉。在这个学校，年轻老师都有让自己不断进步的责任。虽然，对业务的追求并不代表一定要获得荣誉，但在学校门口的光荣榜上贴上自己的照片，是每个年轻老师都期待的，超超的照片自然也被贴到了光荣榜上。

超超批试卷的功夫了得。一般语文试卷都必须流水批改，而且需要较长的时间。但是，超超能在当天就把自己教的两个班学生作为平时作业的试卷一一批改，包括那些很难批改的阅读题，她都作了详细的评分，连着几个星期默默做着这件事情，为的是让每个学生认真地对待每一份试卷，把学业水平考试这一仗打好。每次月考或期中考，超超常常在完成自己的批改任务之后，帮助批改速度慢的老师，特别是在批卷结束加总分时，超超天赋的计算能力就明显地发挥了作用，她不仅加分极快，而且很少有加错的，如果进行抽查，加分几乎没有错误的那本一般都是超超加的。对数字的敏感使超超记电话号码特别容易，学校里大多数老师的手机号码，超超基本能张口就说出来。每到这个时候，我便只有带着羡慕的眼神看着她，叫她一声：超人哪！

不过，超人也有犯愁的时候，每当这个时候，她的处境还不如一般人。那次，超超突然打电话问我，我们的学校是在九华路的南面还是北面。没想到这么简单的事情对她来说竟然是一种困惑。原来超超高中时候没有学过地理，一直弄不清楚东南西北，每次自己费劲地判断后总还是要问一下别人，没有经过他人的验证她终究还是不能断定方位。超超至今仍然没有准确的方向感。

峥嵘文学社

一个文学社团，让多少怀揣文学之梦的学子的梦想，在此扬帆、起航。

峥嵘文学社自30多年前创立以来，经历几多坎坷，终于稳健地走到了今天。今天，我们已经看到了她羽翼已丰、充满魅力的风采，看到她正引领着一班学子朝气蓬勃、信心满满地向前行进。校园里，在“峥嵘文学社”的引领下一系列活动开展得有声有色……

文学之窗

文学社现在的主要负责人是刘平文老师，一个儒雅内秀、性情淡泊、内心丰厚的小伙子。大伙爱叫他小刘或平文老师。平文老师偏爱古典诗词，读大学时就曾发表过词作。如今，每当他给学生上古诗词课时，他总忍不住自己也写上一首，拿到课堂上与学生分享。平文老师讲课的风格也如其儒雅的气质，语调舒缓而又不失激情，性情温和而又溢满幽默之风，让听的人很是享受。平文老师写得一手飘逸且遒劲的好字，学校各类奖状的书写有不少是出自他的手笔。他还和爱打乒乓球的老师们有很多切磋，因为他的乒乓球技也算得上是校内一流了。平文老师的爱好和特长太多了！不过，眼下的他，做得最认真的事情，是全面负责好峥嵘文学社的工作。

为了培养学生的写作兴趣，提高学生的写作能力，文学社还配备了一批写作水平较高的指导老师，专门指导和修改文学社社员的作文。同时，文学社每隔一

段时间就要邀请知名校友到学校给文学社的社员和老师开讲座，内容大多为关于写作的，或是校友讲述自己的创业经历的。每场报考都给文学社社员和老师们留下了深刻的印象。

这次又有两位校友来学校和社员们交流了。他们是作家阿章老师和知名学者叶廷芳。阿章老师的写作讲座总是那么专业。虽然，他的年纪大了，但讲了一个多小时却一点不见吃力。师母也来了，她看上去气色非常好，心情也很不错，竟然为社员们朗诵了一首诗。老人家的声音依旧那么清脆透亮，语调依旧那么顿挫爽朗，完全不像一个古稀之年的老人。叶廷芳教授更加兴致盎然，他把“鹰的视野、牛的干劲、虎的雄姿”这三种理念传达给年轻的校友们，希望他们凭借这三种精神，把当前的学习向更高的层面推进，并在今后的人生旅途当中有更果敢的勇气。年轻时因病失去左臂的他用自己亲身体会和校友们推心置腹地交流。报告完毕，两位大师照例都接受了社员们的现场提问。

这样的场面常常让在场的老师们感慨万分。老师们也年轻过，也做过文学之梦，但是，当年的老师们怎能有机会和享誉全国的大作家、大学者交流呢？也只有在今天这样的时刻，在这样一个百年老校的校园里，作为一名文学社老师的身份，才有机会和文学社的社员们一起分享大师们给予的精神滋养。所以，峥嵘文学社的师生们是幸运的。

现场作文大赛

作文是写出来的，写作需要花真功夫。所以，真刀实枪的现场作文大赛每年都要举行一次。与此同时，校园文学之星也在参加现场作文的写作者中诞生。

初赛全员参与。那是一种海选，每个班选出若干名最佳写作手，参加全校现场作文写作比赛。在某天的晚自修第一节上课时间，校园十大文学之星现场作文大赛正式举行。

多功能厅内，灯火通明，6大排桌子的位子上坐满了参赛的写作能手，作文题是平文老师出的。每次比赛他都能想出一个精妙的作文题，驱使每个写作者以独特的视角去思考，写出各自独特的人生经验或感悟。

大厅内寂静得如无人之境，只听见“唰唰唰”的书写声，几个老师在来回走动，看看是否有参赛者需要什么服务。两个小时过去了，先前发下去的两大张空白稿纸已经变成了写满了字的作文稿，宛如主妇手中逛完菜市场后满载货物的菜篮子。

交稿的时间到了，写手们离开现场，老师们立刻把稿子匿名装订，然后逐篇批改，加总分。一直到晚自修第三节下课，全校的学生都回寝室睡觉了，坐班的老师们都回家了，文学社的写作指导老师们终于把所有的参赛作文评好了总分，然后拆封，排出名次，选出了前十名的参赛作文，抄写名单。

至此，校园十大文学之星火热出炉了。

之后，获奖的十个学生写获奖感言，在校园内自己喜欢的某个地方拍照，相关的语文老师写寄语。两天后，校园橱窗内就展出了十位姿态各异的文学之星的照片以及贴附在照片下面的作者获奖感言和语文教师寄语。

这和校园十大歌手、辩论赛最佳辩手、晚会最佳主持人一样，是荣耀的象征，而且是带着浓厚的文学味的荣耀。但这一年一批的十大写作能手其实并不是在评选的那晚诞生的，之前的多少个日日夜夜，他们就写了无数篇或精美曼妙或激情四射的文字，将自己美好的情思和悠远的理想寄于其间，他们与文字结下了深厚的情谊，也与思考结下了不解之缘。

而感情和思考又让他们走向了更高层面的文学殿堂。参加各种比赛，他们取得了不菲的成绩：钱行同学获得第九届全国中学生作文大赛全国特等奖，张宇琪等10名同学获全国青少年冰心文学大赛奖，其中张宇琪和蓝倩获得金奖。五年当中，文学社的写手们在全国、省市级作文大赛中获奖达两百多人次，学校被授予“全国青少年冰心文学创作基地”“全国作文教学示范学校”等荣誉，峥嵘文学社获“全国百优文学社团”。

峥嵘文学社，真正承载起了培养文学人才的重任，它成为了校园文学之舟起航的地方。

寻访校友

为了丰富文学社的活动内容，提升文学社的活动质量，文学社还不定期开展寻访知名校友的活动。

这个暑假，为配合学校校庆，文学社开展了“寻访大师故里，了解校友事迹”的系列采风活动，寻访了部分已故知名校友的故里和足迹，其中有著名校友、国学大师毛子水。

在校办主任晓天和文学社平文老师的带领下，文学社6位学生随同两位老师一起开启了寻访活动。

来到市政府拜访了市政协原副主席祝瑜英女士。祝副主席对儒学，对中国传统文化十分热爱，更是研究毛子水的专家，她曾于去年来学校给同学们作了一场关于毛子水先生的精彩讲座。祝副主席讲述了毛子水先生的主要学术思想、教学理念及其许多优秀品质。她说，在国外文化铺天盖地袭来的今天，我们更需要学习毛子水先生对国学文化的执着研究的精神，在继承传统文化的基础上不断创新，不断注入

时代精神；在中学阶段，要不断完善自己的志向，学习毛子水先生精益求精的态度。

一行人又赶往市区道贯巷寻找毛子水先生的侄女——毛季改女士。在毛女士家，大家被一种浓厚的文化氛围以及毛女士身上所特有的优雅气质感染了，并由此了解到了一个更加生活化的毛子水先生。毛先生常常对他的女儿说，“读书是为了做一个好人”，要做到“己所不欲，勿施于人”，“道德是最重要的，要把道德修养放在第一位。”毛女士建议要深入学习毛子水先生的学术，从学校开始，营造一个礼仪之邦。临走前毛季改女士赠予每人一本《弟子规图说》和一张“弟子规讲座”的DVD。

第二天一行人又来到了江山清漾——毛子水先生的故乡。这里风景如画，村前正中有一亩方塘，接天莲叶、映日荷花与塘中碧波青鲢相映成趣。荷塘前方的小山上，一尊白塔立于山顶。清漾就位于这绿水青山之中，清净而古朴。这是一个省级历史文化村，江南毛氏的发祥地，毛泽东的祖居地，也是毛子水先生的故居。

“清漾祖宅”四字题写者为著名学者胡适先生，他与毛子水先生亦师亦友，同是新文化运动的倡导者。进入清漾祖宅，便能看到大门两旁砖柱上的对联：“天辟画图星斗文章并灿，地呈灵秀山川人物同奇”，中后堂的对联则是：“天下四君子纯修第一，两朝三尚书伟绩无双”。堂内更是张贴着许多关于儒家“修身”“好学”的家规、家训。此地向来盛行“耕读传家”“诗书传家”的民风。难怪清漾这座小小山村，历史上竟出过83位进士、8位尚书，毛子水先生更是其中学界方面的翘楚，真可谓地灵人杰。整座古宅虽然已被岁月褪去了浮华的外表，但它端庄肃穆的气势依然完整地呈现在我们眼前。

正堂上有一尊毛子水先生的半身铜像，房子不大，中间开有一个小天井，让屋外的阳光洒满整个大堂，天井下是几盆绿色植物，给古老的宅子增添了几分生气。令人印象最深的是书房，毛子水先生是一个爱书如命的人。他曾经说过，他爱书成癖，经常到处浏览、搜购；买得了珍本，会自得自满，雀跃好几天；万一失之交臂，就会后悔不迭，懊恼不已。这是一个多么爱书的人啊！书房虽然狭小，简陋，但我们依然能想象得到毛子水先生捧着热爱的书籍，在书房里雀跃品读时那怡然自得的画面。在这里，我们仿佛回到了70多年前那个还充溢着毛子水先生气息的清漾小屋中，与毛子水先生同喜同悲。

“峥嵘山上縠溪流，钟灵毓秀，群英相聚乐悠悠，风雨鸡鸣侯”，校歌唱出了从一所百年老校走出去的无数英才的心声。如今，英才遍及神州，百年老校青春焕发，愈发闪耀着灼灼光芒，而这种光芒，也必将和她曾经的辉煌一样，被载入文学的华章。

因为我们有峥嵘文学社。

文学的摇篮

我们的第一期文学刊物，粗糙的纸张，简陋的装订，没有油彩，没有花哨。可是，它带给学生们的是满满的欢喜。

校园里，文学社和文学期刊是学生们文学之梦的摇篮。看到今天的峥嵘文学社和文学期刊《峥嵘》，不由得想起了昔日的塔山文学社和文学期刊《塔山园》。

那年，我在一个县属中学任教，因为平时要写写散文，偶尔也在报上发表，就被推荐做学生作文指导老师。自己确实也喜欢写，有了这个名目，感觉自己写作的责任突然变重了。

看到学校的文学社一直处于若有若无的状态中，我决定将文学社正正规规地搞起来。

学校坐落在县城有名的古迹塔山上。塔山是该县城的风水宝地，所以，我决定把这么好的资源利用起来，给文学社取名为“塔山文学社”。新文学社的始办获得了全校师生们的热烈响应，报名参加文学社的学生极多，指导写作的任务就变得极为艰巨。但艰巨也就是一种挑战，要把文学社办好，就必须办个校园文学刊物。

找了学校的几个语文骨干老师商量，提议将文学社的刊物定名为《塔山园》，意思是：这个塔山是文学爱好者们的一个园地，大家可以在此切磋文学，以求共同进步。刊物名很快获得认可，于是我又着手开始写创刊词。当时年轻，

做很多的事也不觉得累，内心反而充满了激情。我连夜赶写，很快就有了一篇自我感觉还不错的创刊词。然后又自行联系，邀请了教育局里几个有分量的大师做顾问，又从学生中选出了负责文学社相关事务的人员，布置好收集稿件等相关事务。一切就绪，剩下了最后一个难题：学校没有经费，《塔山园》的出版要文学社自己解决经费问题。

上世纪90年代初期社会物质匮乏，看起来只是个小数目的钱在那时人们的眼中都不是小事情。虽然我们把出版刊物的要求降到了最低，但是，没有经费什么事都无法去做。怎么办？看着一大堆学生作文，上面修改过的密密麻麻的红色笔迹，我开始犯愁。那些作文有的是学生改的，有的是任课的语文老师修改的，更多的是我修改的，那是我们对学生辛辛苦苦的劳动的肯定，更是对学生写作热情的积极鼓励。如果这些文章得不到一个展示的平台，那么学生的写作热情很可能就此大受挫败，也就无法带动更多的学生去积极写作，如此办文学社的意义和作用也就很小了。

一定要想办法把这些文章发出来，哪怕一个班只发到几本刊物，也要让这些学生获得成就感，保护好他们最纯真的写作热情。

终于想到了一个办法：让《塔山园》成为一个最土的刊物——自己刻字，自己印刷，自己装订。做一次完全自制的刊物出版活动。

那时大家都还没用电脑，学校很多讲义都是用蜡纸刻写的，刻写之后放在学校油印室油印。相比较而言，我刻写的蜡纸卷面还算比较工整，字迹也清楚。我整整刻了三天，然后把刻写好的蜡纸拿到学校油印室让师傅油印。搞油印的是一个四十多岁的阿姨，她看着这么多的蜡纸，很怀疑是否真的是我刻写的，看我肯定地点头，她禁不住啧啧称赞，说，厉害了，姑娘，看不出啊，这字也刻得那么好看。阿姨没有嫌我加重她的工作负担，反而表扬我，弄得我有点不好意思。油印印完后又组织学生按页整理用订书机装订，最后贴上一张粉红色的印有塔山风景及《塔山园》标志的封面。这个过程用了三四天时间。

当我们把这自制的老土的首期《塔山园》发到同学们手中时，他们惊喜得欢呼雀跃，这让我觉得之前那段时间付出的辛苦是值得的。看到自己的文章发表在上面的学生掩饰不住自己的激动，满脸写着开心；而没有发表的也都捧着本子激动地翻看着，说着。这是我们的第一期文学刊物，粗糙的纸张，简陋的装订，没有油彩，没有花哨。可是照样带给学生们满满的欢喜，激发了他们满腔的热情。

后来，就有了庄向娟、王蓓蕾等一个又一个优秀的中学生写作者，一篇又一篇优秀作文从《塔山园》走向《衢州日报》《语文报》……

如今，世界发生了天翻地覆的变化，我们一中的《峥嵘》是那么的精美：质量上乘的纸张，光彩柔滑的封面，里面有大量的优秀习作，让阅读者赏心悦目，文学社里有众多的写作名师指导，不少知名作家校友还经常来学校给社员们讲课，甚至还经常有像著名学者叶廷芳、中科院院士韩继生那样的一流大师和文学社社员进行面对面的交流，峥嵘文学社无论是经济条件还是人文资源的储备上都是当年的塔山文学社难以企及的。

岁月如梭，如今，我又成了峥嵘文学社的写作指导老师。看到文学社的孩子们朝气蓬勃、昂扬向上，读着学生们一篇篇文采飞扬而又颇有个性的文章，我的心里有说不出的喜悦。

智慧永明

他的威严隐藏于他优雅潇洒的温柔微笑之下，

他让学生在他划定的区域内行走而不至于被荆棘刺伤。

张老师名字叫永明，这是一个扔出一把铜币能砸到好几个脑袋的名字，但他本人却并不像他的名字那样缺乏特色。永明个子不高，四十岁左右，皮肤偏黑，身板子挺直，方正的国字脸，浓粗的剑眉，嘴角总是微微地上扬，整个人始终呈现出精神振作的状态。和他在一起，你想打蔫都不成，因为他振作的气场会让你无精打采的分子在不知不觉中逃逸。

永明说话的时候经常会带着微微的笑意，让人觉得他说的话有深长的意味，他经常只说一半就停住了，后一半会很简略甚至干脆省略了不说，留给人无限的回味和遐想。他的声音中气十足，音色饱满，语调沉稳，吐字干净利落，放松类的话题常常带着欢快的趣意，批评类的话题字字玑珠、掷地有声。听永明说话或者和永明聊天，很多时候是一种享受。

这样的老师，走进课堂，他绝对的主角地位就不可避免地体现出来了。他站在高一（15）班的教室里，扫视着教室里面座位上的每一个学生，目光炯炯，往日带着笑意的脸上此刻呈现出严厉的光芒。这是一个年级里相对比较“活跃”的班级，在高中的起始阶段，永明对这伙学习习惯还不太好的家伙们不想“心慈手软”。他的脸紧绷着，对近日违反班规的几个学生进行着批评、宣布处罚措施：对因在教室内打篮球而损坏窗户玻璃的小禾同学和晚上就寝熄灯后在被窝内打手电看小说的小敬同学，均施行每天跑步1000米，连跑一周的处理。

教室内鸦雀无声，每个学生都竖着耳朵听着，瞪着眼睛看着，他们知道，既然班规制定了，张老师执行起来是说一不二的。这一周的跑步有这两个同学受的了！但是，谁让他们违反规定了呢！罚跑步既可以让他们记住自己的过错，又锻炼了跑步人的身体，张老师这样做都是为了同学们好，同学们都理解。

的确，才半年的时间，这个原本“比较活跃”的班级变化非常大，许多原来喜欢调皮捣蛋的一小批孩子渐渐变得懂礼貌、守纪律起来，班里原有的一些不良风气慢慢不见了，学生们不再像开始那么浮躁了，整个班的学习成绩一步一步向上攀升，如今已经超过了原本在他们前面的两个实验班。

最重要的是，学生们开始懂张老师了，知道张老师严肃的表情下面隐藏着一颗温柔善良的心。

张老师常常是和他们一起欢笑一起忧愁的，学生们的事情就是张老师的事情。

一次，女生咏思上厕所的时候不小心将眼镜掉落在了厕所里，一时不知所措的她急忙跑到办公室向张老师汇报，永明二话没说就和咏思一起冲到女厕所门口，确认里面无人后，永明赶紧进了女厕，看看是否能打捞到眼镜，在确认无法打捞到时，才放弃寻找。虽然没能找回眼镜，但是，永明急学生之所急的精神深深地感动了学生，他们甚至认为：张老师为了学生的事情是可以两肋插刀的。

教育管理学生，永明用的不仅有热情、爱心、耐心，更有智慧。

他的英语课，是学生的最爱，不仅仅

是因为英语课内容充实、知识丰富，课堂情趣无限，还因为张老师会巧用各种各样的方法让他们理解所要掌握的知识、记住所学过的内容。为了让学生能轻松记住一些英语单词，张老师会将单词用形象的描绘展示给大家，让学生们在一个生动有趣的画面中记住单词拼写。那个莎士比亚的单词Shakespeare，永明把它描绘成一个老头Shake，挥舞着长矛speare在书写戏剧。这样形象而有趣的画面，学生们一下子就记住了。永明每隔一阵子都要给学生们放些励志视频，给学生们看那些真实感人的故事。他觉得一个好的故事，有时比一千句理论教育的话更管用。而且那些制作得好的视频，在给人心灵启迪的同时还给人以美的享受，是陶冶情操的极好途径。

永明的教育理念就在这如春风雨露般的潜移默化中体现。他的威严隐藏于他优雅潇洒的温柔微笑之下，让学生在他划定的区域内行走而不至于被荆棘刺伤，如在河床底下有鹅卵石铺就的河水中嬉戏一样，可以尽情而尽兴。

和同事在一起，永明则常常拥有激发群体爆笑的力量。一次，晚饭后同事一伙六七个散步到学院，看到路边丛林里一片斑驳的竹林，有人就提出问题："这种竹子叫作什么竹？"有人答道："湘妃竹。"众人认为不对。"凤尾竹"我说。众人仍觉得不对。人群静默了半晌，永明恍然大悟，大声说终于想起来了。大伙忙求答案，只听见永明一本正经回答道："她叫毛香竹。"一听到用我的名字顶上去了，人群立刻爆笑；我愣了一下，随即也无法自控地跟着大伙一起狂笑起来。

儒风荡漾

衢州有南孔，是我们衢州人的骄傲；

校园有孔爷，是我们衢州老师和学生的骄傲。

那次去孔庙，和孔爷围坐在一起时，朱大说的一句话深深地印入了我的脑海里。他说：衢州有南孔，是我们衢州人的骄傲；校园有孔爷，是我们衢州老师和学生的骄傲。反复回味，自己这样一名普通语文老师，却能经常有机会获得孔氏南宗第75代奉祀官孔祥楷老先生的当面指点，确实太荣幸了！

第一次近距离接触孔爷，是6年前的事情。那时，我们大学毕业20周年同学会的活动地点之一就设在孔庙后花园，联系人是同学会的组织者之一《衢州日报》社的童琴。孔爷和童琴看起来很熟悉，因为这层关系，我们的到来得到了孔爷的热情欢迎。孔爷和我们的班主任、浙师大著名教授王嘉良老师热情握手言谈，所有的同学也都在后花园的会客厅环绕而坐，和孔爷一起“随性而谈”，真正是毫无目的，无需准备，东拉西扯，尽情随性。这样真好！可是孔爷很快就被人叫去了，原来是市长大人光临，希望能会一下孔爷。孔爷让我们等着，他说他肯定很快就回来的。果然，孔爷比我们想象的要及时得多。他真像个率真随性而又守信用的老孩子呢。

有一次，孔爷来到了我们的校园，特意点名要和语文组的老师们坐一坐。语文组没上课的老师都来了，方书记也来了。孔爷首先点名叫了几个他熟识的名字：演儒学剧特棒的郑岗，指导儒学辩论赛常常拿冠军的孙丽丽等，几个名字从孔爷中气很足的腹腔中吐出来，在温暖的小会议室内飘荡了一圈，几张面孔同时也就被孔爷温和而又略带犀利的眼光扫描了一番。然后孔爷就自己先随便说了一通，接着让我们畅所欲言，想提问什么就尽管提。看着组里的老师们一个个都和孔爷作了真诚的交流，我也不想错过机会提出了一个曾让我困惑好一阵子的问题："孔爷您年纪也渐大了，是否对南孔接班人的候选有所计划和部署？"没想到这个问题让刚刚还激情飞扬、言辞慷慨的孔爷突然黯然无语。沉默了半晌，他不慌不忙地说："暂时没有想好，孩子有自己的志向，但是总会有办法，这个问题以后有机会我们再做探讨，好吧？"孔爷是实事求是的，真实中带着率性，率性中伴着谦和与智慧。但是，我们都感觉到：要想再找个像孔爷这么器宇轩昂、学识广博、对南孔事业如此执着的孔氏接班人，怕是不那么容易。

孔爷对市里的教育尤其关注。儒学辩论赛是孔爷在市属几个中学里隆重推广的儒学学习宣传项目。一年一度的辩论赛让参与比赛的学校的老师和学生们感触极其深刻，因为每次进入辩论赛阶段，参加活动的老师和学生们都要花很多时间去解读《论语》里面精深博大的儒学内涵，然后加上辩论的技巧，让语文和儒学还有表演的艺术三种东西水乳交融地汇合在一起，这对老师和学生都是极大的考验和锻炼。所以，每次辩论赛结束，都有一批学生在文学、儒学、艺术等众多方面获得极多的收获和长进，用一名学生的话说就是"经受了一次精神、意志和知识的大洗礼"。

看到老师和学生们汉字书写状况参差不齐，孔爷在思考如何用一种比较有效的办法激发大家的书写能力，提高全体教育者的书写水平。不久之后，孔管会就和教育局联合出台了"开展教职工硬笔书法等级评定"的规则，要求全市所有的教师全员参与硬笔书法书写技能展示，不设奖，只评等级，自评加校评。同时又办了《教师硬笔书法大展台》期刊，随机抽取老师的现场作品进行刊登展示，让所有老师的硬笔书法作品都有可能被展示于公众。这下子，老师都不得不逼自己写出几张好看的硬笔书法作品出来了，练字的人一下子多了很多。

近两年市区高中学校又多了一个活动项目：市区中学校园歌曲演唱大赛。孔

爷是发起人。听着孔爷音乐作品专辑里的《大同颂》，想起孔爷当年自编自导的《东南阙里》等儒学剧以及那些相关的声势浩大的大合唱，我们不得不感慨孔爷天生出众的音乐天赋。孔爷自己作词作曲指挥还不过瘾，他要让更多的人去作词作曲指挥演唱。所以，这校园歌曲的作词、作曲、指挥、演唱全部由学校的老师或学生来担任了。

首届比赛，我有幸得到了一个歌词创作的机会，激动也惴惴不安。斟酌好多天，又经过三番修改，终于有了尚能显示一点学校特色的歌词《前进，一中人》：

悠悠衢江向东流/东南阙里儒风飘/美丽西区青春校园/浙西明珠佳名远扬/百十年前一朝独立/艰苦奋斗茁壮成长/十三英烈为国抛头颅/四十精英为民洒热血/名校殷殷育菁才/三万桃李芳菲沁九州/峥嵘山上诵经论点/子水园里吟诵篇章/莘莘学子敦品励学/阳光广场鲜花灿烂/一中人走过风霜雨雪/我们依旧斗志昂扬/一中人憧憬美好未来/我们必将创造辉煌。

交给承担作曲任务的烨楠老师作曲。两个月后新的衢州一中校园歌曲出炉了。

金秋十月丹桂飘香的一个晚上，在二中的大礼堂，市首届高中校园歌曲演唱大赛隆重开幕。舞台正下方的座位上坐满了来自各个单位的音乐专家，他们是今晚校园歌曲表演比赛的评委。光彩夺目的舞台上，丹丹老师激情飞扬地指挥着排列整齐的80名学生倾情演唱着，烨楠老师则沉浸在酣畅的伴奏中，恢弘壮阔的歌声在礼堂的上空飘荡回旋。比赛结果：一中选送的节目获得了最佳作词、作曲、指挥、演唱等项目的奖项，成为所有节目中获奖项目最多的节目。真给力啊！

新一轮的校园歌曲比赛又将拉开序幕，热切的心诱发我早早写下了两首粗糙的歌词底稿，先存放于此，待他日需用时再拿出来，细细品味，慢慢斟酌、修改。

（一）有个学堂

衢郡中学堂/梦想从这里起航/静岩斑驳的黑板/闪耀着抗战的火光

峥嵘山岗上/莘莘学子书声琅琅/阳光广场中/青春激情振翅飞扬

哦，衢郡中学堂/梦想从这里起航/哦，峥嵘山岗上/莘莘学子书声琅琅

文白正谊光焘楼/英才校友美名传扬/敦品励学激励下/身心健康品学兼强

一百一十年老校/岁月沧桑灵魂强壮/南孔衢州一中/古老身躯散发出青春光芒

啊一中一中/浙西教育的明珠/三衢精英的摇篮/啊一中一中/新时代的学堂/中国梦从此飞翔

（二）　峥嵘山上好风光

女生独白：晨曦映射到峥嵘岗

男生独白：哨声阵阵催起床

女齐声：洗漱穿戴奔操场

男齐声：一二三口号震天响

晨曦映射到峥嵘岗/哨声阵阵催起床/洗漱穿戴奔操场/一二三口号震天响

初升的太阳照脸庞/晨读声声入云端

女声独白：子曰，有朋自远方来，不亦乐乎

男生独白：子曰，仁者爱人，己所不欲勿施于人

迎春花儿展笑靥/峥嵘上山好风光

品赏诵读推理演算/精彩的课一堂又一堂/汉字书写儒学论坛/传统文化继承又发扬

书山题海高考战场/三年的磨砺我们终于长大

女齐生：中国梦就是一中梦

男齐生：中国梦就是我的梦

为梦想我们已经插上翅膀

啊，校园里有座峥嵘山/峥嵘山上好风光/啊，年轻的心怀揣梦想/梦想我们无畏向前方

儒师

或许受到了南孔儒雅氛围长久的浸润，
校园里的老师们一个个都那么儒雅、博学且质朴。

每天早上还不到6点，家住离学校有近半个小时车程的罗副就起床开车奔赴学校。

清晨的校园清爽而宁静，学生们都还在操场上晨跑，值周教师也都在各自的岗位里，值夜班的保安，正准备换班回去。罗副先到自己办公室，批改前一天晚上学生交上来的作业，然后就开始到校园各处走。罗副负责学校教学这块，他的工作并没有对他提出早到学校这种硬性要求，但他却养成了每天早到的习惯。

当学生晨练结束的时候，他常常看见有学生站在大楼之间的树荫下或坐在花坛边的石头上读书。这种景象让他觉得很惬意，那清脆的朗读声对他来说，无疑比那些美妙的音乐更动人。校园中心广场和通往几幢教学楼的路上，每天都有清晨打扫的学生，三三两两，静静地打扫着落叶，偶尔也发出欢快的说笑声。和谐的画面对罗副来说是一种美好的享受。转完一圈后，他到食堂用早餐，用完早餐，早读的时间也到了，他又到已经进入早读状态的各个班级的走廊上，查看各班的早读情况。一圈转完回办公室，罗副就准备去上课。

罗副的课堂也和他的人一样，稳健而充实，平和而流畅。整堂课内容丰厚，突出重点，过程如行云流水，让听者如沐春风。他娓娓的讲解，精炼的板书也深深博得学生的喜欢和赞赏。而罗副对于学生也从不刻意制定某种目标，让他们去奋力追赶，去拼搏夺取，他只让学生在课堂上愉悦地听课，课后按时完成作业，让学生们在自己这一汪池水中开心自由地嬉戏，因为他知道自己这池水的深度，完全可以满足这群孩子们在当中尽情地畅游。

做罗副的学生，到罗副的课堂里听课，你会享受到如阳春三月的天空一般的温晴之美。

老聂是一个豁达开朗、对学生充满温情的儒师，年轻时的他曾经是影视明星周迅的班主任。几年前周迅回母校，他成为首席接待，备受众人的关注。但老聂让学生和同事喜爱和这个因素完全没有关联。老聂其实并不老，四十几岁的男人，正是花一般的年龄，但大家喜欢这样叫他。老聂的心里也许真的开着花，因为他对生活充满热情。他爱旅游、爱交友、喜欢美食，对工作和学生的爱更是显而易见。

做学校的办公室工作，可以说是千头万绪。老聂做每一件工作都竭尽全力，力求尽善尽美。学校校庆制作宣传片，老聂从构思、写脚本、修改、拍摄，每一个过程都倾注了心血。为了修改脚本，他几乎把学校里文笔最好的老师都找来出力修改，不厌其烦地修改了一遍又一遍，忙的时候大家就一起用短短的几分钟时间吃盒饭。其时，大家都很累了，老聂就让大家轮流休息，他自己却始终温和地笑眯眯地战斗着，仿佛是个累不垮的机器人。

老聂的热情在课堂上体现得更加充分，看他和学生对话时充满激情的语调，看他在黑板上写字奋力挥出的一笔笔，看他讲课时优美流畅的表述，你都会觉得：这是一个多么有活力的老师！确实，老聂的活力遍及他生活的每一个角落。唯一“不幸”的是：因为爱美食，老聂把自己喂成了一个胖子。但同事和学生依然喜欢这样的聂胖子。

性情温和、才气十足的黄老师人气指数很高。他是音乐专业毕业的，早年的时候因为钢琴弹得好，曾被同行誉为“钢琴王子”。

2014年春桐村的竹篮

金黄色的层次

姐妹师生

书香满园

我的乡村学生们

我的乡村学生们

20年后重逢师生如兄弟姊妹

浙师大毕业20年同学会 于衢州南宗孔庙

欢乐一家子

钢琴王子读书的时候家境贫寒，到城里读书，什么都没有。只有几本书和一些旧被褥、旧衣服；没有像样的包，他就用尿素袋装。在众多漂亮的行李箱面前，一只尿素袋是多么的刺眼。但是，钢琴王子用另一种显眼盖过了尿素袋的刺眼，使他在同行中博得了令人炫目的眼球，那就是“勤奋”。勤奋让他如意地跨入了音乐的殿堂。坐在他梦寐以求的钢琴面前，他孜孜不倦、废寝忘食。导师充满忧虑地说：这样弹下去，手指会废掉的！

勤奋是他成功的路径，质朴真诚更是他的精神瑰宝。

和钢琴王子共事几年，感触颇深。这个浑身散发着才情的王子，最令人动容的并不是他专业上的能耐，而是他以情动人、以理服人、真诚待人、努力做事的风格。

每次和黄王子一起去为学校招生，都为他的勤勉巧干所折服。在这项工作开始之前，他要做很多的准备工作。最先需要了解生源的情况，这是需要比较特别的途径才能获得的。王子每一年都做得极其完美，为后面整个招生工作铺开了良好的局面。他是这片的招生领导，但他总是亲力亲为，带着大伙一起干。有难的事情，他首先去面对，有问题出现，他第一个来解决。这片的招生是一块难啃的骨头，但为了学校能有较好的生源，他尽到了最大的努力。王子的记忆力特别好，之前连着四五届被招到学校就读的学生，他们的高考成绩和平时在校情况，王子都了如指掌，对学生、对家长的提问回答得细致而有条理，让家长非常信服。有一次，和一个学生及其家长聊天，他竟然花了两个小时和人家拉家常，完全忘情地将时间和感情投入其中。王子还组织所招学生开展各种联谊活动，他自己率先表演节目，并拍下很多让学生们看了非常开心的有纪念意义的照片，为这个团体营造了温馨的氛围。知道王子的家长和学生都会说，那个姓黄的老师我们信得过。

可惜，黄老师新近被调至其他学校任新职了，今后见到他的机会将很少了。

诗朗诵

一次诗朗诵，凝聚了许多的心血，

一次诗朗诵，促成了一批人的成长……

距离一年一度的校园科技文化节还有不足一个月的时候，各种活动在校园内渐渐活跃起来。高二语文组的节目是大型诗朗诵，参加对象是高二所有的学生，主题是“中国梦，一中梦，我的梦”。

通知单张贴到班级的第二天，两个班的团支书和语文课代表就都来找我了：“老师，我们啥时候开始排演诗朗诵啊？”原本想缓几天的，看到他们这么急迫认真，我只好狠狠地对自己说：立刻开始吧。然后分头对他们说：“我现在就开始准备稿子，等有眉目立刻通知你们。”

课余，本来上网浏览网页的那段逍遥时光只能用来准备诗稿了。诗稿基本要自己创作，否则朗诵出来的是别人的心声，再者，用网上的诗稿，也容易和别人撞车。所以，必须自己写，最多引用一些好的句子。几天下来，两篇诗稿仅仅勾勒了一个轮廓。

10班的团支书王琪和班长天航又来了。“老师，诗稿准备得如何了？”他们真的比我急多了，似乎就怕我事多忘了，到时来不及。看他们那么心焦，我就让他们站在我边上，我一边写，一边让他们帮忙斟酌。两个家伙对我写的诗稿没有半点微词，看起来对我的文字功夫很信服。直到下午最后一节课结束，我才把自己觉得还非常粗糙的初稿交给了他们，并嘱咐：“只是初稿，先拿去试试，应该需要修改。”两个人暗怀欣喜地回教室去了。

第二天，课堂上，进行四个领诵人员的筛选。因为平时课堂上进行过朗诵展示，有几个朗诵能力明显突出，像佳筠、天航、王琪等，基本上就可以直接入选，而第四位却要从几个旗鼓相当的人员中选拔。于是让几个预备人员，包括其他自愿报名参加预选的，分别朗诵规定的诗歌篇目。最后，选定了叶腾。二男二女的领诵者就这么确定了。接着，我又把所有的诗句进行角色分配，哪些是单人的，哪些是二人的，哪些是四人朗诵的，哪些是女生全体或男生全体朗诵的，哪些是整个班级集体朗诵的。角色分配敲定后，到油印室给全班每人印发了一份诗稿。这样，他们就可以抽时间自行演练了。

接下去的两天，给另外一个班级忙同样的东西。

周五那堂语文课，天航提出要把朗诵训练的成果给我看看，他们已经用几个自修课的时间进行了排练，现在已经初步有了样子。于是听他们朗诵，听完心里很是欣喜，他们是认真的。不需要看别的，他们朗诵的每一句，都是那么咬字清晰、吐字有力、整齐划一。这算对得起我这么辛苦地写这个诗稿。我指出了其中几处不足，然后让他们继续用课余时间去排练。

离表演的时间越来越近了。王琪对我说：“老师，楼下的班级似乎排练得很好了呢！我们今天决定把全班同学带到舞台上再训练下，希望你也能去。”我说：“好的，我们也会很好的。”我知道他们很在意能否得奖，这不仅仅是每个人的荣誉，更是整个班级的荣誉。作为他们的语文老师，我自然也希望他们取得好成绩。而且，在我的感觉中，这个班几个朗诵的同学实力非常强，只要组织得好，发挥出真实的水平，就完全有可能获得很好的名次。尤其是天航和佳筠，如果在这个方面用心，那么以后走播音这个专业是非常有前途的。

训练得差不多了，背景音乐在班主任钱老师的帮助下也最后选定，队伍也整理过了，离表演只有两天了，开始讨论服装是否要统一。结果意见不一。或许是因为统一服装要花不少钱，所以部分同学持反对意见。他们认为关键是朗诵，外表的修饰是次要的。班主任则考虑到天气冷，不少学生已经感冒，如果统一的服装不够厚，担心有更多的同学受凉感冒。于是，最后统一为深颜色的棉袄，因为本班同学多数有深色的冬衣，就地取材就行了。

表演在学校体育馆进行。那天下午，体育馆被布置得整洁亮堂，十多个评委老师在主席台下的评委席就坐，高二年级十八个班级的700多名学生这天全都是朗诵者，他们当中的很多同学是第一次登上如此大的舞台展示自己表演才华，看起来一个个都很激动。

让我们惊异的是：除了我们班几乎所有的班级都准备了舞台服装。当一个班级表演时，下一个预备表演班级的学生就都脱了棉袄，露出艳丽的统一的舞台服装。有的甚至是薄薄的裙装。统一的服装在舞台上效果特别好，当然，他们的表演也超乎了老师们和同学们自己的想象，每一场朗诵都是那么激情四射，所有班级的表演都赢得了台下观众阵阵热烈的掌声。

10班是最后一个出场的，他们的表演成了压轴节目。

“今夜，你入我梦来……”佳筠悠悠的述诉将听众带进了一个优美的抒情意境。“今朝，新时代的百年老校正焕发出蓬勃的青春。”王琪深情的声韵让我们

感受着校园今天的繁盛。“一中人走过风霜雨雪，我们永远斗志昂扬！”叶腾振奋的声音展示着一中人满满的信心。“我自豪，我是中国人；我骄傲，我是一中人”天航引领的男生和女生的合音震撼了在场所有的心灵。“我们一中人，我们中国人，一定会用自己的智慧和汗水，写下今天的成绩，铸就明天的辉煌！”全体同学整齐的呐喊将朗诵会推向了一个激情勃发的高潮。整场表演流畅紧凑，浑然一体，滴水不漏，台下爆发出长时间的掌声。

比赛结束了。等待评委统计总分的间隙，高二语文组所有的老师登台为全体同学们表演了诗朗诵《我是语文老师》。“我是语文老师，握一支粉笔，授孔孟老庄之道，站三尺讲台，传李杜韩柳之妙……”台下欢声雷动，老师每朗诵出一句，就赢得自己班级的学生热烈的喝彩。整个体育馆沸腾了。

颁奖开始了。10班获得了一等奖的第二名！他们热烈地欢叫着，激动得互相拥抱。钱老师把自己班级朗诵表演的全过程拍摄下来，传到了他的QQ空间里。第二天，听到有老师对10班的朗诵评价极高，我禁不住也进入钱老师的空间，点击那个名为《我的中国梦诗朗诵》的视频，再次欣赏天航、佳筠他们的精彩表演。

看完视频，发现自己竟然已经眼眶湿润。我心里明白：一次看似普通的诗朗诵，当中却是凝聚了许多的心血，蕴含着诸多深意。有老师的，有学生的，有文学创意上的，有人与人之间合作上的，有个人对理想的追求，有集体团结的力量，有老师教育的成就，有孩子们成长的足印。一次诗朗诵促成了一批人的成长……

校园里的爱心橘

百年名校的师生们用自己的真诚爱心，绘就了一幅动人的春天画卷，为春光明媚、爱意浓浓的校园再添了一份温馨、和谐。

橘子，金红色的皮，包裹着甜滋滋的汁液，是一种上好的水果。这里是橘乡，橘子的价格并不像它的可人的外形那么受人追捧。但是，14班的同学们却让家乡的橘子在校园内演绎了一段激荡人心的传奇。

那日，高二14班的同学们读了《衢州日报》上《无论如何，我要留住她——七年为患尿毒症的继女四处打工，现在，他希望卖掉橘子为她支付药费》一文，许多同学的心都被秦霞仙的事情牵动了，身患尿毒症但却顽强地与病魔作斗争的少女秦霞仙，需要人帮忙卖掉2600斤橘子，然后，用卖橘子的钱治病。

很快，大家就有了一个共同的心愿：帮助秦霞仙义卖橘子。但是，大家都知道，在橘乡，这橘子可不是什么稀罕物，很多同学家里本身就是种橘子的，要吃橘子，回家里拿就是了，会有人掏腰包来买吗？事情传到了团委书记郑岗老师那里，这事就成了校团委高度关注的一件大事。在校团委的组织下，14班同学开始精心筹备着，决心隆重地开展一场学雷锋活动——“义卖爱心橘”，帮助女孩秦霞仙和她可怜的养父解决一点实际困难，让他们多一份生活的勇气和希望。

困难和忧虑不能阻挡他们行动的步伐，14班的同学坚信，爱心能打动同学，一颗心会温暖另一颗心，一片爱心就能温暖一个世界。校园就是一个美好的世界。于是，他们准备好了义卖倡议书，又把橘子用红色的袋子装成5元一包，打算利用中午吃饭的时间，放在通往食堂的路上进行义卖，让所有的同学都有机会知道，有一个需要自己帮助的患病少女，急需用卖掉橘子的钱来治病。他们相信，同学们的心和他们是一样的火热的，对处于困境中的人都会伸出援助之手，以自己力所能及的力量给他人带去一丝抚慰。

阳光普照的中午，校园内桃红柳绿，暖风融融。义卖活动如期举行。毛艺同学一边卖橘子一边向买橘子的老师同学作宣传，不停地在人群里穿梭，在橘子堆里忙碌。现场的爱心倡议书是她亲手写的。看完倡议书，很多同学纷纷掏钱买橘子，一些老师也来了，甚至有食堂员工和后勤中心的服务人员也来买橘子了。很多人拿了一袋橘子就走，都不要应该找回的零钱。看见大家纷纷献上爱心，毛艺和14班其他卖橘子的同学的脸上现出了喜悦的笑容。

一位家长碰巧那天来看自己的孩子，看见这么多人买橘子，明白怎么回事后也欣然购买了一袋爱心橘。这位家长说，他很高兴自己的孩子能在这样充满爱心的校园里学习生活，看大家热情这么高涨，自己也要买上一袋献上一份爱心，也给孩子做个好榜样。

2600斤橘子，20多分钟就全部卖完了！爱心见证了一中的速度！2600斤橘子按原计划是要卖出2600元，14班的同学们清点了以后，发现实际收到的是近3000元！原来5元一袋的橘子，有人放下30元、50元甚至100元。

阳春三月，艳阳温煦和暖，校园里春风浩荡。百年名校的师生们用自己的真诚爱心，绘就了一幅幅动人的春天画卷，为春意融融、爱意浓浓的校园再添了一份温馨、和谐。

就寝随想

这么美丽的校园，这样舒适的寝室，还有如此有人情味的学生，

还有什么不满足的呢！

就寝和一般睡觉有所不同，它指的是很多人在集体宿舍睡觉，比如住校生在学校睡觉，就叫就寝。

早年在乡村中学教书，家就安在校园里面，住的是由一间大的教室一分为二的那种房间，虽然简陋，但在当时已经算是很好的住宿条件了。因为和学生的寝室格局差别不大，而且学生就寝的铃声对我们这些住在“教室房”里的老师们也有指令作用，所以，将睡觉说成就寝就很自然。那时年复一年地当着班主任，每天都要和学生唠叨就寝纪律的事，“就寝”一词在我的语言中出现的频率相当的高。后来调入城区学校，当班主任少了，就寝一词也慢慢离我远了一些。

但作为在校园里供职的教师，就寝的事情仍然和自己脱不了干系。现在学校规定每个老师每学期都要在学校值周一到两周，这一到两周都被规定要睡在学生寝室里。每幢大楼都有两个老师和一个寝室管理员睡在那里，负责学生就寝随时可能发生的意外。所以我仍然要遵守就寝纪律，仍然要检查学生的就寝情况。

晚自修结束，值周老师必须尽快从办公室赶到寝室，去检查学生回寝室情况，督促他们尽早洗漱。当就寝铃声响起，学生们就必须进入被窝安静地睡觉了。这时候值周老师的任务是：到每个寝室检查，如果发现有动作慢还在洗衣服或者蹲厕所的要进行催促，如果发现有躲在被窝玩手机的，按照规定暂时没收手

机，等到高三毕业才得以归还。如果不制定严格的就寝纪律，让学生在就寝的时间随意看书、玩手机、聊天等，会严重影响学生的睡眠，进而影响学生白天的学习效果。多年的办学经验已经让学校有了一套比较严密而科学的就寝制度，老师在学校值周的主要职责就是让这些制度得到完好地落实，从而让学生们有一个良好的生活环境，让他们在学校里健康地学习和生活。

但在学校就寝的这一两周对一部分老师来说有点煎熬。毕竟已经是有家室的人了，家里老的老，小的小，都有一份牵挂。在学校就寝的一周时间里，不适应的情况时有发生。有些老师刚开始的几天都睡不着觉，等到第四天第五天实在累得不行了，才真正能够安睡。

原先我并没有那种感觉，反而觉得和这么多学生同睡在一个大楼里，心里特别踏实，睡觉也特别甜。但有一次参加了一个朋友的亲人的出殡仪式，完了之后刚好轮到值周，就寝的时候莫名其妙地害怕，一夜都没睡着。后面连着几天如此。到了第四天，实在累得不行了，只好到自己班里请了一个学生做伴，才真正安心睡着了。从此，每当轮到值周，就会心里发慌，就到隔壁寝室找愿意陪伴的女生。孩子们真是可爱，只要问一声谁愿意和老师做伴？马上就有人向我表示愿意，心里一下子就感觉到了温暖。两个女生很快抱着自己的枕头和被子，来到我的寝室。两个家伙同睡一个单人床，我睡另一个单人床。她们钻进被窝后很快乐地对我说了声：老师，晚安哦。她们的善解人意给我带来了温暖，这样的觉睡得特别的香。早上醒来的时候，两个小家伙正悄悄地起床，抱着被子和枕头回自己寝室去了，他们不想惊扰老师。多么懂事的

孩子啊！

又想起20年前在乡村中学当班主任时候的一件事情。那是初春3月份的一个夜晚，睡梦中的我被一阵巨大的声音惊醒，被惊醒的还有睡在学校里的很多其他的老师。接着学生寝室里惊叫声就不断地传过来。寝室离我睡觉的房间50多米。当我们火速赶到时，看到让人惊心的一幕：学生寝室的一个屋角坍塌了，瓦片和破旧泥墙上落下的土铺满了房屋的角落，而旁边刚好是我班学生的床位，小丽和阿芳等几个同学的床上满是灰尘和瓦砾，几个女生吓得在一旁瑟瑟发抖。原来，连日的阴雨让原本破旧的老屋屋角的瓦和墙体软化了。夜里突然坍塌。那个寝室不知道是哪个年代的旧教室改建的，屋顶和泥墙都极其破旧。每到雨天，四处漏水，下雪天，雪花穿过瓦缝飞落在睡着了的学生的棉被上，每天都有半夜被冻醒的学生。这完全是一座危房啊！

想起当年乡村学校的就寝和学习条件之差，让人黯然神伤。

二十多年的时光飞逝而过，如今的寝室，地面全部铺设了漂亮的地砖，里面有空调、热水器、电话等，现代化的设施一应俱全。再看管理，每天检查卫生，督促按时睡觉，帮助解决突发问题，每天还有值周老师和寝室管理员睡在他们的身边，真可谓安全、安稳又安适。现在的寝室，多像一个温暖的家啊！看学生们给自己的寝室取的各种各样的室名：阳光之谷、欢乐之家、青春楼阁……毕业之后已在高校就读的还会时常在QQ上发布些怀念从前在母校寝室里度过的美好时光的文章和照片，表达不忘共处三年的室友情。而我，作为一个一年在寝室里睡两三个星期的值周老师，在刚想抱怨不能在家睡觉的时候，回想早年管理学生寝室的事情，所有的抱怨和委屈都会烟消云散。我在对自己说，这么美丽的校园，这样舒适的寝室，还有如此有人情味的学生，你还有什么不满足的呢？

哦，寝室，让我追忆往昔，珍惜今天。

寝管员

阿姨此刻在大楼内并不孤单，

她内心有着几百张可爱的脸谱，时刻都可以翻阅。

周六收到短信，下周轮到我值周了。

下午，开始收拾东西：学校发的值周专用的被套、枕套、床单，它们的尺寸和寝室里专门订制的棉絮是一样的，纯白色的，像医院里常用的那种，还有自己在家日常用的毛巾、牙膏、牙刷、洗面奶、护肤霜以及拖鞋、脸盆、梳子、镜子……要带的东西很多，检查一次后才放心地把两袋东西放在了房间的出口处。

作好了十二分的准备来迎接每个学期一次的值周。

对很多老师来说这是一件蛮大的事情。这一整周都必须睡在学生寝室楼里，和学生在一起，早上要很早起床，先监督并陪伴学生锻炼，然后到校门口的公交车站点关注来校学生下车及过马路的安全，之后在食堂检查学生早餐纪律，晚上要等晚自修结束，检查所有的学生是否及时到寝室，等学生洗漱完毕，安静就寝，检查过没什么异常之后，值周教师向值周领导汇报过，领导总结过，一切平安，方可回寝室睡觉。如果夜间出现异常情况，值周教师还要起床及时进行处理。

周日晚上6点半，按时来到主管政教的金副校长办公室开会，聆听工作注意事项和分工安排。

晚上9点半，是学生回寝室的时间。夜幕下，灯盏闪烁的几条大路是密密麻麻的学生流，几股人流很整齐地朝着学生寝室方向流动，快到大楼的时候，人流分成了四股，分别流向四幢大楼。

高一高二年级的女生宿舍楼门口，寝管员阿姨早已打开大楼的门在等候，大楼在几分钟之前还是漆黑静谧，此刻已是灯火通明，学生们有序地向五个楼层分散。

寝管员在各个层楼之间穿梭着。女生们都称寝管员为阿姨。从走进大楼的那一刻起，“阿姨”的叫唤声便此起彼伏，女生们一会儿向阿姨汇报请假的情况，一会儿反映寝室门窗或者其他地方出现了什么小问题，一会儿又是反馈寝室的卫生打扫完成情况。阿姨有条不紊地一一应对。一边检查各寝室人员到位情况，一边督促抓紧时间洗漱，早点安静下来。

10点过后，四幢五层高的大楼，满满的两三千名学生已经全部各就各位，并完全安静下来，四周顿时变得异常宁静，听得见不知什么名字的虫子在“唧唧”地轻轻吟唱，像虫妈妈的摇篮曲，一切变得如在悠悠梦境中一般。

大楼安静之后，值周老师们要下楼去汇总。阿姨打开锁着的大门放我出楼，我走出去后，她又把门锁上。

夜幕下的校园和白天的截然不同。白天里欢闹的海洋，此刻已经彻底平歇下来，平静得如同无人之境。但是，我知道，这里有无数鲜活的呼吸，在茫茫的夜色中发出匀称的节奏，这些呼吸是这块土地上的精灵，是校园蓬勃的生命力的源泉。而守护这方土地的，是我们几个肩负重任的值周老师和一幢幢大楼内的寝管员。寝管员是大楼最忠实的守护者，是这些安睡在梦中的年轻生命的保护神。

值周领导早在那里等候我们了，大家交流了一下学生就寝的情况，有个寝室学生的钱遗失了，明天早上必须和班主任联系，要设法弄清情况，必须让学生的每一样安全都尽可能得到保障。

走回到2号大楼门口时，阿姨又及时出现在门口为我开门。待我进来后，她又认真地把门锁上。

早上被一阵阵哨子声唤醒，原来已经到了起床的时间，阿姨吹的哨子声响亮透彻，整幢大楼立刻欢腾起来，学生们穿衣服、洗漱、扫地，一切很快就绪，然后鱼贯出楼，奔向宽阔的操场，排着整齐的队伍，喊着响亮的口号开始晨跑。

六点二十，学生全部走出大楼的那一刻，阿姨又把门锁上，同时也把她自己反锁在了里面。为了便于检查，每个寝室的门都按规定敞开，学生的物品安全全靠阿姨把守的这扇大门，所以，她必须随时关好大门，不许任何陌生人进入，学生也是在学校规定的时间才可以进入寝室。阿姨把自己关在大楼内，在一楼大门边上属于她的房间内，开始洗漱，做早饭，吃早点，然后做自己要做的事情。

值周的最后一天，等所有的学生走光了，最后一个走出空荡荡的大楼，回头看见阿姨认真地把她自己反锁在楼内的那一刻，我心里突然涌起一股说不出的酸楚：一个人就这么被一幢大楼给绑定了！一绑就是十几年！

阿姨在这幢大楼工作10年了，每天都重复着同样的内容：白天守护大楼，给学生们看管物品，晚上接孩子们回寝室睡觉，检查人员是否到齐，督促孩子们及时睡觉，帮助孩子们解决生活中出现的问题。除了偶尔出去买必须的生活用品，其余时间都呆在这里，一年365天，只要大楼一天有学生，她就一天也不能离开，能够回家和家人团聚的只有寒暑假加起来不到一个月的时间。而高三学生寒假作文要补课，高一学生暑假要提前开学，军训，寒暑假。阿姨平时都是一个

人在这里吃、住、睡，这里俨然是她最主要的家。

曾经试探性地问她会不会想家，她淡淡地说："习惯了，无所谓了，孩子也大了，忙自己事情了，只要把眼前的事情做好，每天就会很安心，没什么牵挂，吃得香睡得好，没有更多的奢求了。而且，这些学生都蛮可爱的，她们都很听我话的，一届比一届乖啊。"

我已经看出来了，和阿姨比，我这个所谓的值周老师在这里住上一周，其实是一种摆设，因为，阿姨把必须做的事情都做了，而且做得妥妥的。我来了，就和阿姨做个伴，然后向阿姨学点管理寝室的方法。阿姨也顺便会和我说起每届学生的不同之处，有时又和我探讨某个学生的某些问题，比如她说高二文科3班的自管会成员沈奕同学相当有责任心，做事情极其牢靠，是个很好的孩子；这届的学生比上届的学生行为习惯要好些，综合素质也更好些……

一周的时间转眼结束了，从刚开始几天的因为更换环境睡不着，到后来的睡得很踏实，正有点习惯于让自己的睡眠节奏和这幢楼里的无数呼吸一起和谐交汇时，我的任务也到了完成的时候了。阿姨走到我寝室，对我说："东西收拾好，别落下。"我把自己带来的用品一一收拾好，像和一位刚刚有点混熟的朋友告别一般，不无留恋地离开了这个特别的寝室，心里对它说：下学期再见。

走下楼，阿姨打开门送我。道别后，阿姨又把自己反锁在大楼内。我一步步远离了肃穆寂静的大楼，我想，阿姨此刻在大楼内并不孤单，她内心有着几百张可爱的脸谱，时刻都可以翻阅，而等到既定的时间一到，这些脸谱就会变成一个个生龙活虎的大活人来到她眼前，不断地唤叫着阿姨，让她变成一个拥有威信又满怀慈爱的母亲，她早已将自己融入其中并享受着这种角色的美好了。

绽放在教室里的幽兰

两个静如幽兰的孩子，执着认真地做着一件他们认为很有意义的重大的事情，这份坚守也感染着我，使我警醒，不敢懈怠。

当你们以课代表的身份出现在我的眼前时，我心里真的滑过一丝惊喜。新的学期开始了，你们真的就是我的课代表了？

杨琪，我第一个学期所任教的班里的语文课代表。高一第一个学期开学的第一堂课结束后，我让学生自愿报名做语文课代表。有好几个学生来报名了，其中有个剪着短发，肤色黝黑，嘴巴里还戴着一副牙套的女孩。说实话，在几个报名的女孩中，她是最其貌不扬的，分配任务的时候，她主动要求做收语文练习本这件事情。这可不是一件容易做的事情，在高中，语文作业是最难收的。那时的杨琪，说话不多，我甚至都没怎么看见过她笑容绽放的样子。她是那样的安静平和，如果不去刻意关注她，几乎都没有机会拿正眼瞧她一下。

我第一次正眼仔细看她是一次课前三分钟演讲的时候。那次，她演讲的内容很特别，不是什么时尚的或者古老的故事，也不是优美的文章，说的是自己和同学之间的小故事。她叙述故事的时候表情很真诚，话语很质朴，让人感受到了她内心的真情。她说到自己因为牙齿整形，吃东西和说话都不方便，她的室友给予了她很多的关爱，她非常感激，把室友为她做的一切都深深地记在心里，说以后也会随时随地给别人关爱，只要自己能够做到；她觉得自己身边的同学是那么的可爱、可亲，老师是那么可敬。她朴实的演讲却把许多颗心牢牢地吸附住了，我的心也被这个皮肤黝黑却有着善良和坦荡之心的女孩深深地打动了。

第二次让我拿惊异的眼光看她，是离学期结束还有一个月的时候。那天，我正捧着一堆作业本往教室走，快走到教室门口时碰到杨琪。她看见我那么吃力地抱着一大摞本子，赶紧要接过去。可我只想分一部分给她，因为她是这么一个弱小的女孩。可是，杨琪很坚决地抱走了所有的本子，然后边走边对我说：“老师，我看着您这么瘦弱，我一直想帮您一把的。”听了她的话，我吃了一惊：哦，原来我在杨琪眼中竟然是那么瘦弱！我再看我自己，确实一年比一年瘦弱。岁月不饶人啊，年轻气旺的我再也回不来了。记得上一届的学生静怡也对我说了这么一句话：老师，您不要再瘦了，再瘦，风会把您吹倒的！说完很认真地看着我，要让我对她的话做个回应，我当时也是吃了一惊，除了感慨自己人比黄花瘦之外，更多的是感动于学生对我的关注和关心。此时，我表面上不露声色，可内心同样是又惊又喜：才做了我课代表没多久，就这么关心体贴我，我何其幸运而幸福啊！

现在是第二个学期，在第一个学期做过语文课代表的同学已经初步尝到了做语文课代表的不容易，多数都表示不想再做了，只有杨琪很坚决地自愿要求仍然做语文课代表。现在，杨琪站在我的面前，很认真地看着我，满眼、满脸都是真纯和质朴，像山里面兀自独立的一朵幽兰。

冯斌，是那个第一堂课让我深深记住了的文静得像女孩一般的男孩。

高一的第二个学期分班后的第一堂课，也是文理科分科后的第一节课。按照相关规定，新编排的班级每个班的人数减少到了42个，这种小班上课的感觉和原来一个教室里50个人的感觉不太一样，学生也大多是新面孔，一切似乎都有点和从前不一样了。

我决定从点名开始，和全班每个同学做第一次交流，我希望被我点到名字的同学至少要说一声“到”，同时举个手，那样，我既能听到他的声音，又能辨认一下他的容貌，对这个学生就会有初步的印象。

果然，有的学生回答声音响亮，举手利索，有的文静柔和，温文尔雅，状态不一。当我叫到“冯斌”的时候，一个很轻柔的“到”字几乎无法被我捕捉到，太斯文了，这个孩子，声音是哪里发出来的？人坐在哪儿呢？我只好重新点一次他的名，希望第二次能看清声音发出的位置。第二次，我看到了冯斌举着的手，“到”字稍微能听到一点，于是我就请他站起来，想和他对话几分钟，改变一下他的这种状态。

我第三次点冯斌的名，让他第三次喊“到”字。第三次声音依然不响亮，比第二次只好了一丝丝。同学中有的开始发笑了。我于是给大家讲了小陶虹当演员时的故事。他们一听是扮演小龙女的那个演员，一下子都来了兴趣，专注地听着。“小陶虹陪自己的同学去竞聘演员，阴差阳错，导演没看上她的同学，倒是关注上了她，可导演第一次让她读台词，就发现她声音轻得像蚊子，因为小陶虹平时说话声音一直很轻。导演就让她再重一点，于是她又重了一点。导演说，不行，还太轻，小陶虹只好再重点。一直重复到第七次，导演才说，这样才是对的，以后就用这样的声音说话。小陶虹后来在演艺界取得了可喜的成绩。所以，没有谁天生就是行的，开始做得再不好，但如果能一次次努力，也可以获得根本性的改变，要相信自己的潜能，所以，冯斌，你再大声地说一次。”

冯斌于是又大声地喊了声“到”，我又要求他用最大的声音再喊一次，冯斌又喊了一次，这次好多了，我及时肯定了他。我要求冯斌最后喊一次，冯斌这次喊得自然而响亮，全班同学报以热烈的掌声。后来了解到，冯斌一直就是“默默无声”的，平时和人说话声音很轻，时间长习惯了，都大声不起来了。这次，他明白了：其实他和大家是一样的。

冯斌竟然报名做了语文课代表。我不知道这孩子想了些什么，但我相信他心里一定装着一份美好。

现在，只要是早读，就能看到他们两个站在教室里一边走着读书，一边巡视和监督同学读书的身影。

看到他们整堂早读课都如此站着，我心里有一种说不出来的感觉，似乎自己亏欠了他们，让他们做课代表，就是让他们付出。有一次，我走近杨琪，轻轻地说：“这样站着有点累吧，如果累，就不必两个人都站着，交换或者只是阶段性的巡视，多数时间你们可以坐在自己的位置上读书，不要累了自己。”杨琪说不累。我又对冯斌说了同样的话，冯斌轻轻地摇摇头，说：“不累。”下一次，他们还是一起巡视监督。我说了两次之后他们还是没有改变自己的做法。

我想，也许他们有自己的主意。这个主意大概就是：只要让班里早读情况好

一些，他们愿意作出这样的牺牲。我于是又想起了上个学期杨琪对我说的那句话，老师你这么弱小，我真希望自己能帮您。杨琪是在用这样的方式帮我吗？

杨琪，傻孩子，老师再弱小，也毕竟是老师，你才一个高一的学生，就想帮我承担那么重的担子？你自己的肩膀还嫩得很啊！再看冯斌，一点不落后，依旧斯文不多说话，但每个语文早读课都能看到他坚守岗位的身影。两个课代表是那么相似，工作极其认真专注，绝无抱怨的话语，每个早自修，他们都那么站着，以一种特有的方式做着他们所选择的事情。静静的如旷谷中的幽兰，兀自散发出淡淡的幽香。学习也都是那么努力踏实，书写又都是那么的工整漂亮。

我该怎么感谢他们呢？他们所作的不仅仅是对同学的负责，对早读管理工作的尽责，他们的诚信和坚守也一天一天地感染着我，使我不敢懈怠，使我在困顿的时候警醒自己，鞭策自己。

两个静如幽兰般的孩子，执着认真地做着一件他们认为很有意义的重大的事情，这是他们给我的感动。

温暖女生

每位孩子都是落在人间的天使，

我与他们相遇，有幸也温暖。

第一次见到佳筠，就感觉这个女孩有一种与众不同的气质。饱满白净的圆脸，亮亮的眸子，乌黑的辫子，说起话来不急不躁，文静中带着一丝温暖的笑意。

开学不久后一次下课，我在走廊上往办公室走，后面传来一个声音：“老师，要不要我帮您拿？”我回头看，一个脸蛋白净的女生跟在我后面，眼睛看着我手上的电脑、书本和学生听写本。我一下子没想起她的名字，但是我知道就是刚才我上课的那个班的女孩，而且这个女孩我不算陌生了，名字似乎呼之欲出了，但我还是没叫出来。

“我叫佳筠。”女孩似乎看出我内心所想的，立刻报出了自己的名字，声音柔柔的，脸上露出一丝笑意，让我顿时感到一种舒畅之感。我为自己反应迟钝而懊恼：就是佳筠啊，刚才怎么一下子就想不起来了呢！看到佳筠关切的眼神，我说：“这点小东西，老师拿得动，谢谢佳筠。”佳筠听了就放心地走开了。

有一天，语文课我计划讲解语病的练习题。练习题的答案我早已做好，但为了部分做得快的同学方便对照，我把答案放在了负责坐班的班干部那里。但是，等我上课要用的时候，那个班干部说答案找不到了。这让我一时没了辙，没有资料，我怎么讲课啊？上课铃已响过了，我站在教室的通道上一边对学生说话，一边在琢磨如何应对这突如其来的变化。这时，我隐约感觉到我的手底下出现了一张试卷，我下意识地接过来看，发现正是我必须在课堂上讲解的语病题目，上面有订正好的全部答案。我向旁边瞄了一眼，很快看到了那张白净姣好的圆脸，一双水灵灵的眸子注视着我。哦，是佳筠！我便不再多想，赶紧开始讲解语病练习题。

下课了，因为另外一个班还有课，我竟然忘了把试卷还给佳筠。上完第二节课，我按照平时的习惯，径直回办公室了。

直到第二天，佳筠走到我面前，说："老师，那张试卷还在吗？"这时，我才如梦初醒：那张有答案的试卷是佳筠的，我到现在还没把试卷还给她，试卷落在我的办公室里。我为自己的粗疏感到很不好意思，佳筠却安慰我："老师，不要紧啊，不要紧的。"

我实在说不出更多的话。一个学生，能设法为老师解燃眉之急，这说明她关注老师，她心中有老师，这是一个学生对老师的情意，我不能辜负了这样的情意。

学校要进行诗歌朗诵比赛了，先在每个班级中选拔最优秀的朗诵者。佳筠朗读课文曾经给我留下不错的印象，这次，我想试试她朗诵诗歌的水平。恰好在讲李清照的《声声慢》，我便让几个同学分别朗诵这首词。轮到佳筠了，只见她静静地站起来，直了身子，不急不慢地开始了。"寻寻觅觅，冷冷清清，凄凄惨惨戚戚"，一种孤独幽怨的声音从某个幽寂的角落发出；"乍暖还寒时候，最难将息"，一种悲凉的气氛逐渐在教室四周弥漫开来。全班同学屏气凝神，朗读者的每一个字，每一次吐气，每一次停顿，都紧紧地抓住了每一个听者的心。等到"这次第，怎一个愁字了得"一句读完的时候，全班爆发出长时间热烈的掌声。

朗读完后的佳筠，脸上显现出了舒心的微笑。

读得太好了！这才是用自己的心灵去感悟词人字里行间所包含的情感。朗读，用心是关键啊，佳筠入选了！

佳筠成了四个领诵者之一。她却主动找我，让我看看是否有比她更好的女生，因为她觉得自己的声音特点是柔美型的，与这次朗诵的诗稿风格不是很吻合。但我对佳筠深信不疑，告诉她，她朗诵情感激昂的诗也没问题。果真，佳筠的表现非常出色。在朗诵那句“祖国河山巍峨壮丽”的时候她完全抛开了小女生娇柔妩媚的气质，表现出了恢弘的气势，让所有的听者都赞不绝口。

没想到一个看起来温婉柔美的女孩，内心竟然有着如此强劲的爆发力。

这周轮到我值周。晚上熄灯时分，我去查寝。熄灯后整幢楼立刻融入了茫茫的夜幕之中，值周老师手电筒所射出的一束亮亮的光在黑暗中有特别的威力，凡有声音的寝室，只要手电光接近，声音马上减轻。我走进一个略微有些杂音的寝室，用手电照中间的空地，既希望学生能因为这手电的光安静下来，同时也尽可能不让光线直射到学生的眼睛。然后，对他们喊了声：“抓紧时间上床，早点睡觉！”

黑暗中立刻传来了一声轻轻的叫唤：“老师！”

声音怎么这么熟悉啊？借着手电的余光，我向旁边细看，原来是佳筠。又有几声叫唤：“老师，是你啊！”哦，原来这个寝室住的是我任教的班级的女生。“老师，进来坐坐，想和你交流问题呢！”她们一个个有点不安分了。我赶紧命令：“现在不行，睡觉时间，赶紧睡觉，希望大家做个好梦！”她们一个个只好乖乖地钻进被窝。

佳筠的床离门口最近，我离开时，佳筠又轻轻补了一句：“老师再见！”我也轻轻回了一句：“再见，祝你做个好梦。”

多么可爱温暖的女生啊！

第二辑　青春飞扬

每天一个小故事

一天一个小故事，只要这个故事是孩子真正用心去讲的，
它的作用便不可估量。

高中语文和初中很不一样，不仅内容比初中的要多得多，知识面要广得多，而且需要理解的层面也更深一点。初入高一的学生们开始并不知道，他们知道时，是第一次考试分数出来的时候，分数让他们一下子明白了这个道理。接下去，他们中有一部分人就会对高中语文产生畏惧感。这个时候，如果不作一些激励和引导，教学会陷入一种被动状态。

这次，我准备实施一种叫作“每天一故事”的教学方法。这并不是什么新方法，很多语文老师都有过尝试。讲故事是最常见的形式，它会让学生们很快融入欢愉的课堂氛围里，尽快抛开考试挫败感，沉浸在与伙伴一起参与节目表演的愉悦之中。

这个环节一般安排在开课初始的三五分钟之内。我的要求是：故事不论古今，不论长短，也不论完整与否，只要有启发性，并带点语文味，都可以。语文味指的是语言力求有点文采，讲故事的时候尽可能声情并茂，讲完故事后最好能表达一点自己的感悟，这样有叙有议，语文课的味道自然就来了。

每天一故事，带来了意想不到的结果。

当语文课的铃声响起的时候，学生们的精神就特别振奋，所有的同学都对上台讲故事的同学报以极为热烈的掌声，美好的期待从一双双憧憬的眸子里照

映出来。

按照常理，要让故事精彩，让听的人获得美的享受，并不容易。首先故事的内容要好；其次，讲故事的人要表达流畅、声音响亮充满激情。学生们每天所选的故事内容并不是很精彩，却都能讲得让听的同学感到满意。

一次一个同学讲了一个很长的故事。国外的一个爷爷，为了守护手上长了六个指头的孙子幼小脆弱的心灵，编出了一个“自己的拇指暂时长在了孙子的手上，让孙子帮他保护好这个手指”的“事实”，他把这个“事实”告诉所有和他孙子接触的人。为了让自己的拇指真正地萎缩，他长期强行让自己左手的拇指蜷缩在手心里。8年后孙子可以做切除第六指的手术时，他又对孙子说：“爷爷的拇指终于可以在自己的手上长了，你可以切除那个多余的手指了。”孙子高高兴兴地听从了安排。这8年，孙子并没有因为多一个手指而受到心灵上的一点点伤害，他一直骄傲地为爷爷守护着这个多余的手指，直到爷爷“不需要”这个手指。亲情的力量是伟大的。讲故事的同学全身心地融入了情节中，满教室的同学也包括我在内，听得是唏嘘嗟叹、感慨万分。这种效果真的比老师上课的效果还好。这就是故事的魅力。

又有一次，一个同学讲了一个不是故事的故事。她列举了自己从开学以来一个多月自己感受到的幸福，提及了一个个同学的名字，描绘了一个个鲜活的细节，全班同学一会惊叫，一会惊叹，一会开心，一会凝神。她的每一句话都深深地触及了同学温暖而敏感的心，她说得那么实在，那么真情，那么生动，那么真诚，完全是学习一篇课文所不能有的效果。一篇课文，有时哪怕老师讲解得多么的透彻，学生也未必能真正领悟，哪怕早读课朗读了十几遍，学生也未必读得出当中的味道。而让学生讲自己的故事，讲发生在自己身边的事情，她就可以做得那么实实在在而情理俱至。所以，把讲台交给学生，是激发学生内在潜力的有效办法。

一天一个小故事，只要这个故事是学生们真正用心去讲，它的作用便是不可估量的，它最起码是让学生学会了真正用心做事情，而这点又是何其重要！如果以后学生都能用这样的状态自学或听课，那何愁他们听不懂老师的讲课、看不懂教科书？

一天一故事很快在高一年级的每个班铺开来。

但是，好景不长。第二个学期，我和我的同事们不得不全部停止了每天一个小故事活动。原因是：这样做占用了很多上课的时间，导致教材上的篇目没有时间上，将直接影响到了学生们考试的分数。

不过，老师们偶尔还是会想办法开展其他活动来充实自己的语文课堂。比如举行诗歌朗诵比赛、开展书法或汉字听写大赛，还有辩论赛以及课本剧的表演等。

批改者

这是一个课代表的话，我的内心不能不被触动，

在孩子纯真的责任心面前，我有些羞愧。

听写之于高中语文课，应该是一个多余环节，从教的这么多年里，我都没有把听写这件事情和我的课堂教学联系起来，我想，那是给小学生们做的事情。

但是，就在这两年，确切地说是这一年多，我开始做这件从前让我觉得不屑一做的事情了。原因很简单：经常进行听写的班级，成绩总是处于一种优势状态，而不做听写的班级，学生考试时前面三道有关字音、字形、成语以及最后默写的部分得分明显低。学生总还是被动的，老师抓一下，分数就上升一点，老师松一点，分数就下落了。

为了不让自己所教的班级考试分数落后，我开始实施这种让我自己也觉得有点怪异的听写活动。

多数时候让课代表来主持，有时是彻底放开，让所有愿意主持的学生轮流参与主持听写，并让主持的学生自行选择要听写的内容，一般就是书上有的字词句。让他们选择，还会促进他们对字词的重点和难点作评判。听写的过程中，我只在两个教室里转圈监督而已。

听写不是一件难办的事情，每次都能很愉快地完成。但是，听写完以后面对一大堆需要批改的作业会头疼。看到那些年轻老师每次听写完之后就分秒必争地批改，如果是碰上开会什么的，他们会毅然决然地把听写作业带到会场去批改，

开会的内容听多一点少一点问题不是特别大，但是，听写作业必须及时批改才会有效果。

可是我不行，稍微批改几本就眼花头昏、脑子发胀，每一本都有那么多的字词，每批完一本，都像做了一件极其艰难的事情。批完两个班将近一百本听写作业，我不但需要比较长的时间，而且最后头昏眼花，疲惫无比。经过再三考虑，我决定采取让学生对批的办法。每次听写完我让学生马上同桌对调批改。每个学生自行买一支红色圆珠笔。同桌改完后自己也用红笔订正，最后复习的时候专门复习红色的内容，这样针对性就很强了。

我自认为这种办法一举多得，即省了自己的力，又锻炼了学生的能力，还因为学生自行批改让他们多了一次复习的机会。这样的批改坚持了一年。似乎确实在保证学生考试分数上起了点作用。

这个学期又有变化了，因为换了一批学生。新一届的和上一届的有所不同，不知为何，听写本常常交不上来，仔细检查了部分人的本子，发现有部分学生根本就没写，有些写得很差，而且也不做订正，说是听写难度太大了。两个班交听写本的情况都不太好。终于，从某一天开始，听写本基本交不上来了。

我想从课代表这里找突破口。

谢诚是这个新班级新学期的语文课代表。当我知道这个名字的时候，我对这个个子高挑的女生还一无所知。

谢诚看起来是一个不苟言笑的人，我对这类女孩很有好感，觉得不苟言笑是做事认真的人的一种气质，而看上去，谢诚工作确实也比较认真，平时收作业发讲义，敦促作业没交的同学等，基本上做得比较到位。

第一次月考成绩出来那天，班主任和我聊了几句，说谢诚成绩退步，她作为语文课代表，工作压力可能有点儿大，她都不想做这个事情了。班主任的一番话在我的脑门上重重地敲了一下，我一直以为谢诚工作做得很愉快，因为她从来没在我面前抱怨过什么，做什么都认真，没想到班主任说的和我看到的完全相反。才一个多月，课代表就不想做了，这是我从未碰到过的情况，这是不是对我这个语文老师的一个警告：我没有关心课代表，她工作做得很累，而我却一无所知？如果是那样我这个语文老师真是太失职了。我心里忽然充满了愧疚感。

得尽快找谢诚聊一聊。

第二天早读，看到谢诚正配合一个同学在主持听写，突然想起好久没看大家的听写本了，就随机抽查了几个同学，发现后面的每次听写竟然都是批改过的，而且批改的笔迹都是相同的，一问才知道，都是谢诚一个人批改的。我心底突然有一种悸动，为某种意外所触动时的那种感觉。之前也听说过不少老师让课代表代替批改听写，但是我不想，我从来就没有想过让课代表批改同学的作业。因为，课代表首先也是学生，她有和其他同学一样繁重的学习任务。作为老师，不能随意再给他们增添哪怕是一点点的压力了。

和谢诚聊，从了解她过去的成绩，过去的其他情况，到眼下的情况，肯定她工作的极端负责，并诚恳请她提出意见，包括对老师的教学，作业的布置，师生的关系问题。谢诚非常爽快诚恳地和我交流了意见。我发现，她其实并不是厌倦自己的工作，而是考试成绩的退步使她产生了一种严重的失落感。我鼓励她寻找进步的方法，也给她尽可能的帮助，并告诉她只要用心成绩会上去的。谈话结束

的时候她明显开心许多。

我决定对她的批改行为进行一定的补偿，买一点小礼物送她，同时也是鼓励她在自己的学习上不要灰心。然后实施对批听写作业的制度。我不想让任何一个学生花费很多时间做批改者。

听写继续。发现批改还是谢诚一个人做的。我找她问情况，她说，老师，我批改起来动作还是比较快的，能够在不影响做自己的作业的前提下完成，最关键的是，我这样批改效果好些，他们听写也会更认真点。

我闻言沉默。这是一个课代表的话。我的内心不能不被触动。我作为一个老师，常常设法让自己省力，而我的学生，我的课代表却为了同学的学习效果，不惜牺牲自己的休息时间。在孩子纯真的责任心面前，我有点羞愧。

高一结束了，期末考试是市统考的，这个班的语文成绩由原先的倒数第二变成了顺数第一。放暑假的最后一堂课，我在班里作学期结束总结。我说："同学们成绩有进步，原因有几个：首先是同学们自己的努力，其次是……"我话还没说完，大家就齐声喊道："老师您的指导！"我说："不是，应该感谢课代表，她工作极其认真负责，牺牲了很多休息时间为大家批改作业，这样才保证了大家成绩的进步。但是，我希望以后我们实行同桌对批或自己批改，不要让全班的任务落到一个人的肩上，而且自己批改是趁热打铁，效果更好，好不好？"大家齐声说："好。"

下个学期我不会再让谢诚成为批改者。

一只热狗

对于"幸福是什么"的讨论，

我想让大家都明白幸福真正的含义，这辈子都做一个幸福的人。

上课铃声响过，这堂课讨论什么是幸福。我开始拿"你幸福吗？"这个话题做开场白，引出一位曾姓人士对央视记者幽默而又有力度的回答。这个姓曾的人并不回答"你幸福吗？"这个问题，而是出乎记者的意料说:"我姓曾。"这个姓曾的人为何没有直接回答记者的问题呢？难道他真的把记者的问题理解错了？

当我把这个问题抛给学生的时候，学生们纷纷议论开来，而也就在这个时候，我看到周正同学正鼓着腮帮子嚼着什么东西，我再仔细看时，看见他低下头将一个用塑料皮包着的热狗迅速送到自己的嘴边，狠狠地咬了一大口后又香甜地咀嚼起来，腮帮子又是一鼓一鼓的。

这个周正一直就有点奇怪。第一次写作文，他就表现出了与众不同的风格，没有按照我所要求的体裁、题材和字数写，而是写他自己创作的一个小说，篇幅很长，交给我的时候已经有将近3000字了，而且还是没有写完的。字写到最后已经是龙飞凤舞，潦草得无法辨认了。我找了他，和他做了一些交流，肯定了他的写作热情和在语言表述方面的能力，同时告诉他，有写作规定的作文也要训练，因为那是高考的需要，自己的创作和高考写作训练之间并不矛盾。周正听了我的话也没说什么，只是点点头。他似乎不喜欢用口头语言来表述自己的想法，但看得出，他是个有想法的男孩。我必须呵护好他热爱文字的这颗敏感的心。

见他书写和作文的状况没有多少转变，我又找了个机会和他交流，肯定了他写作的态度，然后指出因为文章太长，后面的字和开始的字已经是大相径庭，几乎看不清书写的笔画了。所以，写那么长却不能坚持到底把字写好，让人看不清，岂不是白辛苦？书写整洁是一个很重要的事情。如今，很多高中生的字都不如初中生了，主要是态度上轻视。我在周正的随笔本上留下几个红色大字：“要自始至终把字写漂亮！”后来，在周正进行课堂三分钟演讲的时候，我抓住机会事先鼓励了他一番，因为平时他说话极少，我担心演讲对他来说会是一道很难吃的菜。但是，我却发现周正讲起故事来，表述自然流畅，思路清晰，我的担心根本就是多余的。

现在，他吃热狗正香，完全没有注意到我已经看到他了。看他那狼吞虎咽的样子，我想也许是他今天早餐没吃吧，但是，上课不能吃东西这个规矩不能破坏。于是，我趁着大家小声讨论“幸福”这个话题的机会，调侃地说了一句：“我看有些同学现在正处在幸福当中，正幸福地嚼着香甜的面包呢!”周正听到这话后，鼓动着的腮帮子突然停了一下，但是马上又咀嚼起来，似乎想赶快把嘴里的东西咽下去。我心想，咽下去就好了，可以专心听课了吧，可是，没想到咽下去之后他竟然又低下头对着热狗狠狠地咬了一口，然后腮帮子又迅速地做着运动，这在我的视线里相当明显。我禁不住有点纳闷了：不理睬我的提醒？那我绝对不能让你这么堂而皇之地把这个热狗就这么吃了，否则以后你会在课上吃更多的东西。

为了让他自己认识到自己的行为的不妥，我决定把裁决权交给全班学生。

写者乐山亦乐水　2013年10月于白菊花尖

江山风流儿女

与衢籍作家周华诚（右三）等在常山文峰塔下

方书记、樊主委与盟里兄弟姐妹们

2009年夏新加坡留念

钱江源的青山秀水

2013年秋在金一中校园

憧憬未来

敦品励学

于是我对大家说："幸福的确是自我的一种感觉，但是不是真正的幸福，还需要广大的民众去评判。如果一个人自认为在课堂上吃面包是幸福的，就随意地去做的话，那么他是否考虑到别人对他的评判……"我的话还没说完，就有人发现周正在吃面包，很多人就把目光投向了他，他突然之间成了课堂的中心，鼓动着的腮帮再次停顿。显然，他觉得不好意思了。我接着说："不过，粮食不能浪费，我们只是不能选择在课堂上享受，如果控制不住，就放在讲台上，下了课再好好补充能量，以便学习起来更加有力气。"这时，全班同学的注意力都在周正身上了。这个平时不好言辞的男孩会做出怎样的举动，他会把面包拿到讲台上吗？

只见周正把剩下的面包用玻璃纸包好，轻轻地揉成一团，然后走向教室后面的垃圾箱，把面包轻轻地放入了垃圾箱里面，然后回到自己的座位，抬头看着我，眼神平静，没多少惊惶的感觉。这倒是让我更放心一些，我有一种感觉：他是真的饿了。他的心很坦然，这样的孩子不要做太多的追究，甚至还要表扬一下。于是我说，周正在饥饿的状态下克制自己，把幸福的面包扔进垃圾桶，表现出专心学习的诚恳的态度，做得很好。顿时，同学们都鼓起掌来，周正脸上露出了羞涩的神情。我知道，这以后，他，包括班里的其他同学都会很明确地认识到：上课期间是不能吃东西的，否则影响自己也影响他人。

最后，我结合刚发下去的《语文报》上的《幸福是什么？》一文中"人要有感觉幸福的能力"的观点，说："幸福也确实就是一种感觉，但也要关注到公众对你的这种感觉的评判。如果你在适合的地方，做让自己愉悦而又不影响他人的事情，那么这就是幸福，如果你自己感到愉悦了，却违背了一种公共的认知，甚至是影响了他人的安宁，那么这种幸福未为可取。希望大家真正明白幸福的含义，做一个真正幸福的人。"

随后我们在温馨的氛围里继续深入探讨对幸福的感悟与理解。

拖欠作业者

摆在老师面前的永远是各种各样的问题，

无比琐碎，却不敢有一次掉以轻心。

每一届的情况都有所不同。这届，高一的第二个学期就开始分文理科了，分之前曾有些顾虑，分完之后却发现，班级秩序的重新调整让这个年级的面貌有了很大的改观，至少开学这两三个星期很明显可以看出来：学生用在学习上的注意力明显比上个学期增强。看着这种良好的势头，心里也暗暗高兴，心想：好好干吧，争取让这一届有好成绩。

但我高兴得太早，班里作业拖拉的现象一天天严重起来，而且较长一段时间内无法得到改观。刚开学的时候有一部分学生寒假作业没有交，那时我以为学生们寒假玩疯了忘了做，就没让他们补，心想只要开学的作业好好做，一切还可以从头开始，更何况多数都不是第一个学期自己教的学生，和他们算过去的账，似乎有点儿纠缠不休的感觉。所以打算从新的学期开始，要认真地把好作业按时完成这一关。

但每次都有五六个或者七八个作业没交的人。起先，我让课代表逐一问明未交的原因，然后规定他们一定的时间内补做好交上来，后来发现每次依然会出现五六个没交的现象。仔细看了名单，记住了几个重复几次的名字。

晚上在教室答疑，我一个个把他们叫到面前聊，想弄清楚究竟是什么原因让他们经常完不成作业。发现，拖欠作业的基本上学习成绩是处于下游的学生，以前学习一直都比较被动，作业完不成对他们来说是家常便饭，给出的理由基本上相同：来不及做。因为基础差，做作业速度也慢，总是落在别人的后面。

这不是一个能够很快解决的问题，我心气平和了些，学生有层次上的差异是一个客观事实，应该面对这一事实。不过，这届的学生情况和往届不同，教育局划定招生分数线的时候就决定这一届学生相对匀称些，因为每个学校都是按教育局规定的分数线录取的，学校又按招进来的成绩均衡分班，学生的层次差异不太大。于是我拍着他们的肩膀轻松地对他们说，要彻底改变过去那种自以为是落后生的认识，其实你不比别人差的，你和同学是并列的，大家现在都在一个起跑线上，就看谁准备工作做得好，功夫练得到家，看谁更用心更勤奋。只要你用心，肯花比别人多一点的时间，你就可以把原来做不好的事情做好，我相信你们，你们自己更要相信你们自己！

这些话和每一个没交作业的都说了。他们完全赞同这种说法，都愉悦地答应以后要尽可能抓紧时间做，不拖欠作业。

又一个周一到来了。课代表交作业的时候把一个写了好多名字的单子交给我，饱含歉意地对我说，老师，还有这些人作文没交哦。一看有七八个，有三个名字是再熟悉不过的：王玮、林安、孙波。哎，还是这些惯犯啊。不过，除了王玮，我还不忍心让其他名字和老油条联系在一起，因为和他们交流的时候我感觉他们并不是那种对老师的规劝毫不动情、毫无反应的冷漠王子，也许这其中还是有问题没有得到根本的解决，我不能对他们失去信心，即便是王玮，虽然是上学期自己班里的，知道他有经常拖拉作业的恶习，但新的学期，文理分科给了他们重新开始奋进的理由，改变过去懒散的面貌也不是没有可能。

早读的时候正巧班主任小余老师过来，他向我了解班级经常不交作业的学生，我告诉他有小部分人重复多次没交，但并没有提供具体的名字。十来分钟之后我到班里的时候，发现六七个学生站立在教室外面的走廊上，低着头，其中还有一个女同学，小余老师正声色俱厉地在训话。问了课代表，明白了发生的事情正是我猜测到的：班主任到课代表那里找未交作业人的名单了。小余老师是一个工作刚满4年的年轻小伙子，也做了4年的班主任，对工作极其负责，凭着年轻气盛，做事情雷厉风行，学生有时也敬畏他三分，特别是小余脾气上来的时候，学生都只有乖乖地听他训话的份，不会在他火头上和他论理。

等小余训话结束，火气降下来的时候，我走过去和王玮等几个人说话，让他们用一句话说明作文未交的缘由。王玮说听错题目了，结果写了一半才发现错了，就不愿意再继续写了，林安说作文太难写了，实在写不来，孙波也认为作文难写。我说，只有写得不好，没有写不来。从小学开始就写作文，写了那么多年，怎么可能写不出来呢？写作是一种思维的创作，是一种非常有价值的思考，这样的作业是不能不做的。如果你们做学生的可以见作业难就不做，那么我们老师是不是可以因为上课累就不给你们上课呢？你们的父母是不是可以因为工作辛苦就不去上班挣钱养活你们呢？写作上有困难可以找老师切磋一下，老师是很愿意和你们探讨的。

最后我让他们自己给出一个补写好的时间，到了时间就交上来。

晚上，四个人都把写好的作文交上来了，只有王玮的作文还没有按照规定的题目来写。他写的是李鸿章。我想只要是他自己写的就行，至少也体现他的知识面。从过去的经验看，王玮课外书看得比一般同学多一点，所以，这次就放他一马了。我对王玮说，能及时补交上来说明你还是有上进心的，只是你的文章没有按照要求写，等于少了一次考场作文训练。王玮脸上露出稍许歉疚的神色，问我要不要再重写，我说算了，下一篇作文写好一点。

等到下一次再写作文的时候，未交的名单中只有孙波一个名字，而王玮的作文也按照我布置的题目去写了，不过他的书写还是比一般同学都差。我想，下一步要做的是让他把字写好。

为理科生“治拐”

学生总会犯错，

做老师的必须有所宽容，要受得起委屈，做好搀扶者。

一直来都教理科班，对出现在一部分理科男生身上的现象很熟悉：这部分男生数理化等理科成绩不错，但语文和英语却比较薄弱。每次统分排名，他们都会因为这两门的低分而造成遗憾。

为了给这类学生治疗“拐脚病”，学校特别提醒任课老师要趁早落实“治拐”对象和具体措施。

凯旋就是这样一个男生，第一次看到这个名字的时候，禁不住对这个名字多了一份遐想：是不是父母希望孩子有出息，祝愿他在今后人生之旅中全都打胜仗？

第一次对凯旋特别关注是在第一次阶段性考试之后。阶段性考试后召开的年级成绩分析会上，班主任把班级中成绩拐脚的学生名单发给我们，其中就有凯旋的名字。仔细看了凯旋的成绩，发现他语文成绩在班级中属于下游的状态。这让我感到肩上的担子有些重。经验告诉我：数理化特别好的，往往对语言类的功课兴趣不浓，因为他们就是凭兴趣在读书。这样的学生有些可以通过引导和辅导，获得根本性的改善；有的则进步甚微。那么，凯旋会是怎样一种情况呢？

我第一次找他谈话是因为他的作文没交。把凯旋叫到走廊过道时，我感觉这个男孩很淡定，他似乎并没有意识到自己语文的薄弱，压根就没有焦急的意思。

这时我和许多老师一样，在心里对自己说：哎，这不是皇帝不急太监急吗？但没办法，谁叫我们是老师呢，眼前的这些学生，虽然个子都已经很高了，但毕竟还是孩子，心智完全没有成熟。所以，引导他们是我们的责任。但有时，我又会觉得把孩子们引入应试教育死胡同的恰恰是家长和我们这些老师。当然，做老师的没办法，学校的办学声誉、家长的殷切希冀都寄托在学生的高考分数上啊！学生考差了，学校领导找你谈话，家长更不买你的账。

我想让他认识到学好语文的重要性。

我尽可能简洁地告诉他学好语文的意义和方法 ，我相信初中和小学的老师也没少说这些道理。但是，高中语文的学习范围要比初中的广得多，难度也要大得多，再用初中那种临时突击的办法，是不可能学好高中语文的。

凯旋似听非听，我不知道我所讲的一大堆道理到底有多少是进入他的耳膜或者是浸入他的心里了，因为他的表情没多大变化。

后来，凯旋作文又没交。早读时间我提醒他，他说，等会做好就交过来。到第二天，他才把作文交给我。第三次写作文，全班两个同学没交，其中一个又是凯旋。

我有点沉不住气了。一个被老师认为很有潜力、备受老师关注的学生，每一次都以极其被动的方式对待他的语文作业，这让我这个语文老师无奈又有点儿冒火。下午课间时分，我走到他座位面前，告知他赶紧把作文写好交上来。谁知他看也不看我就回了一句：写不来！那口气分明在说：我不想写。这么猖狂啊！我心里有点冒烟了，怒火似乎很快就要从胸腔里头烧出来。但是，上课的铃声响了，我也很快控制好了自己的情绪，正常上课了。

自习课的时候，我再一次把凯旋请到了走廊，无论如何，我必须和他好好谈谈，我要让他明白：没有写不来的作文，只有写得不好；写得不好是可以改进的，不写，那是态度的问题了，如果一个人做人做事的态度不端正，那么他分数再高也没用。

凯旋站在我面前，这回，他没有高傲，低着头，听我讲话，目光多次小心地

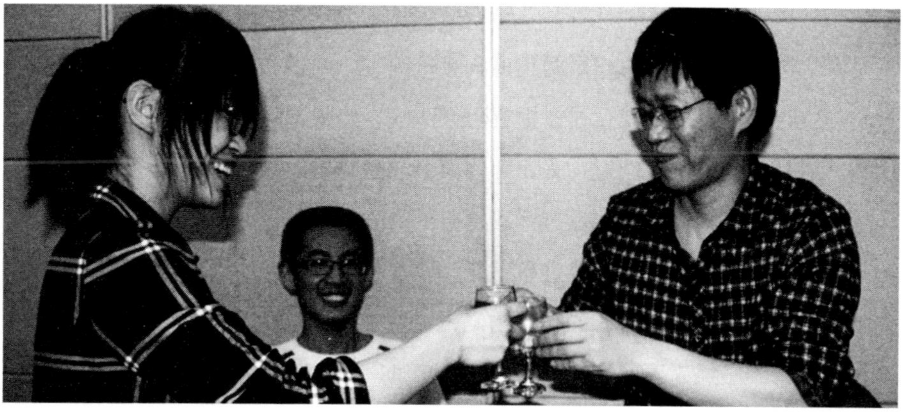

从我脸上滑过，和前几次的淡定不太一样。我把该说的说完，然后问他："到底是做还是不做。"他低着头，小声说道："要做的。"我想，他终究是个有悟性的孩子，真正的道理他该是能懂的，只是需要我们去引导去监督。我终究还只能是以交流的方式化解他。

第二天，我在办公室批作业的时候，突然发现凯旋静悄悄地站在了我的边上。我诧异地看他时，他递给我一个折叠好的纸条，我本能地接过纸条，凯旋似乎想说什么，但他刚叫了声"老师"，上课的铃声便脆生生地响起。我赶紧对他说，上课了，赶紧到班里去吧。

凯旋走后，我打开纸条，凯旋用难得工整的字写了一封道歉信：

老师，今天您让我交作文，我作文没做好，对您的态度很不好，让您生气了。老师，我错了，向您道歉。其实，当时是因为我心情不好，说话根本没考虑后果，我的行为让您生气了。老师我以后一定会尽力去学语文，作业按时完成，不辜负老师的希望。最后，再次向您说声：对不起。

凯旋

看完这段文字，我想起了两年前我教过的另一个学生。那天，那个学生上课很长一段时间在发呆，我就过去提醒了他一句，结果他竟然立刻回应：怎么这么烦啊。当时我一下子没回过神来，因为那个学生平时对老师和同学都很有礼貌，人品也不错。此刻他异常的反应让我始料不及。但我没有和他论理，只管自己继续上课。下课的铃声响起，我宣布下课时，那学生就将一张折叠整齐的纸条放在我手上，所写的内容和凯旋的极其相似，也是属于“心情不好，无意识说错话，等回神过来，已经来不及了，只有赶紧给老师写道歉纸条来弥补“这种情况。

看来，行为习惯不好，学生们自己也是能认识到的，但因为自我约束能力有限，他们总还是会犯这样或者那样的错。那么，我们做老师的该宽容的就宽容，该教育的就教育，不必因为学生们犯了这些“有损老师尊严”的错误而心怀仇怨。其实他们不是针对你的，他们也想让自己变得优秀，但需要老师们随时搀扶。我们做老师的要受得起这种委屈，做得好这种搀扶。

凯旋后来语文作业交得及时了。有一次，还是在办公室，我又和他促膝长谈，和他谈写作的基本要领和语文阅读的一些方法。凯旋听得认真，脸上露出凝重而略带愉悦的神色，看得出，他是真心想把语文学好。

期中考试，凯旋的语文成绩在班里位于中上游，他的总分也立刻上升到班级前几名，我心里终于感觉到了些许安慰。

不容易当的语文课代表

有的时候，少一点武断，多一点细心，

工作就会少一点误判，多一次成功。

因为没有做班主任，和学生的接触没有做班主任那个时候那么频繁，一届又一届的学生不断地变换着，对学生缺乏了解有时会让我对一些现象的出现颇感意外，但依然必须迅速作出反应并进行处理。有些虽然是微乎其微的小事，却在我心中留下了深刻的印象，并让我反复地回味，思考事情发生的原因，我的处理办法对不对。

季婷是一个文静清秀的女生，成绩在班里属于中等，是两个语文课代表之一，但她很多时候只是配合另一个课代表做工作，另一个课代表看起来工作明显主动勤快些。但不知为何，我对季婷的感觉依然很好。

季婷的书写不太美观，我找她谈话，和她一起分析，指出她书写方面的缺点，然后又鼓励她在学习上要加大努力的力度，她很诚恳地点点头。之后我就再没去督促过，想毕竟是女生，自觉性会比男生强些。有一部分男生，你需要提醒他很多次并作严格的监督，随意潦草的书写习惯才会稍微有所改善，有些甚至几乎没有任何改善。

几次考试过后，我发现季婷的成绩正稳步上升，心里暗暗为她高兴，但我并不认为是自己找她谈话的效果，因为老师找学生谈话太多了，如果都有这么好的效果，那教育岂不是很容易的事情了！我想是季婷自己懂事了，知道努力了，这非常难得。

一段时间后批作业时，我发现有一个本子作业做得很认真，书写非常工整漂亮，看起来很陌生的笔迹，心想会是谁的呢？就立马翻看封面，一看竟然是季婷的，这让我非常吃惊，这孩子书写进步好快啊！我马上在本子上写下“书写很美观”的批语，我要让她在进步的时候被鞭子催赶着不停步。但我没有在班上公开表扬她。更没想到的是，到期末结束的时候，季婷竟然成绩飞升到班级前三名了。我终于禁不住在班里表扬了她，并鼓励她继续保持良好的势头。

但作为语文课代表，季婷的工作似乎做得不够主动。

一个周一的上午，我一直等着课代表把周末的语文作业拿过来批改，但等到午饭时间快到了都不见有作业本拿来。我想或许其他作业多了，他们要拖延一下，因为我曾经在班里说过，如果作业多，语文可以延迟交作业时间。我一向实施比较宽松的作业政策，从没有对学生做过诸如一次作业没做罚抄词语十几遍甚至几十遍那样极端处罚。但是，再延迟也不能到第二天都不交啊。

第二天语文作业还是不见交来。

这次是季婷负责收作业，我去找季婷。季婷正埋头做作业，还时不时和同桌讨论作业问题。我说，作业交齐了吗？季婷愣了下，马上说，没有。我问她为什么没交，她说大家没交。我说，那赶紧交上来。季婷竟然回了一句“明天再交”。

我几乎不相信自己的耳朵，怎么回事？课代表和老师唱对台戏？而且是这么斯文且因为进步如此之大被我看好、受我鼓励的学生！是不是我听错了？那一瞬间我几乎有点思维短路。然后我的脑子中就有很多种猜测：她心情不好？不像。我哪里得罪过她？好像也没有。我一直在鼓励她、赞扬她，从内心也肯定她、喜欢她。那么她为什么会这样？

先不管了，把作业收上来，等会找她聊。于是我趁课间几分钟的时间在班里宣布立刻把语文作业交上来。很快，语文作业交上来了。除了几个“老油条”，基本都做好了。看来是课代表失职了。

我把季婷叫到走廊，拍着她的肩，想和她好好聊聊。季婷被我触碰到的肩有点肌肉紧绷。不等我开口，季婷就慌忙地解释开了。她说她刚才说错话了，也不知道自己怎么就说了那样的话，她向我表示道歉，她说其实她一直胆子很小，收作业对她来说有点压力。季婷的声音非常小，头一直低着，两只手不停地相互揉捏着。

听完她一番解释，我原本灼灼的火气平息了下来，我想，季婷说的应该是实话，她大概真的是一时没想明白就随口说了，我没有必要为她说错话生气。之前也有过类似的说错话的男生，我提醒他要认真地听课的时候竟然用“烦人”回应，令我怒火中烧，但他马上意识到了，写了道歉，说明自己是无意识说的话，希望老师原谅。所以，要允许学生说错话，他们毕竟是孩子。但是，我还是需要和季婷交流一番。因为她应该认识到，作为课代表，做好本职工作是她的责任；一个人，自己努力向上的同时，还需要有一颗愿意为他人服务的心。

“老师，有些男同学总是不交作业，我不知道怎么和他们说。”季婷说出了她的难处。季婷刚刚开始做收作业这个工作，斯文的她难免会遇到不顺心的事，

我不该指责她，应该教她应对的办法。于是，我为她分析了三个事实：第一，做语文课代表是一种工作能力的锻炼。因为语文作业比其他作业更难收，如果你做得好语文课代表，其他课代表都能胜任；第二，工作既要有一种热情又要讲究方法。对经常不交作业的同学，既要严格加强督促，又不能受他们的懈怠表现的影响。要允许同学之间也有差异，如果人人都很优秀，那么就没落后的学生了。所以，工作的热情不要被小小的挫折销蚀掉，要在失败中培养自己挫而弥坚的奋斗精神。我又列举了上几届语文课代表克服困难出色完成工作的事例，让季婷和他们作对照；第三，季婷是一个悟性很好，非常聪明的孩子，书写的巨大进步和成绩的大幅度提升就是一种很好的说明。如此聪慧，只要用心，不愁做不好语文课代表。季婷听得很动容，不住地点头，她向我表示，要勇敢地锻炼自己，改变目前这种被动状态。

第二天，季婷早早就来拿我批好的作业了。第三天，班里的语文作业交得非常及时。有几个没交作业的老油条我都找了谈话，对他们宣布了新学期的新制度。一个学期之内作业超过8次没交，将会面临总评不及格的结果。那几个就纷纷表态：每次作业一定尽力及时完成，希望老师多督促。是的，这阵子一定要严加督促，这不仅是对这几个人的负责，也是想让季婷能做回成功的语文课代表。

二鸣惊人

有的孩子就像一辆“老爷车”，需要人不时推一推。

我所做的，就是不断鼓励，为他加油。

为了不让学生失败在学习习惯上，我决定把背诵不过关的叫到办公室进行特殊处理。

程浩是被叫到办公室的学生之一。这个男孩平时说话表情比较固定，不太有开怀大笑的时候，看上去并不是个很活跃的人物，但是，未交作业的名单上，他的名字出现的频率相当高，尤其是听写默写作业。

早读的时候我关注了他，发现他几乎没有声音发出来。我走过去对他说，所谓朗读就是要让自己的声音发出来，书声琅琅，让声音刺激大脑，有助于记忆。你每次背诵效果总是不好，根本原因是你没有读出声来。

程浩抬起头，看着我说，老师，我一直都是这样的，已经习惯了默读，读出来反而记不住。见他毫无改正之意，我继续“教育”他：什么逻辑？习惯了就是对的吗？你以前错了，从现在开始改还是来得及的，你必须尝试有声朗读，否则你怎么知道一定是默读效果好呢？专家都研究过的，所以才会有早读这种环节。你这次背诵没过关，傍晚来办公室重写。

傍晚，他和几个一起来了。他还是默看，看一段默一段，勉强完成任务。

我把他叫到面前，想再和他聊几句。程浩乖乖地站在了我面前。我问他为何每次考试都那么落后，作业也落后。他说大概自己动作比较慢。为什么慢？我继续追问。他说有点做不来。做不来可以问啊。我继续启发。现在你有什么问题需要问吗？我问他。他抬起了头，不轻不重地说，有的，现在问您行吗？我说，行啊，立刻问吧。

程浩问的是文言文特殊句式的问题，那是我上课讲了千百遍的东西，但是，他就是不会，这回我只好给他开小灶了，既然他向我出问题了，我就专门为他详细解答一回。

在办公室给他开小灶还是有作用的，他竟然基本听懂了。一年多没听懂的东西，在我的办公室竟然几分钟就明白了，可见这孩子平时上课有多不用心。我说还有吗？他说还有，什么是副词？还有其他很多词，都搞不懂哎。

这都是初中的知识，他都没掌握，看来给他补课的任务很艰巨了。我向来不做家教，现在突然想，有些学生真的需要家教啊！跟不上趟的学生，哪怕给他们一周辅导一个小时，也就差不多可以跟上队伍了。

我想了个办法：讲其中的一种，剩下的让他做摘抄，然后自己慢慢去琢磨。我把相关的资料书给了他，陈浩拿着书走了，他只说了句“老师，我抄好了就还您”。我说，你先自己研究，自己琢磨不出来的一定要来问哦。他点点头走了，我看到他脸上多了一种和以往有点不同的东西，那种东西在他脸上呈现出一种愉悦的色彩。

第二周的周一，陈浩把资料书还给了我。我说，你可以多看几天没关系。他拿出抄写好的东西给我看，原来他抄在了书上的空白页里。这回看起来他真的很重视。

从那以后，我发现程浩拖欠作业次数少了，默写没过关的名单里他的名字出现的次数也渐渐少了。月考成绩出来，陈浩一鸣惊人，语文成绩从班级倒数飞跃到了第八名。把他的分数报出来时，全班爆发热烈的掌声。程浩低着头，一副安静不语的样子。

一周后又做了一个基础题测试，程浩竟然是班级里分数最高的三人之一。他和其他两个同学一起，获得了同学热烈的掌声。

趁同学不注意，我走到程浩的身边，悄悄对他说：“如果上次月考的成绩你是一鸣惊人的话，那么，这次就是二鸣惊人！”他抬起头，看着我，一时竟说不出话，用手挠挠头皮，然后露出一丝淡淡的笑意，说道：“只是一点进步而已。”

我说，你最大的进步是作业拖拉的情况少了，默写不再交白卷。能告诉我你的奥秘吗?该不是默读的功劳吧？他露出一丝浅笑，不好意思地说，老师，我现在是读出了声音的。

又一段时间过去了，发现最近两次作业程浩又都没有交。且放他一下吧，下一次再没交，那就必须再去找他了，或许他坚持累了，我又得给他这个老爷车加点油了。

作业本上的红五星

当他有强烈的愿望的时候，就是他最能得到激励的时候。

这个时候奖赏他远比打击他好得多。

在批改作业的时候，常常为部分学生，尤其是男生书写潦草而头疼，于是坚持一种做法：以鼓励先进敦促落后。只要作业本上书写清楚整齐的，我就在作业本上打上A；如果书写算得上是美观漂亮的，就在A的右上角加一个“+”号或者一个五角星。

开始，批改到几本书写特别漂亮的作业时总是禁不住停笔欣赏一番，然后翻看一下封面，看看如此秀丽隽永的书写是出自哪个女同学之手，一看又是徐书凝、杨冰焰几个人的，于是又感慨着在A的右上角打上了一个五角星。徐书凝的字笔画丰满有力，杨冰焰的则略带活跃洒脱，但它们都给人一种极其赏心悦目之感，字如其人，有这样的书写，人肯定也差不了，作文分数也低不了，语文成绩也往往都是不错的。因为大凡书写规范且漂亮的学生，他们在初中甚至小学阶段的语文学习一定是认真扎实的，那些年打下的基础，一下子是丢不掉的。

而绝大多数男孩子的书写真的让人无法恭维。这个班，除了冯斌、新宇等有限的几个男孩子书写稍微像样点，其他的都不堪久睹。用批评的方式是没有效果的，他们自己也知道字没写好，但是他们就是无法改善，对待老师的批评是“虚心接受、坚决不改”，理由是：作业多，要快点写，自然好不起来；这么多年了也写习惯了，也就难改了。

只有靠鼓励了，靠落实一个或者两个具体的措施来慢慢改变。

两个班，我都列出了书写不过关的名单，每个班至少有将近10个。陈浩、林豪等都在名单里。我布置他们每个人每两周练字一张，字数自己掌握，写好交给我检查。

几番下来。有几个有点进步了。看起来，认真就会有收获。陈浩甚至写出了我都不敢相信的作业，虽然细看那字的间架结构还有问题，但那章法、那卷面整体看起来还真是蛮舒服的。我就赶紧在他的作业本子上写上“书写进步”几个字，结果下一次，陈浩基本上还是能保持这样光景的书写，这让我心里有了些许宽慰；即便他就此停止，再没进步，这样的书写基本可以应付考试了。而林豪却依然老样子。于是，他几番被我叫到面前。我说：“‘字如其人’是古人的经验之谈，按理，你林豪这么一个高大英俊、风流倜傥的帅小伙子，是应该能写出或豪放大气、或隽秀俊美有棱有角的方块字的，但是，你的字却是横不平竖不直，撇捺没笔锋，整体没结构，这是用力不够啊。而用力不够是因为用心不够啊！”他不好意思直点头表示一定要尽最大努力写好字，争取在高二结束，让自己的字有明显改观。但到目前为止，终究还是没有多少起色。

那晚，检查《报任安书》一课的文言现象的标注，我要求把所有的文言现象都用自己特定的符号在书上标出来，包括通假字、词类活用、古今异义以及特殊句式，这样，既整理了知识点，又复习了课文。检查的时候我发现余丽萍、徐书凝等女生做得特别好，不同色彩的笔标注了不同的重点，使课本内容的补充既丰富又清晰美观。旁边文言翻译的书写更是字字玑珠，整齐如鱼鳞一般我忍不住给她们打上两个漂亮的红五星，并在班里做了表扬。

当我坐定在讲台上专心备课的时候，陈浩来到我面前，不露声色地轻轻问我："老师，我咋没红星呢？"这让我颇觉意外，因为对红五星的计较一般出现在小学生中，高中的学生相对不在意这些。如果老师给他红五星他自然心情愉悦，如果没得到红五星，也就算了，下回争取。可是，我看陈浩的眼神，挺认真的样子。

于是我拿了他的本子仔细看，说到："虽然你的章法还好，但是仔细看每一个字，还是欠缺的，笔画不到位，结构不端正。"陈浩并不争辩，却用另一只手递给我一本其他同学的本子，那上面是红艳艳的A加红星。陈浩说："老师，我的字应该比他的好吧？至少差不多！"

这一招，我可真没料到。我细看那字风格，和陈浩不同，但差距确实不是很大，很难看出谁更不好。于是我只好分析两种字各自的优劣之处。"几个同学都认为我的比他的更好呢！他都有星啊。"陈浩还是揪住他没有红星的问题。

看来他今天是很想得到这颗红星，之前他似乎也得过一次，但得到的机会很少。那么，我今天就应该给他一个。当他有强烈的愿望的时候，就是他最能得到激励的时候，这个时候奖赏他远比打击他好得多。能这么较真地想得到红五星，对一个书写尚有欠缺的高中生来说，不就是一种可爱的上进心吗！

我对陈浩说："你说的有道理，各人有自己喜欢的风格，你的这个风格必定也是有不少人喜欢的。你可以得红五星。"说完，我在他的本子上打了一个端正鲜红的五角星。陈浩拿着本子，脸上稍稍露出愉悦的神色，走回座位继续安静地做他的作业了。

发火解结

今天如果不发火，也许那个结就没那么快解开。

难得发一次火，结早点解开，也值得。

开学第二天，语文课下课，打开教室门时，只见班主任许老师带了一名学生进来，是个个子高大的男生。呵呵，谁家的孩子长得这么好啊！

正当在心底惊叹的时候，门外很快跟进来一位同样人高马大的中年男人。啊，这不是李德老师吗？我多年前的同事啊。

看到李德老师，我忍不住惊喜地叫了他一声。李德也惊喜地回应了我，又和我笑了笑，然后说了几句寒暄的话就忙事情去了，他要把儿子的事情安顿好，另外还有其他没办完的事情等着他去办。

李德走后，我走到他的儿子、刚坐到许老师给他安排好位置的李川同学的边上，对他说："你叫李川？你以后学习上有什么不懂的尽管来问我就行了，好好努力哦。"李德当年是学校里的优秀骨干教师，中层干部，有这样的父亲，儿子一定也错不了吧。

日历一天天翻过去了，我发现这件事情和我想象的有点儿不一样。

李川听课常常会走神，作业也经常交不上来。催促他的时候，他煞有介事地找各种理由解释，有些理由让人觉得很牵强。开始，我都原谅了他，觉得这孩子刚从外面转学进来，也许有些不适应，给他一段时间适应吧。但越到后面越发现他的学习习惯真的不好，而且不是一般的不好，他听课和完成作业的情况都让我大跌眼镜，似乎永远都来不及做，像特招的体育生一样。特招体育生每届都有，他们因为要进行体育锻炼，每天做作业的时间都比别人少一些，所以，一般情况下体育特招生作业没有完成都是正常的，成绩排名在班级后面也是正常的。李川会不会也是个体育生呢？我开始怀疑，这么一个大个子，不读体育还真是可惜了。但是，了解过后知道并不是这样。心里不免为老同事感慨起来：哎，李德啊李德，你自己这么优秀，儿子咋这么懒惰呢？一定是你这个做老爸的太娇宠着宝贝儿子了。但这话，我只能一个人放在自己心里，不敢对任何人说。

有些东西压在心底久了，就会有一丝不安。

第二次考试的排名又出来了，李川的成绩还是排在班级的尾巴上。我的不安增加了一分。我开始想着该如何与这个孩子交流一下。

一次下课时间，我走到李川的位置上，一边检查李川的作业，一边趁机和他说话。我说："李川，前两天学的文言文你会背了吗？"

"不太清楚，或许会了。"李川毫无表情地说。他的淡漠给我温热的心泼了一些凉水，但我还是坚持继续问："《寡人之于国也》现在能背诵吗？"

"不都默写过了吗？"李川显得不耐烦，几乎是以一种反问的口气来质问我。

他觉得我管得太多了？他考卷上默写部分的得分那么低，自然让我怀疑他平时的默写是不是有水分，我也是想检验一下或者只是提醒监督他一下。

但委婉的交流已经无法继续下去了，我只好直接切入主题："默是默了，但如果不经常巩固一下，很容易忘记的，过几天你抽时间到课代表那里再背一次。"李川听了我的话，很不耐烦地说："好了吧，我默写过了的。"

几个回合下来，我讨了个没趣，感觉自己很跌面子，心里竟有股隐隐的堵闷的感觉。这是我没预料到的。我突然觉得这孩子说话和其他同学太不一样了，拿腔拿调的，很给人滋味品尝，似乎以前我和他结过仇。不过，我在心里对自己说：不要和他计较，虽然他块头很大，但他还是个孩子，不懂事，以后再找机会和他好好谈谈。

又凑到一次机会，我把他单独叫到办公室，不谈学习的事，谈他的爸爸，以及他之前在哪里学习。聊了将近半个小时，还算愉快。他说话很快，反应迅速，话也很多，是个活跃分子，怪不得课堂上他总是忍不住要嚷嚷，提问都不举手，而且内容常常是与课堂关联不大的。

以后还是让课代表多监督，及时提醒他。

课代表是个工作非常负责的女孩。之后我经常向课代表了解李川交作业以及听写和默写的情况。课代表说，李川老是默写不出来，她只好让他抄两遍。至于那些试卷作业，课代表还没来得及检查。

晚自习，我决定亲自检查学生们做试卷的情况。不止查李川，全班都查。这次的试卷很重要，是省里深化课改后第一届高中语文学业水平测试用的资料，如果不做，肯定会影响到学业水平考试成绩。据说要进985和211学校，几门功课的学业水平测试都需要是A等。李川如果不做这些试卷，不要说拿A或B之类的好档次，通不过也是有可能的。如果李川语文学业水平测试通不过，那李德恐怕得怪罪于我吧。

查到李川了，每一张试卷都只是选择题简单写了个答案，阅读都没做。我说："今天的任务今天完成，这些阅读题为什么没做？"

"那种题目很烦人的。"李川没好气地回答道。

"烦人也要做的，你考试时也是必须完成的。现在做不来还可以问。"我坚持要他做。李川头也不抬地说："过几天再说。"

李川的傲慢态度再一次让我思绪万千：让他算了？还是我应该严厉地教训他一顿，让他知道做人做事不该是这个样子的？

想着这些，我刚刚调转要离开的身子又重新回过来，再一次拿起李川的试卷。没等我开口说话，李川马上又来了一句反问："不是已经检查过了吗？！"

"我再查一次又怎样？"我说。

"有必要吗？"李川没等我的话音落地就回了我这四个字，每个字都像一块冰冷而坚硬的石头，狠狠地砸在我的身上。

天哪，这孩子简直太疯狂了！哪根神经搭错了，说话像机关枪发射子弹？再也不能让他这么疯狂下去了。

于是，我静止了几秒钟，冷冷地对他说："你出来一下。"

我要找他到教室外面谈话。然而李川的身子没有动。我又说了句："你出来下！"声音明显提高。不少同学的注意力被吸引过来了。他于是站起身，在我之前走出了教室。

出了教室后门，一阵寒风吹过来，冬天的夜幕漆黑而冰冷，走廊上静静的，所有的班级都把门关得紧紧的，不让刺骨的寒风入侵到教室里。被寒风一吹，我禁不住打了个冷颤。好冷。但是，比这更冷的却是人的心。

我感觉到自己胸口憋着一股闷气，胀得有点难受。我走近李川，他高大魁梧的身体靠在走廊的栏杆上，和我瘦小的身材形成鲜明的对比。

我说："你说话很盛气凌人啊，每一句话都是不满，为什么这样？"

李川不说话。我又说："你长得高大，这可以作为你藐视别人的资本吗？"

李川立刻回了一句："我没藐视你。"

"那你凭什么说话时口气如此傲慢？"我有点愤怒。李川并不回答。"你不说是吧？你爸爸曾经和我是同事，那我什么时候找你爸爸交流一下……"我话还没说完，只听得李川拉开了大嗓门："你提我爸爸做什么？谁让你提我爸爸的？我最讨厌人家在我面前提我爸爸。"

大嗓门惊动了隔壁的班级。有几个学生跑出来上厕所，很明显，是借机会出来看个究竟，看看是谁在如此安静的冬夜肆意嚣张，搅乱了校园的一片祥和和宁静？

我很尴尬，邪气压倒正气的感觉！这孩子是真的不明白我的用心，他太懵懂了。难道还必须镇定沉默下去吗？不行，我必须和他正面交锋，用我真实的态度告诉他一些东西。于是我撕去了自己镇定自若的面纱，也放大了嗓门对他吼："提你爸爸怎么了？有什么不可以？他是你爸爸，但他是我的同事。你不让提我就不提了吗？你凭什么？有什么不满意说出来呀，干嘛弄出这么一副清高样？在这里作为一名学生，你有责任和老师同学做好沟通，和老师同学和谐相处，有责任按照规定完成学习任务，因为你是这个学校的一名学生！可是你看看你自己这副样子，学习态度不端正，和别人正常的交流的诚心都没有，你哪里有一点点重点中学学生的样子……”

我第一次用这么大的声音训斥学生，而且是在如此静谧的冬夜，我相信周围教室里的学生和在教室内坐班的老师们都听见了。但是，我顾不得那么多了，为了和李川有实质性的交流，我也豁出去了，将自己从来不曾展现过的一面呈现出来了——把自己降低到了和学生一样的位置，和学生据理力争，让自己也和学生一起为一个个小小的问题较真、激动。

这一招还真是有用。李川很快就找到了发泄的窗口，他似乎确实有话要说。他说他以前犯错的时候，人家动不动就找他爸爸，所以，他最讨厌人家提他爸爸了。还有他上课经常随口提一些问题，可是我总是对他的问题不加理睬，他很不满。

原来如此！毕竟是个孩子，很多事情，他终究是不懂其中的奥妙的。爸爸自然是必须被提起的，当老师或其他人和这个孩子不能很好地交流的时候，自然是找他爸爸交流，怎么可能不提及爸爸？如果不是爸爸，他不可能坐在现在这个教室里，如果不是他上课提问题随意而且不着边际，老师不可能不回答他的提问。他只看到别人的问题，没发现自己身上存在的问题。

于是，我让他回顾自己去年在原来的学校的表现。他低下头去，声音变得很低，说，都没有好好读书，每天都是糊里糊涂混过去的。原来在那边，还不算最差，到了这边，才发现同学都比自己好。

原来他并不糊涂。我说，也不怕，你现在是比同学落后一点点，但是，你认识到了，就完全可能改善。李川却很肯定地说，不是落后一点点，是很多！

看来，有时候老师确实不能高估自己，孩子的脑子清醒得很，虽然他看起来像个不懂事的孩了，做的事情让我们直叹息，但其实他自己是明白的，只是一时没有决心和行动改变自己长期形成的习惯，一下子如何改得了？

改善的任务是艰巨的。那么，慢慢来吧。我对他提出了我的几点看法：课堂有问题提问必须遵循两点，一是内容必须与课程相关；二是必须举手，而不是随意乱喊。学习成绩一时跟不上，不要急，但对做人处世道理的学习不可以疏忽。在中学阶段，提升自己的修为，做一个具有谦逊知礼、刻苦勤奋等良好品质的学生，为日后自己走上社会奠定基础，这是必须的。

李川对我的提议表示赞同并接受。

剩下的就是以后李川如何从点滴小事情开始做起，改善自己的行为习惯了。我说，解决这个问题的方法需要你在今后做的过程中自己慢慢琢磨。懂得道理是第一位的，现在你已经懂得了。今天的事就到此为止，希望你记住我刚刚对你说的话。

进教室之前，李川突然返身问我，那什么时候你要找我爸爸交流你自己定吧。我说不找你爸爸了，解决问题的关键在于你自己，你现在已经可以自己解决问题了。

下课后，在隔壁坐班的陈老师对我说，刚才发火了？犯不着啦！那些老油条，你讽刺他几句就得了，干嘛那么较真，发火会伤了自己，还会让学生记恨你，我们不是班主任，又都是老教师了，能过去的就让他过去算了。

但我想，今天如果不发火，也许李川和我之间的那个结就没那么快解开。记恨就记恨吧，那也只是在学校那么一点点时间，等出了这个校门，学生对老师的恨都会消失，这一点，我坚信。发一次火，让学生暂时恨一下，却能阻止他往错误的方向继续滑行，值得。

熄灭的火焰

老师有很多次想发火，但因为种种原因，最后也都熄火了。

对于当中很多次的熄火，老师的内心隐含着些许自责，些许无奈。

自从对李川发火后，李川似乎开始有改观了，最明显的是上课很少乱叫喊了，偶尔喊出一句来，他自己立刻就意识到并控制住了自己。这就是进步的开始，希望他能坚持，坚持一段时间，就成功了。

有一天，一个学生无意之间和我闲聊，他突然冒出一句话：“老师，没想到你会发那么大的火，真是让人震惊且震撼啊！”

老师发火，学生震惊，这话放在以前没人能理解，但此刻，我理解。现在，在我们这样的高中，除了班主任，能对学生发大火的老师越来越少了。原因并不难找：当今的孩子多数是独生子女，他们在家中的地位超过任何一个长辈，甚至有些做父母的都没想过自己活着的价值，只知道为了孩子今后有好的前途，有出息，以后能过上好日子，他们再辛苦也值得，孩子好了，那么他们就什么都好了。为孩子而活的父母越多，老师的压力就越大，因为家庭的娇宠，有些孩子的承受能力变得非常低，如果老师对承受能力差的孩子“教育”方法不当，很容易引起孩子心理上的不适和反感，有些学生甚至有可能作出极端的事情来。所以，老师们出于对自身的保护，也尽可能采取温和教育的形式。对少数学生学习习惯和处世方式不好又实在不能改善的，也就随了他们、不再较真地要扭转他们。老师跟不了学生一辈子，三年的高中，做老师的也只能尽自己所能。

所以，我发火，他们非常震惊，更何况我平时看起来是那么“温文尔雅，似乎这辈子都没有发过火”，这就足以让他们震惊且震撼了。

其实学生很多时候并不了解老师。他们看到的往往是老师一面，就是在学校、在课堂上的那一面，其他很多方面，他们不一定有机会了解。想起自己当班主任的时候，发火于我也是家常便饭，因为作为班主任，管理一个50多人的班级，学生参差不齐，总是会有不乖的学生或不良的班级情况让这个做班主任的人烦心、操心，发火就很难避免。如今，随着岁月的流逝，也早不在班主任这个岗位了，当年那种对学生像对待自己的孩子般要求严苛的感觉渐渐淡去，更多的时候，只能把他们当做一个朋友，一个稚气娇嫩的朋友，要时刻关注到他们的喜怒、爱好、自尊和心理承受的限度。

一个学期过去了。第二个学期也过去一个月了，李川的表现真的是改善了不少。虽然长久的不良习惯让他表现得散漫，但给他一个强有力的约束，他还是能够努力配合改善自己的。他做作业的情况逐渐转好，考试成绩也在进步，他曾经答应过我的几件事情，看起来做得也还可以。这让我内心稍感欣慰。

记得在对李川发火之后的第四五天，李德和妻子一起来看他儿子。正碰上我坐班。要不要和李德说说？内心在激烈挣扎一番后还是觉得应该委婉地和李德交

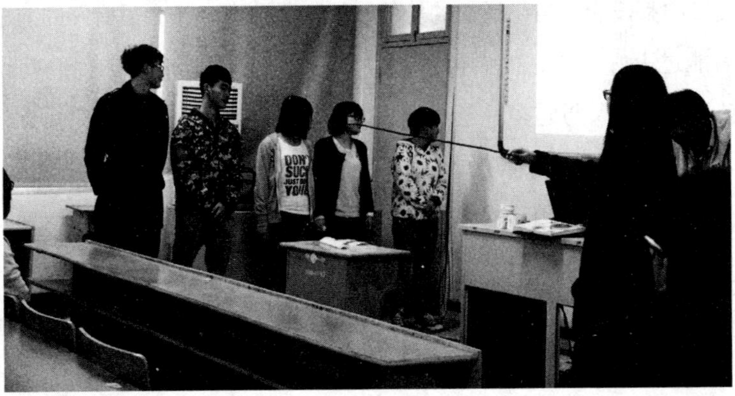

流一下。李德也是老师，他一定理解，而且，他也应该是最了解自己的儿子的。果然，李德很清楚自己儿子的缺点，也为自己因为工作忙而没有关照好自己的儿子而感到遗憾。这是很多教师家庭的通病：用在工作上的时间多了，把学校工作做得很好，自己孩子的教育却被疏忽了。简单地交流过后，我表示对李川充满了信心，李德也觉得儿子如果有一个好的学习环境，有执行力度强的老师的强化管理，各方面会好起来的。李德的想法无疑是对的。我也没想到如我这般温和派的老师也会对李川严厉发火，对李川负起发自内心的责任，让学生震惊地看到我的另一面。但是，他们却仍然不知道：老师有很多次想发火，但因为种种原因，最后硬是将萌发的火苗熄灭了。对于当中很多次的熄火，老师的内心隐含着些许自责，些许无奈。

爱情萌芽

高中阶段，爱情只是一株萌芽，它看起来很美好，
但它娇嫩脆弱，轻易地玩弄它，早早地享用它，它会枯萎死亡。

爱情，多么美好的字眼，高二的语文课本中有一篇英国思想家罗素《我为什么而活着》的文章。罗素在这篇文章中解读自己活着的三大原因：对爱情的渴望、对知识的追求和对人类苦难的同情。三大原因中罗素把对爱情的渴望摆在第一位。可见，爱情在人类心目中的分量。

高中生，十六七岁的大孩子，内心有着怎样的爱情萌芽？爱情在他们心中有着怎样的分量？钟伟的追逐让我看到藏在一个男孩子内心深处的激情。

钟伟长得清秀瘦削，学习成绩一般，但说话做事却颇有自己的风格。有时，他会打破正常的上课氛围，冒出一句老师和同学们一时都反应不过来的话，让老师和同学们都愣了一下。有时，他又会作出一些引人注目的事情，让大家感觉到他的存在。总之，他似乎是非常想作出引以为荣的事情，并以此吸引众人的目光。

有一次全校进行演讲比赛，钟伟竭力要求参加这个比赛。论条件，有好多同学都超过他。但是，钟伟的要求非常强烈。最后，那几个同学都表示：把机会给钟伟吧。于是，我把班里唯一的参赛名额给了他。但结果却不如人意，钟伟落选了。

后来班里学生告诉我，钟伟正在恋爱，他喜欢同年级另一个班级里的一个女孩子，那女孩子学习还挺不错的，钟伟想通过自己的某些行动向女孩证明自己。我这才豁然开朗，原来之前钟伟如此这般，就是想让女友看到他的成绩。

但是，他失败了。不知他钟情的那个女孩会如何看他。

但钟伟却没有改变什么，似乎还一门心思努力着。他的功课并不好，但是，他的随笔却写得极认真，叙述事件，描写形象，笔触细腻，书写也很不错，在男孩子的随笔作中算是上品了。有时凑到机会，我就和他聊。我聊他的随笔，肯定了他的写作态度和能力。但是，对他上课经常走神表示遗憾。钟伟笑笑，不可置否地摇摇头，他心里似乎装着一种最重要的东西，因为有了这个东西，其他任何事情对他来说都不太重要了。所以，他经常会出现作业完不成的情况，各门功课也都落在了同学的后面。

钟伟似乎越来越瘦了，原本就清秀的脸颊更加苍白瘦削。我常常在中午最后一节课下课的时候看到他还窝在教室里，拿出干面包在啃。我问他为什么不去食堂吃饭，他说不饿。我说你已经够苗条了，可不能再减肥了。他笑笑说，没事，我精神好着哪！但是，我后来却从其他同学那里了解到，钟伟用省下的伙食费给女孩子买了生日礼物。为了博得女孩子的认可，他几乎愿意为她做任何事情。但是，女孩子却给了他一个平静的答复：我们只是好朋友而已！

高三了，同学们都在争分夺秒地学习，钟伟似乎也很想考出好分数来，但是，他总是没有耐心，每次短暂的努力之后，发现考出来的成绩还是让自己失望，于是他就很沮丧。但他还是尽量装出无所谓的样子，每天尽量让自己表现得很愉快。

直到一次早自习，我发现钟伟将头趴在桌子上，似乎很困、很想睡觉。我让他的同桌将他摇动了一下，示意不要让他睡着了，钟伟很勉强地抬起了头。我发现他脸色不太好。也许他昨晚没睡好，也许他又为他心中的女孩子犯愁了。我暂时就没有过多追究。但是，才过几分钟，我就发现钟伟又趴在桌子上了。我一边讲课，一边想：他今天似乎状态异常；如果现在就去和他理论，说不定没什么结果，反而浪费了全班同学的时间。等我这段讲完，让学生做课堂练习的时候再认真地对付他。10分钟后，我再次朝钟伟的位置上看时，竟然发现他的位置上是空的，人都不见了！这是怎么回事啊？我赶紧走过去，看见钟伟竟然整个人瘫软在桌子底下，像一滩烂泥。同桌因为认真听我讲课，也才发现。我们赶紧把钟伟扶起来，他浑身发出浓浓的酒味，原来是喝醉酒了，已经不省人事了。于是我赶紧让两个同学把钟伟送到校医务室。

这时候才知道，钟伟喝醉酒的前一天，女孩子彻底地和他摊牌，说他们两个是不可能的。女孩是理性的，但钟伟却一直觉得自己拥有女孩，而那一天他失去了女孩，他的未来就一片黑暗了。其实，他只是一厢情愿地拥有过，他只是在心里拥有过，他从来没有站在女孩的角度去思考爱情这个问题，他的爱情之苗只在他自己心里萌发着。

是的，爱情是那么美好，否则，罗素怎么会说："爱情给我带来狂喜，它如此强烈以至于我经常愿意为了几个小时的欢愉而牺牲生命中其他的一切。"也许钟伟心底的爱情萌芽也曾为钟伟带来无比美好的愉悦和希望，但是，这只是萌芽，它没有雨露的浇灌，它没有阳光的照射，它无法长大。

十六七岁，高中生，爱情在他们心中如梦幻一般单纯美好，但有一样东西是不能牺牲的，那就是追求知识的责任，因为那是塑造魅力人格的途径，缺少了有魅力的人格，美丽的爱情也会像轻飘的柳絮花，被狂野的风吹散，让人无处可寻。

高中阶段，爱情只是一株萌芽，它看起来很美好，但它娇嫩脆弱，你要用理性去呵护它，用等待去守护它，慢慢地用心浇灌它，而不是轻易地玩弄它，早早地享用它，以至于最终让它受尽蹂躏而枯萎死亡。

搬进高三楼

即便只有这365天，人们还是迫不及待地要提前进入，

不知是急于奔赴梦想已久的战场，还是为了尽早地结束这旷日持久的鏖战。

高考是十五年寒窗的终极目的，就好像蝉为了在地面上有80天的歌唱，必须在地底下暗无天日地忍耐几年。高三的到来，意味着莘莘学子苦战多年所等待的最后的战斗马上就要到来。距离这一天只有最后一年的时间了，而即便只有这365天，人们还是迫不及待地要提前进入，不知是急于奔赴梦想已久的战场，还是为了尽早地结束这旷日持久的鏖战。

于是我们的高二学生，每年就在6月10日高考结束的那天开始搬迁，声势浩大地从原先的教室搬迁到刚刚打完高考大战、走出校门的高三学哥学姐们曾经学习过一年的教室里。

那幢楼几乎就是专门的高三楼。左边从一楼到四楼，每层4到5个教室，刚好可以容下一个年级18个班级，右边是教师办公室和行政楼。这幢楼和南面高一高二楼有走廊相通。但一般情况下，高三的学姐学哥们都不会到低年级那里去串班。

隆重的搬迁工作结束，接着便是开始装扮各自的教室。既然进入高三了，就意味着高考最后的冲刺已经到来，所以，教室必须布置得符合高三学生冲刺阶段学习特点的需求，既要斗志昂扬，又要沉着淡定；既要有激情、有热情、有拼劲，又得有温馨的氛围和放松的空间。高三学长们以前精心布置的内容都因为教室做高考考场的原因被清理干净，新高三的学子们开始使出浑身解数，用最

能体现内心需求的标语来装饰自己的学习之家。

教室内前后黑板上张贴了各种各样的标语："不苦不累，学习无味；不拼不博，一世白活""拼一个春夏秋冬，搏一生无怨无悔""你要比别人优秀，必须付出更多的努力""王者绝非偶然""温和地坚持并且微笑"。看着这些充满激励之情的标语，老师们也会激情飞扬，上课的时候，偶尔有意无意地瞄上一眼，心底的信心和干劲立刻就变得满满的。哦，又一场伟大的战争打响了！

一切开始悄无声息地发生着变化。

老师上课的内容也变了，高中阶段的新知识已经学完，高三一年就是为了应考的巩固复习。所以，有人认为，中国的高中其实两年就够了，第三年完全是在炒陈饭，但陈饭这么多年还是炒过来了。语文应对高考的复习是从字音、字形、语病等基础知识开始的，十几个知识点分专题一块块地边讲解边训练，语文早读在一片生字生词的朗读声中拉开序幕。大规模的训练有三分枯燥三分乐趣，剩下的几分就是任务了。高三和高一高二不同的是，高一高二只是周六要加课训练，高三则要加上周日上午的时间。对高三的学生来说，时间就是分数，高中两个暑假实际只有一个是完全属于学生自己的，高二结束到高三之前的暑假有二十多天是要用来补课的，所有的普高学校都这么做。但我们并不称它为补课，而将其称之为"成功教育"，或者其他什么名目。上头从来没有让我们补课的政策，但下面的学校毕业班补课是个心照不宣的约定俗成，地方政府也默许，他们也不想让本地方的学校高考落后，否则对不起学生，对不起家长，也无法向家乡的老百姓交代。高考分数对学校来说就是生命线，如果高考差了，这个学校的声誉估计就好不到哪里去，因为其他方面再好也没有说服力。

由此，进入高三，学生们和老师们都必须对自己说："我准备好了！"否则，当你进入声势浩大的高三洪流，你会抵挡不住强烈的竞争大流的冲击，会在搏击的浪尖上败下阵来。

自从搬进高三楼，时间被安排得异常紧凑，真正自由的时间只剩下周日下午的几个小时，而这几小时，必须去买些生活用品，打点下自己的生活，女生买点护肤品卫生用品和糕点水果，男生打一次球，搞一次个人卫生，或者到学校附近的理发店去修理一下有点长的头发。

这个时候的老师总是在接连不断地批阅试卷，加分数，给学生排名次，找学生学习薄弱的环节，然后调整自己的讲课思路，再找部分成绩拐脚的学生进行治拐，和他们一起制定细致而明确的学习目标和内容。高三每个班级的课堂是必须向全校老师敞开的，全校老师任何时候都可以走进高三的任何一个教室听课，高三的老师必须时刻接受同行的监督，因为教高三，意味着在不久的将来要将一批学生的成绩展示给公众，所以，你要对学校负责，要对学生和家长负责，同时也要对自己负责。

到了高三的最后三个多月的某一天，我们会听见近千名学生一齐震耳欲聋地呐喊："高考，我们已经准备好，同学们，让我们一起努力，为自己的梦想而拼搏吧！"那便是每个学校都要举行的高三百日誓师。

果饼飘香的课间

这份小小的快乐和甜美，为他们忙碌而艰辛的高三生活消减了许多负荷，平添了一份自在和欢欣。

搬进高三楼，紧张的氛围开始酝酿的同时，更多的人也在享受这个有着特别待遇的高三。

或许是由于高三这个字眼很特别，孩子们从家长那里获得的待遇突然就比高二高一时候有了很大的改善，从家长们送过来的零食就可以看出来。课间10分钟，教室里到处都是学生在吃零食的画面。零食各种各样：苹果、梨子、香蕉等水果自不必说，那些甜香扑鼻的的各式糕点最能刺激在教室里的每一个人的鼻子和脾胃。那种小片包装的带着香油味的膨化脆饼，几个学生人手一包，一片片咬着嚼着，边吃边说笑打闹，香味便随着笑声飘逸得满教室都是，以至于站在讲台上的我，无法不受这种甜美快乐分子的惊扰，不知不觉就吸收了那份甜美和欢笑，然后暗暗地品味。有时被学生关注到了，他们会笑着要给我一份。我大多笑着婉拒：老师不吃，马上就要上课了。有的就算了，就和几个座位相邻的伙伴继续分享；有的却不那么轻易放过我，性格特别开朗的倩倩、海祥和平时与我接触较多的欢欢、小慧、汉文等人，常常一定要我来一片。于是我就笑着接过那片脆黄诱人的小甜饼，塞进嘴里美美地品尝。

有一次，我与往常一样，提前几分钟到教室，把手提电脑与教室里的播放屏幕连接好，看见金韵同学向我走过来，手上拿着一颗金橘般大的樱桃，那油光锃

亮的紫色在金韵白皙的手指的衬托下非常诱人。金韵捏着樱桃细细的柄，把樱桃递到我面前，说："老师，请你吃樱桃。"或许是被这样一幅有点诗意的画面打动了，或许是被这颗美丽的樱桃打动了，我惊骇了数秒钟后，便接住了那颗紫色的大樱桃，并向金韵道谢。我不明白这个时候自己为何就不作拒绝了。是樱桃美丽的诱惑让我无法抵挡？看到下面金韵已经给她身旁一圈的同学每人发了一个紫色的大樱桃。有的同学开始美美地品尝，有的提着樱桃的细柄在把玩，似乎舍不得吃掉这团美丽的紫色。看着这一切，我心里有一丝说不出来的欣喜。

把樱桃放在讲台上干净的白纸上。这不是一颗樱桃，这是一份心意，我收下的是一份如樱桃般光洁而美好的心意。只需看着它，心里不知不觉就有一种轻松快乐的感动，吃它的念头对我来说很遥远。

想起了不久前语文试卷上作为现代文阅读题材的一篇文章。文章写同寝室的几个女同学，把各自父母送来的东西拿出来与室友共享：有的家庭条件很好，家长给孩子的室友一人送一个皮包，有的一人送一大包大白兔奶糖。只有小翠同学最后才收到从农村老家寄来的包裹。她从包裹中拿出几包瓜子仁，给室友们一人一包，并告诉室友，那是他因车祸而双腿残疾的父亲用手一颗一颗掰出来的，葵花籽是他们家自己种的，所以，她给大家的礼物虽然几乎没有花什么钱，但她和父亲对同学们的情谊是一样的重。

这篇文章从一个侧面反映出当今不同家庭的孩子的不同生存状况。但是尽管状况差异很大，孩子们的心愿却都是一样的，都希望自己和身边的伙伴能一起快快乐乐地生活。所以，金韵这差不多5元钱一颗的樱桃和她身边同学那5毛钱一小包的饼干在人情上的价值应该是同等的，它们都是学生们对同学和老师的一份真情，也是他们对美好生活的一份寄托。

有的学生家里几乎没有什么零食带过来，但他们每天依旧能从同学那里分享到一小片的快乐和甜美。这份小小的快乐和甜美，为他们忙碌而艰辛的高三生活消减了许多负荷，平添了一份自在和欢欣。

压力山大

高三，注定与众不同；

高三，注定让学子们一辈子难忘！

高三一天天地过去，竞争的氛围也就一天天地浓厚，从六校联考到十二校联考，再到全市统考，每一个月要考好几次，而每一次的排名都演绎着几家欢乐几家愁的悲喜故事。

珊珊的爸妈为了珊珊读高中，特地到学校附近租房，打算至少住三年。他们想让珊珊既能上学方便，又可以得到家人最好的照顾。而事实却和他们希望的不太一样，珊珊被照顾得很好，却无心就读，因为每天都要回家，学习的时间也明显比同学少，看上去心也不太安定，每次考试成绩在班里几乎都是垫底的。珊珊妈妈再也想不出更好的办法。

相反，娜娜和倩颖却相对稳定些。娜娜的父母在新疆，但娜娜的成绩还是相对稳定的。而这次，娜娜妈妈也为了娜娜最后一年的拼搏，暂时丢下了新疆的生意过来住在学校附近，专心给女儿做饭。娜娜仍然住校，只有中午这餐是由妈妈送过来，妈妈也趁机陪伴一下女儿，倾听娜娜心声，陪伴娜娜度过高考前的一段时光。而倩颖，父母也不在身边，却一如既往脚踏实地，成绩一直稳定在年级100名左右，从不曾让父母有过多的操心。

汪杨帆这次进步明显，看到自己名次一次次往前提，他淡定地笑了笑。因为胖，他的身材在同学之中特别显眼，但他自己却从未在这个问题上犯愁过，因为他把所有的注意力都放在了学习上。他的进步既给那些退步的同学以无限的压力，又能激励他们。而我却觉得他的进步是一种必然。因为从两个月前开始，他就主动要求每月写三篇作文给我批改。结果他的作文水平一路提升，考场作文还经常被作为优秀范文在班里朗读，他的语文成绩也从原来的中等一路上扬，到最后的上游水平。而徐韵却在看到自己分数明显下降后哭鼻子了，她伤心得趴在桌子上抽泣，任凭好友在边上如何拍打她的肩膀。她是想好要考211大学的，但这次退步成这个样子，211还有希望吗？

其实，几次的模拟考并不能决定最后的高考成绩，高考的成绩有时是自己都无法预见的。心态有时会让人成绩千变万化，所以，保持良好的心态是考试成功的首要条件。而很多同学常常太在意一模二模的考试名次，一旦不理想，就会背上沉重的思想包袱。

老师们有时就在课间抽点时间和学生聊些轻松的话题，比如最近爸妈都买了什么好吃的带过来啊？这两天家里送来的饭菜可口吗？最后阶段家长把自己做好的饭带过来给孩子吃的情况很普遍。说是给孩子加强营养，其实更多的是一种心理安慰，孩子看到自己的父母辛辛苦苦特地给自己做饭送过来，内心就会获得一种温暖和激励，辛苦和紧张的感觉自然就减少了。

但压力还是如山大。

网上有消息：温州某一中学的高三男生跳楼了。男生两天前被发现行为和语言怪异，没下课就把书包整理好，又说世界末日要到了，老师也把父母叫来，父母陪儿子吃晚饭。第二天晚上，男生晚上第一节自习课时跑到门卫处和保安聊天，被老师找到。男生说要回教室学习，老师于是陪男生回教室。等老师发完试卷转身在黑板上写字时，男生从自己窗口边上的座位上站起来大笑着走向窗口，然后从窗户纵身跳下去。男生死了，同班的同学非常惊恐，而我们这些刚刚获知消息的老师也禁不住心跳加快，心情沉重。

立刻联想起十多年前发生在另一个学校高三办公室里的一幕。那天同办公室

的一个女班主任在教育她班里的一个男生。该男生学习不用心，还经常违反学校和班级纪律。那天，他又被同学发现在寝室里抽烟了。班主任很生气，把男生叫到办公室，压抑着心头的火气，尽量温和地和男生讲道理："前两天才强调过不允许在校内抽烟，你为什么又犯毛病了，叫我再怎么相信你……"女老师讲了二十几分钟，男生一直不怎么说话，不知是理亏还是本身就不爱说话："老师讲累了，见男生还是没有认识错误的表现，就说，请你把家长叫来吧，也许你应该回家反省几天。"

男生还是不说话。女老师就低下头开始批改作业。她刚刚翻开一个本子在上面打下一个红勾时，只见男生突然从她身边走开，迅速地向办公室的窗边走去，一边走一边说："我以后不再抽了，你不信，我死给你看好了！"

男生的语言和举动令在一旁做了半天观众的我突然惊醒：天哪，他是不是要做傻事？女老师也慌忙站起来，赶紧跟向那男生。男生很快走到窗边，迅速爬上窗台，身子向外要翻下去。

我见状大叫着冲过去，班主任更是箭一般地扑向男生，死死地揪住男生的背部衣服，然后又把男生环抱住，男生挣脱不得，终于没有掉下去。

可怕的后果被遏制住了，已经冲到窗口的我也被吓傻了，心里怦怦直跳，而坐在办公室角落的另一名老师则半晌才回过神来。

这是我亲见的。这一幕深深地被烙在了我记忆的深处，现在再翻出来仔细品味时，心里还是觉得一阵阵心慌：高三的学生有时心理也是很脆弱的，因为压力太大了！我们做老师的，在对待高三学生的问题上，得小心再小心，否则出了问题，老师和学校都会吃不消的。

又想起30年前我自己的同学，当年高考失利就跳楼自杀了。那是个平时学习和各方面都很优秀的男生，但是，他从自己家所在的楼房顶层飞身跃下的那一刹那，永远地与高考无缘、与大学无缘了，但他把所有的问题都留给了爱他疼他十几年的父母。那种惊诧和伤感，我至今都难以彻底抹去。

时间在流逝，但这么多年高考的压力却不曾减轻过，如今耳闻的更多了，仅仅温州，近5年平均每年都有高三的学生以跳楼的方式结束自己年轻却让他们感到困惑和超负荷的生命。

这种现象的一直延续不可能和眼下的教育体制没有关系。但是，又有谁能一下子把体制给改善了呢？当今的高考制度至少给了部分毫无后台可言的考生一个相对公平的竞争机会，如果否定这样的高考，那该用怎样的体制来替换？所以，抱怨的声音很多，唾骂的声音也有，可以用来实际操作的改善策略却鲜见。看起来不是无心，也许真的是一时无力。那么，只有慢慢修改，逐步完善吧。

是啊，人生难得几回搏，此时不搏，更待何时？高三，注定与众不同，高三，注定让学子们一辈子难忘！

高考前夜

即便今晚整夜都睡不着，
你明天照样能好好地考试。

最后的时刻终于到了，再熬过一个漫漫长夜，就迎来了奔赴战场的这一天了！

这个夜是否真的那么难熬？也因人而异。身经百战的同学们多数早已被无声的枪炮训练得镇定自若了。之前，班主任也将考前注意事项罗列成文印发给每一位同学了，此刻，老师们对他们说的只有一句话："就像平时那样吧，每次怎么考，这次就怎么考。"把平时的考试当做很重要的考试，认真对待，而到真正大考的时候却把它当做和平时一样的普通考试。这是老师们传授给每届即将奔赴高考考场的同学们的经验。

而这个晚上，语文和数学两门功课的老师以及所有的班主任就陪伴在同学们的身边了。第二天上午考语文，下午考数学，今晚，自然要安排看与语文和数学相关的内容。

教室里很安静，安静中有些细微的声音，这些细微声音是一种必要的放松的表现。搬到科学馆已经第三天了，原来的教室都要做高考的考场了，所以，考试这段时间，所有的高三群体都搬到了实验楼的大教室，高三的老师们也将办公桌安放在了学生教室一旁的大教室里。大教室里有网络，学生教室里有空调。在这里，师生们可以不受任何影响，继续安心而扎实地准备迎考。校长、书记、教务

主任等一班人偶尔就会来转转，看看师生们有什么需要的。有时天气太热，领导就派人给老师们送来了西瓜、荔枝、桃子等水果，让老师们获得一丝甜美的清凉。整幢大楼洋溢着一种紧张有序且又温馨和谐的气氛。

灯光下，老师们在给前来问询的学生讲解着，一个神情专注地听着，一个面带笑意地讲着，仿佛听者要把所有的东西都装到自己的头颅里，而讲者希望把所有的知识都输入听者的大脑中。他们都是那么尽心尽力，但努力中却也带着几分淡定。今晚不必太钻牛角尖的问题。只以巩固为主，拓展也不必走得太远，今晚需要淡定，沉稳，需要心平气和。所以，带着愉悦问问题，带着笑意答问题，让信心把心填得满满的，用平静把人洗得精神的。

可是有同学心里还总有些小激动，像有一个不安分的小兔子被安放在自己的心窝里，时不时给自己惴惴的心头踹上一脚，让将要考试的人心里有点发慌。俊杰、郑柯和必成向我走过来，俊杰说："老师，我今晚怕是要失眠了哦！"郑柯说："老师，有点压力唉。"必成在后面不出声地笑。我也笑了："傻子，怕啥呀？这么多年都考过来了，就怕明天这两个小时？告诉你们吧，即便你今晚整夜都睡不着，你明天照样能好好地考试，每届都有考前失眠的人，但那些人最后照样考得好好的，发挥很正常，只是需要在考完之后再补睡一觉而已。”“真的？”俊杰和郑柯惊讶中带着一分笑意。我郑重点头，表示我说的绝对没有半句谎话。

第二天早上，考生们按时到了，必成眼睛微微有点浮肿，他把头甩了几下，淡定地对我说：“昨晚真的一宿没睡着。”我看着他的眼睛，平静地说：“不要紧，我去给你买一瓶红牛，喝下去就有精神，保证你正常发挥。”我赶紧小跑奔向小店。平时都没这么急地赶路，因为随时都能找到一个可以代劳的学生做跑腿，但是，今天，他们一个个都是最重要的战士，马上要奔赴战场，做跑腿的只能是我。买到红牛赶紧给必成，将饮料打开，倒入没有标签的白色矿泉水瓶，这样他就可以随时喝了。

两个半小时后，必成走出考场，看见我第一句话就是：“发挥正常。”我们相视而笑。

奔赴守望了十年的战场

这些年，他们一直趴在两尺见方的书桌上，听课、发言、写作业，

十几年他们都无法逃离，童年和青春因此失去了很多潇洒和快乐。

6月7日上午，通往学校的路很早就实行交通管制了，因为我们的学校是市区规模最大的考点之一。

考生入场的时间是8点半，正式开考是9点，但监考老师和领队老师都在7点多一点就赶到了。监考老师考前有很多准备工作要做，而领队的班主任们则肩负着关照班里每一个考生的重任，他们要安顿好学生并尽量预防他们迟到或发生其他意外的事情。

实验大楼内，学生们还坐在教室里，或看书或安静地休息，或准备着考前的文具。高三所有任课老师都在场，他们都带着亲和的微笑，偶尔和学生说几句轻松的话，用自己的坦然和淡定告诉学生：高考没什么，和平时一样尽力考就行了，用不着那么紧张。

8点30分，考生入场的时间。所有的考生都开始走出教室，下楼向对面的考点教学大楼走去，整个实验大楼人潮如流。老师们一边陪着自己所任教班级的学生们往楼下走，一边温和地说："大家仔细点，不要粗心。相信自己，相信你们！"学生们也微笑着，镇定地向教学楼走去，不一会儿，浩浩荡荡的赴考大军便各自分散到属于他们的考场内了。

其实，老师们的心也是和学生们一样，动荡而跳跃的。学生的一举一动、一

颦一笑都牵动着他们的心。看着他们进入考场，老师们也在心里默默为他们祈祷：好好考啊，一定要正常发挥啊！他们和家长们一样，目送学生们上战场，两个半小时后又会第一时间迎接他们走出考场。只有看到从考场里出来的人没有过分的失落和伤心，一切正常，他们才会放心地离开，让考生们安心准备下一场考试。曾经有个学校的一名数学学得非常好的学生，考完数学后冲出教室就要跳楼，被同学抱住。这个学生是因为考试时数学题目没做完，这平时没有出现过的情况，竟然在高考中发生了，他无法接受。被同学拉住跳楼不成后才知道：原来这年数学题量大，绝大多数人都没做完。

两天半的时间，对学生是考验，对老师也是一种考验。它考查的不仅仅是老师教学的成果，更考验他们作为一名育人者的修为和素养是否达标；这最后的一岗是否站得住，站得好。两天半的守候足以体现一名老师的责任心。

那天考试一结束，就有学生跑到我这里，告诉我她模仿了我发表在校文学刊物《峥嵘》上的文章，问我算不算抄袭，先后有四个同学来找我。如此不约而同的模仿让我吃惊不小。但细细想想，我的那篇文章确实比较符合那次高考作文的

要求，只要稍作修改，就可以直接用上。问清他们模仿的具体情况后，我很放心地对他们说，没问题的，大意相同而已，语言不同，你们这种叫做借鉴，借鉴他人文章是件好事情。于是学生们一个个欢天喜地地离开了。

高考终于结束了！校园内出现了好几个收废纸的人，几天之前在考生们眼中视若珍宝的珍贵资料，顷刻间都变成了废品，这是史上质变最快的纸质材料。结束了大考的考生们稍作挑选后，就把剩下的书堆成一堆，任由收废纸的人拿去，也有少数要求打个秤，获得一些卖废纸的钱。整个学校突然间废书和纸屑漫天飘飞。

想起了网上报道的某省某学校所有高三学生考完之后将书撕成一片片，从楼上扔下来，整个学校成为纸屑的海洋的事情。这也许只有学生自己和老师才能理解：这是一种由于在某种事物上耗费过多精力而导致的极致厌烦心理。这些年，他们一直趴在两尺见方的书桌上，听课、发言、写作业，作业的任务一年比一年重，十几年他们都无法逃离，他们被迫舍弃美好的玩耍时光，让自己的童年和青春失去了很多潇洒和快乐。今天，他们终于可以对书本说一声“不”了，终于可以对约束着他们自由身体的课桌说一声“再见”了，他们需要发泄一下，而他们终于将这一切发泄在了无辜的书本上。

让人印象至深的是，那个获得数学奥赛全国冠军的数学王子在冠军领奖台上说的一句话：“从此刻开始，我和数学绝缘，绝不再去触摸数学了！”他对缠绕他十几年的科目已经是深恶痛绝。

幸好，我们这样的学校，还不至于出现这样的极端状况。我们没有极致的成就，也就少有极致的付出，所以就没有极致的仇恨。对于未来的生活，学生们依然充满憧憬。看考完后他们对分数的关注和对填报哪所大学的热烈讨论的场面就知道，未来的大学生活对于他们来说，是又一个美丽梦想的开始。

离别盛宴

被囚禁了多年的青春热情，

在这样一个特别的时刻都潇洒地绽放了出来。

人一辈子会拥有很多盛宴，但高三毕业这一刻的离别之宴，对成长于校园中的青春男女们而言，大概算得上是人生之旅到此为止所遇到的最盛大的一次宴席。

6月9日傍晚，刚刚从离别的伤痛场面中舒缓过来的青春男女们，摆脱了之前悲伤情绪的浸漫，换上了欢快的笑容，三五成群、结伴而行前往不远处的冠发君悦大酒店，去参加有生以来最让他们动情的离别之宴，高三的老师们也都前往。

盛宴之所以盛，还因为有几百人在此欢聚一堂。原本是整个年级18个班级的学生全部聚在一起的，无奈酒店容纳不下，只好把另一半安排在另一个酒店。但就这四百多人，已经把酒店喧闹成一个人声鼎沸的海洋了。

或许是想为我们的盛宴增添一份喜庆的氛围，酒店把偌大的餐厅装扮成了一个玫瑰红的殿堂。四五十套餐桌和椅子，一律是艳丽的玫红色。玫红色的桌布，玫红色的椅子套，甚至连地毯也是红色的，整个餐厅像尊贵典雅的皇宫。而这些即将长久离别的人，今晚将在这里把盏推杯，共庆曾经的美好，倾诉三年的情谊，互留分别的赠言。今晚的餐厅，注定是一个展示个性、袒露真情的大舞台。

晚宴开始之前，云超老师和国尧老师先宣布发手机。一听说发手机了，一小伙人赶紧围住了各自的班主任老师，都是平时有点活跃的男生。这些调皮鬼都曾经违反校规，在不应该用手机的时候用手机，被发现没收了。被没收的手机暂时都保存在了老师那里，老师和他们约定：等到高考结束那天，所有的手机都会全部归还。现在，终于物归原主，他们一个个喜上眉梢。当然，更重要的是：从今以后，再没有人会对他们使用手机有任何约束了，其他很多方面他们也都不会再受那么严格的约束了。从今天开始，解放了！

盛宴开始了，生龙活虎的青春男女们刚开始还略有矜持，谦和地推让，没过几分钟，一个个就开始蜕去了斯文的面纱，像禁锢已久的奔马被解开了缰绳，无拘无束地奔跑起来，被囚禁了多年的青春热情在这样一个特别的时刻都潇洒地绽放了出来。他们开始敬酒、说笑。对老师、同学，殷勤地劝酒，敞开心扉地说话，对自己，敞开肚皮往嘴巴里灌酒，完全不是三年来在课堂里的那种拘谨而正襟的样子。一些看起来平时不爱说话的，此刻也一反常态，欢声笑语，侃侃而谈。平时沉默寡言的董璐，端着酒杯来到我面前，大方地向我敬酒，感谢我对她写作方面的鼓励和指导。这个小女生的文笔不错，看似柔弱的外表之下，隐藏着对文字和文学的浓烈的情愫。平时颇有棱角的道馨，端着酒杯向我敬酒，希望我原谅她曾经的执拗不懂事。这个很有个性的女孩写得一手漂亮的字和很唯美的文章，她在随笔中所体现出来的情感是那样的率性而不加掩饰，完全任由自己的思绪飞扬在同样自由流畅的文字里。我从没认为她有什么不懂事，率性是青春男女

成长的正常现状。俊杰、郑柯、吴昊、汪丹都来了，一个又一个，他们对我喝什么喝多少都不作要求，只管他们自己那一满杯一干而尽。今晚他们一个个都成了豪爽的男子汉和女汉子。

平日笑容常挂的汪丹今日表现非凡，轮番向每个老师敬酒，一杯又一杯，豪气冲天。来到我面前，已经是微微呈现出醉意，走路有点摇晃了，但她仍然很干脆地又喝了一杯，仿佛喝下去的不是酒，而是甜美的汁水，然后把嘴一抹，又露出甜甜的笑容："老师，三年情谊，一切尽在不言中。"帅哥钦凡也过来了，他是少数民族，这是他在班里明显与众不同的地方，但在我眼中没有任何不同，他曾担任语文课代表，字写得干净，口头表达也不错，工作积极主动，是个很可爱的大男孩。这个大男孩今晚彻底放开了，也把自己给灌醉了，他已经是第三次过来敬酒了，身子很不稳，脚步也几乎不听使唤了。我让同学扶住他，让同学看着他不让他再喝了。他躺在长椅子上，不断重复着："我舍不得你们啊！"然后涕泪连连。

盛宴结束了，一个个相机记录下了这激动人心的一幕幕。第二天，这些具有历史意义的照片便被粘贴到了各个班级的群相册和老师以及学生的私人网络相册里。

高中阶段激荡人心的历史之页就这样被翻过去了。

第三辑　温柔师情

老师的名字

名字是一个人的符号，怎么称呼是门学问，
有些称呼藏着亲切，有些称呼藏了温暖。

在我做学生的那个年代，老师的名字是不能轻易被学生叫的，否则有不被尊重的嫌疑。父母的名字也是备受维护的，如果同学之间发生了矛盾，一个同学要对另一个同学进行报复，他可以有一种很解气的办法：当着很多人的面叫对方父母的名字，那就会让对方颜面大失，难堪不已。一般情况下，对方只要不是特别柔弱，都会冲过来，和喊他父母名字的人进行肉搏，直至两败俱伤。

所以，在较长的一段时间里，做老师的都把被学生直呼其名视为受到了挑衅。

不过，有些事情总是要逐渐发生变化的。

不知从何时开始，在交上来的作业本上开始出现了老师的名字。作业本封面老师这一栏，在正常情况下是只写老师的姓，姓王的就写王老师，姓刘的就写刘老师，但有个别学生就写老师的全名。找到那个学生，问为何写老师的全名？那个学生说，为了记住老师呗，这么多的老师，都记不住了，写全名就会记得牢一点。

听起来很有道理。高中的学生，面对太多的老师，而且每上升一个年级，就有老师的替换和增减，所以，除了班主任，他们经常记不住教过自己的老师的名字，有时甚至记不住他们姓什么，所有的任课老师一律统称为“老师”。当老师不再教他们之后，老师的姓名很快就被忘记了。

只能认可他们的这种说法了。再说，学了英语之后，他们了解到外国很多学生叫老师都是叫名字的，有的甚至对父母都直呼其名。在西方人的观念中名字只是一个人的符号而已，直呼其名并不代表对这个人不尊重。西方的文化正悄无声息地融入古老的中华文化。

开始听到学生喊老师的名字了。不过是那种比较调皮的学生，而且你只是他班里的任课老师，他针对的往往是年轻的男教师，似乎是想和那些比他们大不了多少的哥哥老师玩耍一番。他躲在同学的身后，在楼上看到老师在楼下走过，变着声调叫唤几下老师的名字，周围的几个便发笑，等老师以及听到的人都诧异地朝他这个方向行注目礼，想看清叫唤的人的面孔的时候，却找不到人在哪里。不过很快就明白了，无非是那几个愣头愣脑的捣蛋鬼，老师只好自嘲一番："哎，这些捣蛋鬼，学习不上心，歪点子倒是挺多的，不过，让他们叫几回名字又何妨！"

有一次，一个学生在老师的那一栏画了三个小小的图案，一个是一丛草，一个是一只甜饼上冒着气，最后一个图案是一只橘子。初一看我呆了下，想了下明白了：那丛茅草不就是代表"毛"字吗，那只甜饼上正冒着"香"喷喷的气味呢，那只橘子分明就是提示"菊"字，三个图案正好组合成我的一个全名。呵呵，这个鬼精灵，很有创意嘛！

又有一回在办公室，有个老师在念一段从学生那里没收来的散文诗："天上飘着万里云，地上跑着羊猪群，大家穿着迷彩裙，欢天喜地庆国庆……"原来是学生写的。再仔细看，全诗差不多有500字，竟然将全校绝大部分老师的名字都编写进去了，那"万里云"就是万李芸老师，那"羊猪群"就是杨诸群老师，那"迷彩裙"是指李彩群老师，那"庆国庆"不就是金国庆老师吗？拿老师的名字做文章，这竟然也是一种乐趣，这些猴崽子！平时写作文一个个喊头疼，这个时候却诗兴大发，聪明的脑子都用邪了，如果都像编这首散文诗一样去写其他作文，去读书，哪里会考不出好成绩啊！看来，智力真不是个问题，愿不愿意去做

才是需要解决的根本问题。

省重点中学的氛围和普通中学不相同。这里的学生彬彬有礼，行为习惯明显好得多。在校园里，见到老师都不停地叫“老师好”。老师也频频回礼“你们好。”校园内充满和谐温暖的气息。

与此相应的是孩子们对老师的称呼也别具特色。（3）班的学生不知什么时候把他们班主任唤成“阿玛”，那是把《还珠格格》里面“皇阿玛”省略去了一个皇字。这个“阿玛”姓马，是黑龙江漠河那边来的，责任心很强的一个女教师，年纪将近四十，做事实在，嗓门特大。开始我并不知道这样叫和叫“马老师”有什么区别，直到有一次，我走过走廊，听到一个学生对另一个说：“这次那几个有点过分了，阿玛伤心得都快要哭了，我们几个班干部必须管一管了，必须让阿玛开心起来。”我明白这两个班干部是在为他们的班主任分忧，而这时“阿玛”这一称谓在我耳朵里就有一种特别亲切的感觉，这两个学生叫阿玛就好像叫自己的妈妈和姐姐一样，给人一种说不出的温暖感。

让我第一次因为学生的特别叫唤而颇感惊喜的是两年前。也许是班主任小曹老师引导有方，那批学生特别可爱，不仅学习努力，彬彬有礼，有时还别出心裁，给老师一些意外的惊喜。那天，照常来班里上课，全体起立之后，课代表拿着一包东西走上讲台，她恭敬地将那包东西递到我手中，然后说了声："老师节日快乐。"哦，原来是教师节啊，我都忘了。拆开礼物包，一张信笺和两个礼物赫然出现在我的面前：一个仿真皮的钱包，一顶可以折叠的太阳帽。

打开折叠成一只小鸟的信笺，几行娟秀的字映入我的眼帘：亲爱的毛姐：自从您来到我们中间，我们就喜欢上您了，您儒雅的气质，出众的文才，甜美的声音，温柔的性格给了我们美好的享受，希望您永远年轻美丽……

还是第一次被学生称为姐，又喜又惊："哎，可爱的孩子们啊，你们这一声姐，叫得我忐忑不安哪！好吧，我必须不辜负你们的希望，让自己一直保持现在这样的年轻温柔，为你们，也为我自己。"

最近，有几本语文练习本老师一栏上写了我的全名，不过我对此已经很淡定了。那都是他们想记住我的名字哦。看，那本是董琴的练习本，董琴这女孩子是个非常爱学语文的乖孩子，她经常会来和我交流有关语文的问题，每次作文她总是提前或者超额完成；看，那本是陈春的本子，这男孩几次把我忘在教室里的包拿到办公室，我看到包才记起原来自己还有东西落在教室里没拿回来……呵呵，都是些可爱的孩子啊！

一套夏装

爱学生，从细小处做起，

于细微处传深情，细微之处的爱是最真实的。

爱一个学生，应该是从一个微小的地方出发，去做一件微小的事情。

那年我在乡村中学做班主任，班里有不少经济条件很不好的学生。其中有一个皮肤白皙、个子瘦小的女生小君，看起来很清秀，却一直穿着不像女孩子穿的衣服。后来我了解到：原来小君家里有一个患精神病的母亲，还有一个酒鬼父亲，她的学费都是亲戚赞助的，她的衣服也是亲戚邻里的孩子不要了给她的。学校要开运动会了，她在我的鼓励下报了一个长跑的项目，可是报上去之后却整日愁眉不展。和她交谈过后才明白，原来她怕的不是跑步，而是跑步的时候没有像样的衣服，怕被人笑话。

我想起了刚刚买来的一套军绿色的短衣短裤装，那是一套在当时比较时尚的夏装，我自己还没舍得穿。回家后我立刻从衣橱里找出那一套短装，用塑料袋装好。

第二天，我把小君叫到了办公室，把衣服放在她手里，她惊喜的眼神中带着疑问，似乎不敢相信。我说，不用还了，跑步完了你继续穿着就是。小君再一次用疑惑的眼神看了我一眼，然后拿了衣服飞一样地跑了。

运动会上，穿着一身军绿色短装的小君竟然得了小组第一名。我第一次发现，其实她是一个很漂亮的女孩子，艰苦的生活环境并没有让她变得颓废憔悴，稍稍收拾一下，蓬勃的青春之气就赫然显现。之后，她很长时间里一直就穿那套

衣服，直到季节变换天气凉了，她才又穿上了原先破旧的长裤长袖。

多年之后的一天，我在进修学校门口被一个漂亮的姑娘拦住，她大声地喊我老师。我仔细看，竟然就是当年那个穿破旧衣服的小君。但此刻的小君，完全蜕去了当年的稚气和寒碜。她穿着一条白底上洒落着粉色小花的棉布料连衣裙，紧凑的腰身和褶皱的裙摆很巧妙地将她姣好的身材凸显了出来，加上她那白皙的皮肤，显得那么俏丽雅致，让人无法将她与那时的丑小鸭形象联系在一起。我惊喜地瞪大眼睛看着她，一时竟说不出话。小君拉着我的手，很激动，她说她一辈子都忘不了我曾经送给她一套漂亮的衣服，换得了她那段时间的骄傲和美丽，因为自从那次，她发现自己并不丑陋，她也可以和别人一样美丽，甚至比别人更美，这种美好的感觉激励了她，后来她常常用这感觉鼓励自己。现在，一切果真都好了。

小君从职校毕业已经三年了，她已经有了工作，工资已经足够养自己和父母，她对自己眼下的生活已经很满意了，未来也许还有更美好的东西等着她。她和我说话的时候，我分明看见了她眼睛闪烁着的希望的光芒。我替她高兴，庆幸自己当年送出了那套夏装，让它发挥出了远远超过那套衣服本身所拥有的价值。

于细微处传深情，细微之处的爱是最真实的。爱学生，从细小处做起，让教育，因为一件件小事而变得美好。

受伤的小燕

小小的举动，展示的是教师的爱心和教育艺术，
它让学生获得了精神上的抚慰、人格上的滋养。

早读课上，本来活泼爱笑的小燕表情与平日有点不同。我便稍微用心观察了一下，发现她脸上不时还显现出痛苦的表情。我趁机靠近询问情况才知，原来小燕凌晨从上铺床上摔下来了，一只手现在还疼。我仔细看了她手的受伤情况，告诉她应该到医院去看医生。

其实小燕心里也正是这样打算的，只是还没最后作出决定，我这么一说，她紧蹙的眉头一下子松开了，立刻接受了我的建议。我给她计算了一下时间，建议她立刻出发，否则到医院稍微迟一点点排队会很费时间，然后给她400元钱，让一个同学陪着去。这边我和她的班主任联系。

第二天，我到班里上课，刚走到讲台前，一双拿着400元钱和一只折叠得很精致的小纸船的手伸到我面前，是小燕的同桌。小燕坐在座位上，一只手缠着雪白绷带，甜甜地朝着我微笑。我展开纸船，上面是小燕娟秀的字迹："老师，您的关怀让我感受到无比的温暖，我会永远记住的。钱先还给您。"几行字让我的心头顿时充满了愉悦和温暖。

年级里要举行作文比赛。小燕的作文在班级初选时入围，入围后的作文需要进一步修改。我把每一个预赛入选的同学叫到面前，一个个讲解他们各自作文中存在的不足，指出需要修改的地方。对小燕的作文，我除了亲自动手给她修

改了几处外，还专门嘱咐她：书写还不够美观，不妨暂时请书写最好的同学代替抄写，以后自己再慢慢练，把字体练漂亮些。

因为这次不是现场作文比赛，所以，他人代替抄写不算违规。小燕学语文很认真，作文比赛如果能得奖，对她也是一种很大的激励，我希望她能获得这样的激励。最后，她请了她的好朋友严菲菲为她抄写最后的文稿。我和小燕约定：从现在开始，必须练字，逐步把字写好，否则，这样的机会只有这样一次。小燕使劲点头。

小燕的作文真的得奖了。名字在校园内大屏幕内滚动播出，我知道她一定很开心，我也为她高兴，毕竟，这是对她平时认真学语文的一次认可，这种鼓励所起的作用是平时家长和老师的监督都比不上的。

激励一个学生，有时只需要老师做一件微不足道的事情，但这微不足道的举动，却会为学生，也为自己带来温暖。在学校，老师们每天都做着这些微不足道的事情：学生上课走神了，用巧妙的办法提醒，以保全他们的自尊心；学生考试失败了，帮助他们寻找原因，而不是一味地指责；同学之间闹矛盾了，和他们谈心，用心理疏导方法帮助他们排除困惑；学生学习上遭受挫败的时候，引导他们藐视失败，振作奋起……这小小的举动，展示的是教师的爱心和教育艺术，它让学生获得了精神上的抚慰、人格上的滋养。

不知你名

一直想对那个男生道一声“谢谢”，却叫不出他的名字，
所以我常常会想，我是否应该更努力、更用心一点儿？

一个学期过去了，竟然还不能够将两个班学生的名字记住。我心里有点着急，有点自责。这不，刚才有个学生，我很想叫他一声，或者和他说句话感谢他一下，但是，叫不出声来，因为不确定，怕叫错名字。

刚才下了课从（10）班过来，拿着语文练习的答案，想要打开投影仪器给他们展示一下。明天考语文，有些答案来不及讲了，只能放在投影仪里投放一下，需要对答案的学生可以自行核对。刚进（10）班的门，前排那个男同学就看出了我的意图，忙走到讲台前打开机器，然后按住投影仪按钮，为我的工作做好了前期的准备。本来，这事专门有电教员做的，但是，他抢先做了，因为电教员暂时不在教室里。他怕我等。等我在讲台前站定，他已经把仪器需要按的地方全按过，机器很快就开始运行了。然后他又上来把我手中的答案拿去定位好，一切就位后，又按了冻结，让文字定格，然后把纸质答案给同学传着看，自己回到座位上做作业。

一下子少了很多事情，也少了很多麻烦。面对这样的学生，能无动于衷吗？很想对他说几句话，可是不但一时不知道该说什么，甚至一时都没想起他叫什么名字。我立刻陷入了惭愧的境地，也暗暗地努力回忆。一会儿似乎有了一个名字，但又怕错了。如果万一有误，还不如不叫。于是，专心上课，暂时把这个问

题抛掷一旁。

下课后回到办公室，赶紧看座位表，发现自己所想到的名字是对的。再仔细一想，突然又想起了另外一件事情，那件事情会不会也和这个学生有关联？事情过去这么久了，竟然还是糊里糊涂，至今不知道当时的那个学生是谁，他叫什么名字。

那是开学不久之后发生的一件事情。那天晚上，我到（10）班晚坐班，发现讲台前没有老师坐的椅子。于是左顾右盼，想为自己找个椅子，但周围没有多余的椅子。正当我一时没有主意的时候，坐在窗户底下第一排的一名男生走过来对我说："老师，我到办公室去为您找条凳子。"说完，不等我回答就飞奔出教室。不一会儿就端来了一把大大的教师办公靠背椅，靠背椅的肩背上还挂着一个帆布包。我问他哪来的椅子。他说是在办公室的班主任位置上端来的。我说班主任不坐吗？他说班主任今晚不在。那好吧， 我先坐，万一班主任来了要坐，就拿回去。于是，我舒舒服服地坐在靠背椅上备课了。

大约过了半个小时，教室的门突然被一阵猛烈的撞击打开了，班主任出现在门口，他似乎是在找什么东西，看见我坐着的凳子，二话没说就扯大嗓门问："是谁把我的凳子拿到这里的？为什么不告诉我一声？"我立刻站起来，想对他解释。可没等我开口，刚才端凳子的男孩子已经站起来，承认凳子是他拿来的。顿时，班主任怒火直冒："是谁让你拿的？拿走东西也不告诉我一声，让我满世界找！……你给我到办公室来！"班主任的口气非常严厉。

我向班主任解释："这个学生是看我没凳子才到办公室去拿的，以为晚上你不坐的，没想到你来了。都是因为我。"班主任并不理会我的解释，他一定要男孩跟他去办公室，也许他认为男孩随意拿了凳子不汇报，违反某条班规。我心里内疚，觉得男孩替我受委屈了，这件事情的根源在我，我应该承担责任。

我也来到办公室，想看看那个男生到底受到班主任怎样的处罚了。走进去时，发现班主任正和男孩在聊，男孩不住地点头。看到我，班主任宽慰我说："没事，我只是想让他懂得一些做人做事的常理，办事要考虑周全，不能不考虑后果，如果连这样的小事都做不好，以后怎么可能搞好学习，做好大事？

等男孩从办公室回到教室，我又问了情况，男孩子说，没问题了，班主任也没怎么骂他。我那颗不安的心终于放了下来。但我竟然没有查询到这个学生的名字。一晃三个月就过去了。

凭着记忆，我感觉三个月前替我端靠背椅的男孩就是今天坐我眼皮底下，刚才帮我操作展台的叫鲁镇翌的男生。而且这个鲁镇翌，前阵子还因为作业没交，被我点名到办公室，结果不知什么原因，后来没有到。因为事情太多了，我过后也没过多地追究。

第二天上语文课之前的课间，我对男孩叫了声："鲁镇翌，我们到走廊去一下，我想和你说句话。"鲁镇翌第一次听到我这么大声地叫他的名字，很开心地跟着我来到走廊里。我问开学之初是不是他因为替我端靠背椅而让班主任教训了。他承认了，但他认为班主任并没有对他怎么样，是教他做事的方法，他一点儿也不觉得班主任有什么不对。我说是我有歉意，他更加把头摇得拨浪鼓一样，说没有的事，老师你更加没什么不对的了。总之，他没有因为那件事而有什么情绪。问及那次被点名要到办公室为何没到，他直言作业太多，赶着完成作业，也没想太多。

有时学生是那么的单纯、随性，但也正是这份单纯、随性，让他们显得那么可爱。至于他们仍然要犯错，我们也不必小题大做，指点他们一下，等待他们下一次改善吧。回看我们老师自己，有时也做得不好，如我这样，一个学期下来还记不住学生名字的任课老师有很多。那么，我们是否也该努力用心做好一点？让学生因为听到我们亲切呼唤他们的名字而多收获一份欣喜？

一直朝前走

孩子会长大的，大人也需要自己的生活，
我们都要一直朝前走。

第一次见到董琴还是到她班里代课的时候。

那时教她班的语文老师因病请假了好长时间，我和其他几个老师轮流在她班里上课，我在她班里上了半个月的课。

有一天，我照样随机叫名字回答问题，叫到一个叫做董琴的女孩子的时候，看见一个脸蛋圆圆，肤色白皙的女孩站起来，她回答问题很细致、很努力，似乎很怕没有把自己的意思表达清楚，所以，她所用的词语要比一般同学丰富，语句也更特别一些。她努力表述的样子给我留下了深刻的印象，我从心底认为这是一个很愿意认真学习语文的孩子。

董琴让我进一步记住她是因为一篇作文。那次，我在她们班布置了一道给材料作文题，希望能有同学写出质量较高的样板作文。有5个同学第一时间交了作文，其中有一篇很快吸引了我。这篇文章语言有点与众不同，才读了第一段，我就被一种激昂的情感感染了。一看是董琴的。我把文章稍作润饰打成电子稿，在班里引导同学们细细点评，结果大家一致认为“内容实在，笔法老道，议论犀利，是难得的好文章”。董琴的名字于是在我的脑子中有了比一般同学更深一点的印象。

没想到的是，高一第二个学期分班的时候，第一堂语文课点名，就发现有个叫董琴的，一看竟然就是那个发言力求详尽、作文写得不错的女孩，我心里稍稍有些欣喜：这个女孩似乎和我有点缘分。

高一的第二个学期，按常规照例要开展一些语文活动。首先举行的是书写比赛。到了高中，学生们为了赶作业，书写越来越随意潦草，能把字写工整漂亮的越来越少了，组织书写比赛，是为了让学生对汉字的书写要求有个新的认识，同时激励书写美观的学生。比赛的方法是：整个年级在同一时间书写闻一多的《发现》一诗，用统一的稿纸和黑色的钢笔或签字笔进行书写。初赛每个班选5名。经过精心挑选，我选了10张写得较好的，当场在班里用幻灯展示。最受认可的一张竟然是董琴的。这太凑巧了，前几天刚刚在班里表扬过她的作文，现在她出色的书写又得到公认，看起来这女孩还真不错。我禁不住向董琴那个方向看，发现她还在奋力地写着，就朝她的座位走去。这一走，我发现一个我从不曾想到的状况：董琴右手压着方格稿纸，左手奋力地书写着——她竟然是用左手写字的！

她为什么用左手写字？是父母为了开发她的右脑，从小就引导她用左手写字吗？现在有少数用心良苦的父母就是这样做的。我禁不住将视线落在董琴的右手，右手的袖管似乎特别长，很好地遮住了缩在袖管里面的手，所以我并不能看到她的右手。

第二天上语文课，我又设法找机会想看看董琴的右手。我看了好几次，发现董琴的右臂都垂着，我根本没有机会能看到她的右手。难道她右手有问题吗？我开始在心里对那只右手有了不好的猜测。

两天后的一个傍晚，一个陌生的电话号码在我的手机上显示。我接起电话，是一个中年女人的声音。“喂，老师你好，我是董琴的妈妈，董琴几次和我说起过语文老师，说语文老师对她很好，我想了好久，还是觉得应该和你说一下，有些话董琴都不让说。”董琴的妈妈在电话里向我讲述了因为董琴小时候右手得了一种病，几个手指出了些问题，因为怕别人看见自己不正常的手指，董琴一直把右手缩在长长的袖管里，凡事都用左手。

董琴妈妈一直担心的是董琴的手，因为董琴不愿意让别人知道她的手有问题，一直用衣袖或其他东西把手包住，以至于右手根本得不到任何锻炼，那样只会让右手残疾的程度更加严重。“老师，你能不能和董琴说一下，让她能把右手露出来，多运动右手，否则以后怎么到社会上去生活啊！”董琴的妈妈把内心的焦躁分明地表现在了她焦急的语言上。

真的有点意外。如果不是董琴妈妈告诉我这一切，真难把董琴和身体有缺陷联系起来，因为她给我的感觉是一种明媚，一种欢快，一种安适和恬静，完全是一个很幸福的孩子。我没有任何犹豫就答应了这位妈妈的要求。

本以为找一个学生聊某个话题从而解决一个问题并不是一件很难的事情，何况董琴这样一个让我比较有好感的女孩。但是，一切并非我想的那么简单。找到一个时间——没做课间操的课间时间，估计这些时间足够我和董琴聊一些家长里短的事情。我看着董琴圆而白皙的脸，轻轻地告诉她，书法比赛结果出来了，她得了一等奖，董琴欣喜地叫了声“真的吗？老师你不要骗我哦。”我把视线移到了她的右臂袖管上，问她“手怎么了？”没想到董琴立马收起了刚刚欢快的表情，说：“是不是我妈妈打电话对你说什么了？”如此剧烈的反应是我没预料到的。我猜想可能以前董琴妈妈也请求过别的老师要求董琴做过什么。我故作轻松地说：“你妈妈没给我打过电话啊，但是，你用左手写字，所以我很想知道你为

什么不用右手写字。”董琴脸上露出一丝调皮，躲闪着我的目光，又带着一丝撒娇，说：“没什么的，老师你不要问啦。”一边身子也向后退，我只好装出很无所谓的样子，说：“对对，左手右手写字当然都一样，把字写好是关键。你能把字写得这么好，这就是你的成功，我祝贺你。不过，你什么时候有困难有困惑需要我帮忙的，就尽管提出来，好吗？”“好的。”董琴脸上又重新露出欢快轻松的表情。

暂时没有完成任务。但我想，且不管她的手怎样，至少目前她的内心很阳光，没有受手有残疾的影响，那么就让她继续保持这种状态吧，就先让她这样一直朝前走吧。

学校要举行文学之星评比了，先在班里选拔5个人，然后参加学校文学社组织的“校园十大文学之星现场作文大赛”。董琴自然在我所预定的候选人的名单之中，但是，她交上来的初稿却写得有点平淡，如果要排到班级前5名，或许没希望，可是，我相信董琴的实力，因为最终评比的作文是现场写的，初赛的作文并不重要，选拔5名参赛人员的时候老师是可以不看初赛作文的，而按照平时作文情况来选定。董琴果然不负众望，现场作文比赛进入了全校前十名，成功获得“校园十大文学之星”的称号。当我告诉她这一消息时，她丰满而白皙的圆脸露出了开心的笑容，如一朵绽放开来的百合花，纯净而甜美。

董琴的妈妈又来电话了，说非常感谢我对董琴的鼓励。但是，我的内心还是有点虚，因为我没有完成她交给我的任务：让董琴把自己那只被包裹着的右手解放开来，让她能彻底坦然面对命运给她带来的某些伤害，让有问题的手不再成为她心头的一个结。但是我会一直寻找适合的机会，和董琴走得更近一点，相信终会有这一天，当我们靠得很近，她愿意把一切不愉快的事情都告诉我及她的同学、朋友，然后接受我们所能给予她的某些帮助，让身边的人和她一起面对人生旅途中遇到的困难和挫折。那时，董琴的生活会更加美好。

无法不温柔

面对这样一群率真活泼，充满青春活力的学生，
我已经无法不温柔了。

当老师这么多年来，常常会温习到“温柔”两字。同事说：“哦，你的声音好温柔啊！”学生随笔上写：语文老师是一个温柔可亲的老师……开始我不以为然，后来听多了，有点怀疑自己或许是真的“温柔”了。

我真的温柔吗？是怎样的一种温柔？其实有时心里很火，想发很大的火，可是，我一想到学生做得不好和自己的工作没有做到位是有一定关系时，我就理直气壮不起来，我刚刚抬高的嗓音又会平和下来。而且，习惯了那种平等真诚交流的方式，突然间换成怒目呵斥、声色俱厉后，自己都感觉到有点莫名其妙、面目可憎。所以，和那些威严强悍、发怒时吼声如雷的老师比，我觉得自己少一份凶悍威猛。而此刻，我被“温柔”二字围裹，从此以温柔为特色，“温柔”渐渐成了我的标签。

温柔好吗？我为这个答案纠结。

温柔老师的特点首先是态度平和，为人和善。我绝大多数的时候是和颜悦色地跟学生交流的，与他们和和美美地交往，让他们的校园生活多一份温暖开心。作为语文老师，我很少让他们品尝雷鸣闪电的惊悚和如坐针毡的急迫，所以他们的语文学习环境也相对宽松些。但有一部分家长似乎更喜欢老师严厉一点，通俗的说法是：让自己的孩子怕老师。因为怕，孩子会更用心、专心、老实，管理的效果会更好一点。这种想法也有道理。只要这个老师有责任心，懂得教育教学规则，那么，他的严厉就会显示出温柔教师所不能有的特殊效果。因为他的言

语举止，甚至他的一个眼神都会给学生留下非常深刻的印象，让学生从此铭记、执行。这样一比较，我为自己的温柔颇有些羞愧，感觉自己的温柔里面或许隐藏着许多弊端。既然如此，我是否也可以让自己变得不温柔一点，比如让表情变得严肃一点，语言变得犀利一点，语调直截了当一点，在学生面前表现得更威严一点，不再让学生认为我是个“温柔的老师”？

我找到了让自己变得犀利且果决的机会。

那天，是下午的语文课，我计划好让学生们到学校阅览室看书。为了体现我的严格和果断，我通报了一条规定：前天作文没写好的同学必须先在教室作文完成之后方可去阅览室看书。上课的时间到了，同学们在规定的时间内去了阅览室。班长点过名之后发现有两个人因为作文没写好而未到，他们正在教室里赶写作文。

阅览室里安静到了极点，除了偶尔的翻书声，剩下的就是我自己的呼吸声了。我翻看着《作品与争鸣》，心里却有些不安：学生是很喜欢看书的。第一次来阅览室书，两个同学没能来，是因为我这个很自我的规定。不知他们现在如何了？他们会因为不能来看书而心生怨恨吗？于是我派班长到教室去看，并交代班长让两个人过来，作文带过来写。

好一会，班长回来了，带来一个，说剩下一个没写作文，在做其他作业，并告知不想写作文。什么？不写作文竟然还堂而皇之！我一下子就有点愤怒了，心想，这么嚣张啊，是不是看我太温柔了？那我今天就不温柔一回。

我满怀火气奔向教室，推开教室的门，发现小丁正坐在自己的位置上做着作业。看见我进来，他突然颤抖了一下，似乎是被我猛然推门的动作给吓到了，然后赶紧掩饰什么。我走过去，原来他在做理科的作业。“布置的作文不写，却在这里做别的作业？这是为什么？你语文还要不要读……”我一改从前和风细雨的风格，以极其快速和尖锐的语言攻击小丁。

“今天作业多，这堂课我不去看书，正好可以拿来做理科作业，作文又那么难写，所以，我不想写……“小丁竟然很直率，完全把自己内心真实的想法说出来了，似乎很有理由。这对我来说简直是火上浇油。

“不写作文，把写作文的时间作为做理科作业的时间，这是对语文的极度轻视。如果你继续这样下去，看以后语文会落到什么样的地步！”我把从前自己会用来慢慢说服的语言很直接地从喉咙里倒出来，不再考虑小丁的感受，不再想是否要给小丁留面子，最后我气呼呼地扔下一句：“如果你今天作文不写好交上来，以后你再也不要把你的任何作业交给我，因为我不会再帮你改了。”说完之后，我就大步流星地离开教室，不再去理会小丁会有如何反应。

这是我教学生涯中一次很不符合我常规做法的经历。我当时想，很多犀利型的老师常常使用这种快刀斩乱麻的方法，我用一次也无妨，让自己感受一下改变风格的感觉，我想告诉学生：老师温柔不是老师好说话，不代表你可以随便按自己的想法做而不会受到惩罚。学习是有序又有规则的事情，如果不按照规则去做，必须受到惩罚。我先小人后君子，你如果不明白，我明天再和你深入交谈，今天，你先反省一下。

我并不知道自己的改变将会带来什么样的结果。事后我惴惴不安。

晚上，我到班主任那里去了解小丁的底细。因为是高一新生，班主任也不是很了解，只从中考成绩上看，小丁的成绩并不差，而从进校一个多月的行为上看，班主任认为小丁确实算是个有点个性的男孩，需要特别关注。

第二天早读，我刚进教室门，课代表就把小丁的作文交给了我，作文写得还是敷衍。看来雷厉风行的办法并没有从根本上解决问题。语文课上，我讲到写作文的时候把“作文难写是否就可以不写”的问题抛给学生，让学生发表看法，结果一致认为：难写更要坚持写。我顺便提了一下小丁的事情，暗示小丁的想法不对，希望以后调整。然后又表扬他背诵的功力特好，超前几天就把《赤壁赋》背诵了。看起来我还是不忍心，唯恐伤了小丁的自尊心和自信心，我知道很多学生因为承受能力差而做出傻事的案例。如一个单亲男孩竟然因为母亲检查了一下他送交给母亲的钱包，就认为母亲不信任自己而自杀；一个在高中时候学习成绩一直名列前茅的女孩，因为在进入名牌大学后无法改变成绩一直是年级排名倒数的现实而跳楼自尽。孩子的心理状态是多种多样的，现在毕竟是高中起步阶段，如果在起点上折翅了，以后他还能飞得高吗?

这种忧虑困扰我好几天。后来终于明白，对于不同的人而言，或犀利或温柔都是一种既定，即便形式变化了，骨子里还是逃脱不了。其实只要尽心了，只要按规律做事了，只要学生认可了，或温柔或严厉都是合格的老师。

看后面板报上学生给老师们的寄语，其中有：“语文老师是个温柔亲切且有气质的大姐姐，散文和诗歌是她温柔的最好见证，她把我们带入到丰富美好的文学世界里，让我们流连忘返！”

有点小感动，因为我没他们写的那么好，但她们却认可我的温柔，又有点惭愧，我差点把这份温柔给弄丢了。

好吧，那么我就做这样的温柔老师吧。面对这样一群率真活泼，充满青春活力的学生，我已经无法不温柔了。

我温柔是为了你开心

他会获得进一步成长，我也会。

因为我有一份温柔，因为我温柔是为了你开心。

又到期末考试了，校园里并不像往年那样满园冰天雪地，人们在飘飞的雪花和寒冷的朔风中怀揣一颗颗惴惴不安的心，迎接评价一个学期学业成果的期末考试。今年的这个时候，天气反常的温暖，尤其是中午时分，暖暖的阳光洒落到身上，让人昏昏欲睡。

第一场监考必须赶到的时间是早上7点10分。到点的时候，没有一个监考老师迟到。年级组长帅老师向所有监考老师交代：本次监考的力度要在原有的基础上继续加大，即再加两条新规则。他把新规则印在了纸头上，每个考场的每个监考老师都必须对两项进行实情登记：一是考试期间考生一律不得上厕所，情况特殊非得上的，要记录下上厕所之前的时间和回来之后的时间；二是考试期间在考场上出现以下几种情况的要做详细登记，比如左顾右盼、夹带纸条、长时间不做题突然之间很快完成、趴在桌子上睡觉等等。

监考越来越严，一方面是好事情，因为监考越严格，学风一般也越好。学生知道无法投机取巧，便只有平时老老实实地学习。如果学生考试作弊老师不能发现，那作弊的风气就会很快滋生蔓延，所以，严格监考是必须的。但同时也颇觉无奈。虽然监考力度一年比一年大，但每次考试还是会出现各种各样的作弊现象，学生是多么在意分数这种东西！这些孩子，学习上还没达到废寝忘食的程度，但用在作弊上的脑筋，可用殚精竭虑来形容。一些作弊方法老师们是想不到的。比如不同的班级的两个朋友约好，在某个时间把做好答案的小抄放在厕所的某个位置，另一个在约好的时间里去拿小抄，而监考老师因为无法离开考场跟踪至厕所而无法抓获作案者。真相一直要到最后试卷批改结束，任课老师看分数时发现自己班的某某学生考试分数明显比平时高，才怀疑有偷看的嫌疑，虽然知道其考试期间上过厕所，但因为找不到人家作弊的证据，只能私下里在办公室发一番牢骚而已。

此刻，坐在教室里，正式开考的铃声已经响过。安静的考场内一片急促的刷刷刷的写字声。时间就是分数，分数就是面子，就是回家的好心情，抑或是过年的大红压岁包。

按要求开始检查每张桌子下面的横档，看看是否有学生放了与考试相关的资料。因为第一场考试已经检查过一次，这场，我只快速地看了一遍，感觉基本没什么问题，就回到讲台前静静地坐着。

教室里安静极了，偶尔有不远处马路上汽车飞驰而过的声音隐隐约约地传过来。

十几分钟后，我觉得教室最右边的那个角落一个脑袋晃动了一下，当我的视线刚刚落在了那个脑袋上时，那个脑袋也恰好由原来的低着变成抬了起来。我看清楚了，是许平，我任课班里的学生。那个男生平时挺开朗的，就是成绩不怎样，作业经常完不成，要求背诵的课文也常常背不下来，多次被我请到办公室背书。今天的考试无疑有不少问题难倒了他。他刚才低头干什么呢?

许平的视线一和我相撞，很快就移开了，埋头做他的试题。我也就没再看他，把视线转向整个教室。41个考生，41张桌子，桌子与桌子之间的距离并不大，视力好的学生，如果左顾右盼，无疑就能抄到他人的答案。所以，严禁学生左顾右盼是监考老师必须做到的。还好，除了许平右边一个学生有一回头稍稍向右边转了一点，被我看到马上转回之外，其他的异常情况几乎没有。绝大多数学生还是能自觉遵守考试纪律的。

约莫半个小时后，我又感觉到许平那块有晃动，原来许平又低着头看桌子下面。当我看着他的时候，他似乎也发现我在看他了，于是又抬起头，专注地盯着自己桌子上的试卷。莫非他有小抄可看？我心怀疑虑，但并未发出惊动他的动作。我需要再证实一下，胡乱怀疑一个人，如果是误会，会对他造成一定的影响。于是，我不动声色，故意将目光投向别处，其实在注意许平。

不到5分钟，许平的脑袋再次低向桌子下面。我想，我该行动了，虽然是我的学生，但我也不能让他犯错。我从另一边慢慢走过去，绕过一组的学生，往许平那个角落走去，目光始终没有离开许平。许平抬起头之后，发现我已经快走到他的位置了，他的左手还在桌子底下，我明显地看到他手慢慢移上来，等我走到他的位置，他已经把左手也放到了桌子上。

我弯下腰，看到放在桌子横档上的书上面有一张不大不小的纸片，拿出来一看，上面整齐地抄写着许多物理公式。这场考的就是物理，这个东西放这里显然是违规的。许平，你胆子好大啊！我在心里默默地说。奇怪的是，许平看见我拿走了纸片，竟然没有任何反应，似乎我搜查出的不是他位置上的纸片。

这是必须做记录的。但是，一种愧疚感突然之间冒出来了：这是我所教的班级的学生，如果被处分，他是不是会怨恨我？但如果我不做记录，其他学生是不是要检举我？那我就犯了监考失职的错误！

整整10分钟，没能落笔。

最终，还是觉得：必须做记录。作为一个老师，如果给自己的学生做庇护，那等于纵容他们以后继续作弊，这是有违教师的职业道德的，也会给学生做出负面的榜样。

于是，终于在考场异场情况记录的纸头上记录下了这个情况。

收卷的时候，许平上来问我，是否把他名字记录下去了，我说是的，因为我确实从你桌子的横档上搜出了这张纸条。我登记的就是这个实际情况。许平若有所思地哦了一声，竟然也再没说什么。

我想，至于学校会怎么处理，那应该要与他核实一下情况再决定吧，这类藏纸条的违纪行为也许是一个警告处分，估计不会很重的。

在考务办公室，我将情况向年级组长汇报，然后把搜来的纸条给了帅组长。其他还有几个老师也和我一样，将考场里出现的异常情况作了登记汇报。

期末考试终于结束了。但学生还必须在学校再待两天，一方面是上课，听老师将各科考试的试卷做分析讲解，另一方面，学生也是在等老师把试卷批好，分数出来，他们可以将成绩带回家向家长汇报。

于是，晚自习照常坐班。那晚轮到我。

晚间眼操时间结束时，想和学生们说几句话。正要开口时，许平同学径直从他自己的位置走到讲台前，离我很近，声音与平时有点不同。他说："老师，你让我考试变成零分，还让班里评先进班没份，你看怎么办吧？"

突如其来的情况让我蒙了：怎么回事？许平拿出他从墙上撕下来的一张学校处分考试违纪学生的通告给我看。原来，因为我在物理考试记录了从他课桌的横档上搜出纸条，他的物理成绩被记了零分，班主任在班里对他大发雷霆，说因为他班级评不上先进班了。许平当时就在班里对大家说，那纸条不是他的，跟他没有任何关系。而我把他名字记下去了，这事情他都不知道。

"纸条不是你的？"我很诧异。他很坚决地说："绝对不是，跟我一点关系也没有。""班级因此没资格评先进？"我又问，全班竟然一起回答我："是的，老师你这么做让我们班倒霉了！"

这真是太意外了！看许平那样斩钉截铁地说那纸条不是他的，我真是矛盾极了，等说到我影响了班级评先进班时，我差不多崩溃了：这个班班主任赵老师带得很努力，原本年级成绩最差的班，通过他一年的努力，考试成绩一直都在上升，上一次考试已经到了上游，而且，这班是小红旗获得最多的班级，如果因为这件事情让这个班与先进班级擦肩而过，那我真是罪人了，赵老师不知会怎样怪罪于我了。

“老师，这事你要帮我搞定的哦。”耳边隐隐约约传来许平的声音。

“我去找年级组长反映下情况，如果真的不是你的纸条，那我就会搞定。”我一边回答一边魂不守舍地离开了教室，向年级组办公室走去。

办公室里不见小帅组长，又打了三个电话，才打通。我说：“应该是我没搞清楚，那纸条竟然不是许平同学的，和他无关，所以，给他物理零分处理也许不太妥当。”说这话时，我满心都是愧疚感，是因为误会了许平，还是因为自己工作疏忽给组长以及班主任等带来很多麻烦？我自己都搞不太清楚。

没想到小帅组长很快答应撤销给许平的零分处分。他真能体谅人啊！

虽然撤销了，但我心里有一种说不出的不适感。回到班里，心情有点低落，我并没马上告诉大家，已经给许平撤销处分了，我先把许平叫到讲台前，再一次问他，那纸条真的是不是和他无关，许平再一次很肯定地说无关的。

我和许平的交谈才开始，边上的吴杰同学就叫嚷起来，想知道结果，然后说要让老师向许平同学赔礼道歉，甚至于需要向整个班级道歉，因为通告贴出来，同学和班级的名誉都受到损害了。

“至于吗？老师即便误会了，组长即便没有来核实，纠正过来就好了，有错改了就可以了，你非得要那么不依不饶，你就不会犯错吗？”我有点愤怒了。没想到另一个前段时间被我批评过的刘军也紧跟着接话茬，说：“那是他们没有核实就做出处分了啊，现在有没有撤销处分？撤销处分了之后至少还必须恢复名誉吧。”我告诉他，处分已经撤销了，至于道歉，你们是要谁道歉？刘军说，是做出处分的人。

我说："那就免了吧。今天的事到此为止，希望不要再啰嗦了。"

然后我开始回答部分学生学习上的问题。再不理会这件事。

但事实上，我心潮澎湃。

今天的这事有点古怪！

坐班结束后，联系上了赵老师。我说："对不住赵老师，差点让班级与先进班无缘。许平同学处分已经撤销了。但是，那张纸条究竟是谁的，我明天还要继续调查。"

赵老师表示支持，他说："按程序走，你记录许平的名字没有错，他自己没有清理横档是他自己的责任。他应该对这个结果负责。"

但是，我去撤销了，我没有让许平自己承担后果，因为我知道许平根本承担不了这个后果，即便他被开除了，也无法避免班级无缘先进班这一结果，先进班级这一荣誉，是赵老师和全班同学花了半年的心血所追求的目标。这么宏伟的目标怎么能因为许平而丧失呢？！一年来，许平在我的眼中是个性格开朗、性情随和、待人有礼的小伙子，虽然成绩不太理想，但体育很好，运动会赛场上他经常独领风骚，为班级争光。他应该是一个诚实的孩子。如果他这次多了这个处分，或许会给他的成长带来阴影。

好吧，这事希望就这样结束吧，我让自己委屈一点，让许平和赵老师的这个班少点事情。

第二天，去找小帅组长，拿来那张从考场上搜来的纸片，和许平的物理试卷做比较，很明显，那纸片上的字迹的确不是许平的。

一个学期终于结束了，学生放假了，家长们都来接自己的孩子回家。在校门口，我遇到了等父亲来接自己的林志。林志对我说了许多我不知道的细节。这让我已经平静下来的心又跌宕起伏起来。

林志说，许平为了开脱自己的责任，竟然在班里当着班主任和全班同学的面说谎，说老师是在考试之前就从他桌底下横档上的一本英语书里硬是抖出了一张纸条，因为这纸条是考试之前搜出来的，所以，他也没在意，而老师把他的名字记下去他并不知情。所以，问题都在我这个监考老师。而且，考试过程中我还总是朝他看，让他无法安心做题。

不知道林志这个说法是否真实，但事实确实是按这个逻辑发展的。许平的陈述，引发了全班同学对我的不满：一个任课老师，为何和自己班里的学生过不去！这老师够变态的！

这一幕发生在那次晚自习前一天的下午。而我一无所知。只是觉得那晚全班学生特别怪异，每一句话都像是针对我来的，让我莫名其妙。

那么，那张纸条到底是怎么回事呢？后来又有一个同学偷偷告诉我他们了解到的内幕。原来，那张纸条虽然不是许平自己的，但是由另一个班的许平的好朋友刘凯写好，故意放在那里的，显然是为许平准备的。

这一切都是真的吗？我简直不愿意相信。我印象中活泼可爱的许平竟然有我完全不知道的一面？他和我心目中的许平完全不是同一个人啊！

真不希望这一切是真的！当你一直信仰的东西突然之间被颠覆，这个世界会让你觉得怪异。

和赵老师交流时，我说："我教了这么多年书了，人都老了，今儿第一回让学生这么讹。"赵老师说："时代不同了，现在的学生和以前的不一样了，光用温柔是不够的，有时需要煞劲。有些孩子很坏呢，我这个做班主任的，有时还非得用‘法西斯’那套对付他们。”

我仍然不敢苟同。偶尔‘法西斯’一下是可以的，但温柔绝对没有错。教育是爱的教育，是慢的艺术，这是中外大教育家的观点。记得那晚坐班结束，我找了许平聊，告诉他，如果字条真的不是他的，他仍然有责任，因为他没清理掉。许平也认可，并很诚恳地接受我的批评。他甚至还动员吴杰来向我道歉。那个时候的许平，和我一直以来感觉的许平又是同一个人。而我听到其他人向我描述的许平则完全是陌生的。那么许平究竟是怎样一个人？

林志对我说：“老师，你太温柔了，太善良了！”

是的，我承认。可是，我温柔是为了你们开心啊！

我那时想象着班主任因为许平考试作弊零分处理通告发出后大发雷霆的情状，想象那时的许平内心的慌乱无助。他需要一个暂时的替代者，替他承受这种他无法承担的严重后果——因为他一人作弊，班级无缘先进班。于是他只能让我来替代。因为我比较温柔，替代成功的可能性很大。而且，也只有我一人与此事有关联。或许他作弊的时候真的以为他是我学生，而且我平时对他不错，他也许以为我不至于会让他出丑。他也许对我抱有幻想，而我让他失望了。

许平，这回是你错了。

而我也似乎真的跌入了温柔的沼泽。虽然和学生打了那么多年交道，却依然不能很好地了解学生。他们一代代更新太快了，而且每一届都有与上一届不同的东西，虽然越来越高大潇洒，虽然越来越见多识广，但未成年的他们心智不成熟是共同的。我年复一年地和学生相处，对学生温柔呵护的情怀也一以贯之。

虽然这事让我震撼，气闷，但我仍然不会放弃和他们进行心的交流和思想的碰撞。等开学了，我还要找许平，我要让他讲出这件事这样做的缘由，让他明白一个人该如何为自己的所作所为承担责任，以我温柔的方式。凭着一直以来的经验，我相信下次和许平的交流一定会有新的收获。

他会获得进一步成长，我也会。我们都会有新的成长，会进一步增进彼此的了解，而不是挫败和误会。因为我有一份温柔，因为我温柔是为了你开心。

冬至夜

这个冬至夜，我和学生们一起过，

我们有吃的，玩得很开心，所以来年依旧会衣丰食足，亲朋绕身。

这周周三是冬至夜。按照我们这里的习俗，冬至夜是要和家人围坐在一起嗑瓜子、吃花生、畅叙亲情的，这冬至夜如果过得不好，没亲人朋友可以相聚，没零食可吃，那就意味着来年将孤单清贫。

但这个冬至夜没有赶上周末，学校不放假。班主任们拿定了主意：早早就去买了几大包瓜子、花生、糖果、水果，并嘱咐每个学生每人准备好一个节目，到时表演。

哇，冬至夜晚自习改成联欢晚会了！学生们马上明白了，各个班都发出了快乐的尖叫声。

桌子排成了四方阵，中间空出一个地来，是为表演准备的。桌子上，瓜子、花生、糖果、水果均匀地发放到每个人的面前。嗑瓜子的声音，说笑声，准备节目的声音，把教室熏染得温暖而祥和。再过半年就要高考了，每天忙于学习的高三的学生很久没这么放松过了。

虽然是临时准备的，可学生们的表演却不乏精彩。平时任课老师所看不到的学生真实的一面此刻都呈现出来了。我没想到的是在我眼中憨厚木讷的徐撼同学竟然还是晚会的主持人，准备并不充分的串词从他嘴巴里说出来很自然流畅。个子不高，长相甜美的徐玲燕竟然有一副天生的好嗓子，唱《山路十八弯》声音拔

得那么高而她眼睛眨都不眨一下就唱上去了，博得了全场经久不息的掌声。这女孩平时都默默无闻的，三年的语文课堂上，她都没有过这样惊艳的表现，得到过这样隆重的肯定，今天，她真是火了，“再来一个”的声音一浪高过一浪。徐玲燕又大方地唱了一个《天路》，她再一次获得全场沸腾的掌声。其他同学有表演小品、哑剧的，还有猜谜等等，游戏的种类很多，学生们一个个都放得很开。

我稍有点不安，因为一进教室就被告知：老师必须来一个！而我已经好久没唱歌了，嗓子眼都堵住了。以前每年还去几次卡拉OK厅，这两年都没去过，但是，我知道，我今天逃不掉了，因为学生不让你逃，因为你是老师，学习上是老师对学生严格要求，那么现在，学生要求你唱首歌，你还能赖掉吗？以身作则哦！

徐撼又亮出串词了：“现在有请当今最美作家、著名散文集《往事》的作者菊子为我们精彩演唱。”

我被推搡着走到空地中间。“哎，唱歌这个事情啊，你们是我的老师哦，呵呵。”我先自嘲了一句。我真怕让学生失望，要知道，有些学生还是崇拜我的，他们认为我文学书看得多，文章写得多，是个有潜力的作家。就冲着这点，我要好好唱，尽量留一个比较完美的形象给他们。好吧，看我的了，我唱一首《月满西楼》，这是由李清照的词谱曲而成的。

没有音乐，全场静悄悄的，竟没有人嗑瓜子了，朝夕相处三年了，他们第一次听语文老师唱歌。这是最熟悉的人之间所发出的陌生的动作。幸好是天天站讲台的，还算是从容，高音处我怕破音，就把嗓子放低，最后很顺利地唱完了，他们拼命鼓掌。然后一个劲叫嚷“再来一个”。

“不行，我得逃了，还有一个班我必须去哦。”我说，“容我暂时离开一下，等会再过来。”他们明白我是要到隔壁班去了，就笑着说等我回来再补唱一个，然后放我出门。

在另一个班，遭遇大抵相同。我选择唱不同的歌，是比较容易唱的《虞美人》，李煜的词。“到底还是语文老师，脱不了语文的影子，连唱的歌都是语文课本上的古诗词呢！”我听到一个学生说。是啊，谁叫我是语文老师呢。

这个冬至夜，我和学生们一起过，我们都有吃的，都有朋友。来年会依旧衣丰食足，亲朋绕身。

搬家时吼我们一声

刚毕业的大学生，

能做出一桌好饭菜，不错。

真快啊，佳丽四年大学已经读完了。自从毕业回衢州以来，和我的联系也多起来了。记得毕业的时候她邀请同学到她老家玩、吃饭，也叫了我，当时我因为抽不出时间没去。佳丽现在在市区一家建筑公司上班，经常会在班级QQ群里现身，时不时就会和我闲谈几句。

这段时间我在弄房子。快要搬家的时候，我忍不住对佳丽说："老师快要搬家了，下回到老师新家玩。"佳丽立刻把我要搬家的消息发到了班级群里。群里几个看见了，就打出了一排大字："老师，要搬家的时候吼我们一声，有空闲的人会过来帮您一下的哦。"

我想，不必这样。这个班毕业回衢州上班的同学并不多，凑到有时间能来的估计也很少。而且现在都是搬家公司搬物品，刚毕业的大孩子，能做啥呢！我只是希望以后他们到我新家来玩玩、坐坐，至于搬家，真没指望他们帮。

我就随意说了个时间，并声明，这个时间也不一定准，说不定随时改变。

不过，还是如期搬家了。

很多东西是打包的，更多的东西定位好给搬家的师傅弄，我们自己能搬的都是零碎的。而我，除了全面照应，还要整理零碎的东西，让它们按照我的想法在新房子里一一归位。

正忙着。电话来了，是佳丽的。她说和晓惠两个有空闲，要一起过来，让我把新家的地址告诉了他们。我就把地址说了然后继续忙我的事情。不一会，佳丽和晓惠就到了。

两个家伙急着要我分配任务。大件的物品，搬家的师傅正在对付，收拾小玩意，他们又摸不到门，看来都没有适合他们的事情，我一时不知如何吩咐。佳丽说："让晓惠做饭，他会做饭呢！"

"是吗？"我用询问的目光看着晓惠，晓惠对我点头，说："我试试吧，应该可以。""他给同学们做过饭菜的，挺好的哦。"佳丽揭晓惠的"老底"。于是，我毫不犹豫对他们俩下达了任务："你们两个把今天做午饭的任务承包去，晓惠主厨，佳丽当助手。""好嘞。"两个家伙很愉快地接受了任务，开始忙乎起来。

手里忙着活的时候，两个家伙还不时和我聊。于是我知道了他们毕业后的大致情况。佳丽洗菜，晓惠切菜。从切菜刀工上看，我知道，晓惠的确是会做饭烧菜的。

午饭时间很快到了。七个人坐上饭桌，刚好满满的一桌。菜挺丰盛的：红烧肉、空心菜、豇豆炒鸡蛋、炒茄子、排骨萝卜汤。"哈哈，好丰盛啊，看来不能小看年轻人啊！"我禁不住对两个家伙做了一番赞美，一桌人也连忙跟着称赞："这俩孩子挺能干的。"我从冰箱里拿出了冰镇啤酒，饭局就开始了。

外面的骄阳火焰般地炙烤着大地。室内，一口口冰镇啤酒下肚，燥热的心顿时凉爽了下来。

发现佳丽成熟多了，说话不温不火、有条有理的；晓惠则酒量更好了，喝酒比当年毕业的时候淡定多了。是啊，四年的大学不会白读的。

午饭过后，佳丽和晓惠又帮我收拾了一些书。看到多数东西都妥当归位了，他们才开心地起身告别。

临出门，佳丽说，以后有机会我们就会来的呢。我拍着他俩的背告诉他们：以前我们是师生，以后就是朋友呢！

两人笑着离去。

三个学生一台戏

公园被暖阳烘烤得暖意熏人，草坪上，老人、年轻的父母、蹦蹦跳跳的孩子、鲜艳的帐篷、气球以及山坡上错落盛开的红色和粉色的桃花，将整个画面点缀得色彩缤纷、美不胜收。三个人一下子就融入了这个绚丽、开阔而温馨的世界。

寒假，QQ头像五彩缤纷，闪烁不停。操林向我打招呼了：“听说老师搬了新家了，想来你家看你哦。”随后贴上来一个调皮的鬼脸。我赶紧回应：“欢迎欢迎啊！”又贴上去一个左右来回不断鼓掌的表情。

过了几天，操林来电话说真的来了，一起来的还有志鹏和佳丽等人。

暮色降临，小区内灯火闪闪烁烁，只给走路的人些许光的照映，要看清楚楼房外墙上写的几幢的字样怕是很难，虽然，佳丽曾来过，但暮色会隐藏很多她原来看得见的东西，怕她也会迷路。于是我看时间差不多了，就站在窗口，向外面张望。

伴随着叽叽喳喳的说话声，看见三个人影错落地向这边移动过来，走到前面一幢楼的时候似乎要向右拐了。于是我就喊：“操林，是你们吗？”几个人影立马回头，向我喊话的这边看过来。有声音回应到：“是啊，老师，你在那儿啊！”其实，我们都看不清彼此。

上楼来了，两个男生拎着三盒东西，女生空手。进得门来，他们便将三盒东西搁在一旁。

“哎，拎什么东西，怎么也变得跟那些老妇人一样烦琐多事了！”我抱怨他们了。志鹏说：“自己家里种的水果而已。”操林说：“志鹏有东西，我和佳丽手上也不能空着啊。再说，好不容易开始挣钱了，给老师买点水果尝尝太应该了！”佳丽一边穿鞋套，一边笑着应和。

“老师，我想买房子，你给参谋参谋吧。就寒假这几天，过些天我可能要走了，又没时间了。”操林说明了他此行的目的。于是，我把自己所住的小区的优点向他做了介绍，一边领着三个人参观了我这装修简洁却不失温馨的家。我告诉他们，这个小区的房子有三个优点：环境幽美，绿化好，物业管理好，入住率不高，所以，感觉像城市中的世外桃园；价格实惠，差不多是周围其他小区价格的一半；房子结构好，大多数户型客厅是落地窗，采光、通风极好。

“老师我也在这个小区买一套吧，我们做邻居如何？”操林有点开心。他家在离市区将近100公里的山沟沟里，每次来市区都要住同学家，再说，这个年龄，可以开始考虑买房子谈女朋友了。他说这都是他爸爸的意思呵呵，这小子他自己不好意思，还借爸爸的名义。我心里暗笑，但是，还是觉得操林很可爱，还是当年在校时的那个味道，纯真而质朴。他甚至连买房子的操作流程都不清楚，更谈不上怎么看房子好坏了，所以，他今天是把赌注押在我身上了。

感觉肩上的担子有点重，这不是几十元的买卖，这是上百万的事情啊。

我根据他的要求上网搜索房源，再和中介联系，确定了四家中介明天带我们看房。明天是周六，恰好赶上没我督班的任务。看房买房这种事情，我做得不少了，自然比年轻人知道得多，所以，明天我必然是陪伴操林看房的主要人物了。这是好事，操林要是真的入住这个小区，我岂不是又多了一个伴！何止一个，这个班里的同学很多会经常来操林这里玩，他们自然也会来我这逛一下的吧。嘿嘿，多好啊！

第二天上午，便陪操林看房。志鹏没有来，他已经奔赴贵州大学继续他的研究生学业了。

昨晚交代的时间是错开的，今天几个中介先后来了。等一个看完，另一个刚好接上。小区所剩的房源并不多，虽然还有很多空置的，但那些空房子不是已有房主，就是市政府留着安置拆迁户的，不对外卖，所以，挑选的余地并不大。

看了几套后，我问操林感觉如何。操林说："没啥感觉啊，觉得都挺好的。"这小子，真的是对房子一无所知啊。于是，我分别向他阐述了刚刚看过的几套房子的优点和缺点，然后告诉他，买房子是个大事，别人只能给你参谋一下，最后要你自己决策的，否则，房子买下来有问题，帮你买房子的人责任可大了！操林平静地说："其实，我自己对房子真的没多高的要求，我真正担心的是，以后如果女朋友谈好，她要喜欢，这是最重要的。"

"原来如此啊。操林，那谁知道你未来的女朋友会不会喜欢你今天买下的房子呢？这个谁也说不准啊！看来，操林你今天不能买房子，还是等女朋友谈定了再一起来看房买房吧。"我对着操林直笑。这孩子很随和，自己怎样都行，对未来的那一个倒是充满关爱。我又和他开玩笑："如果是你全额付款买的房子，你女朋友要你也写上她的名字，你写吗？""写，当然写。""那要是不久之后她就和你分手了，房子一半要分给她，你分她么？""分啊，肯定分她，夫妻一场了嘛。"真是个洒脱的90后啊！

花了两个多小时，转眼到了吃饭时间了。留操林在家里吃饭，顺便叫上佳丽。佳丽今天在驾校学车，让操林去接她。我一个人在家里做饭。

等操林把佳丽接过来时，我已经把午饭做好了。三个人，四个菜，一瓶饮料。这年头，车多了，喝酒自然少了。说不清是好事还是坏事。不过，不喝酒却不耽误说话，饮料也可以让舌头伸卷自如，三个人边吃边聊，话题像自然流淌的水，不管方向，无论大小，也没有任何担心和忌讳的。涉及婚恋的问题，两人似乎感慨良多，都是因为他们自己很悠然，而他们的父母都急迫地催促着他们赶快找对象结婚。父母远远比孩子焦急得多，这是孩子所不能理解的，他们为此非常懊恼。

"婚姻是一生中最重要的事情了，不能为了完成任务而去做这个事情，找对人是最重要的。自身努力固然需要，但这种事情有时还需要缘分。"我这话一出

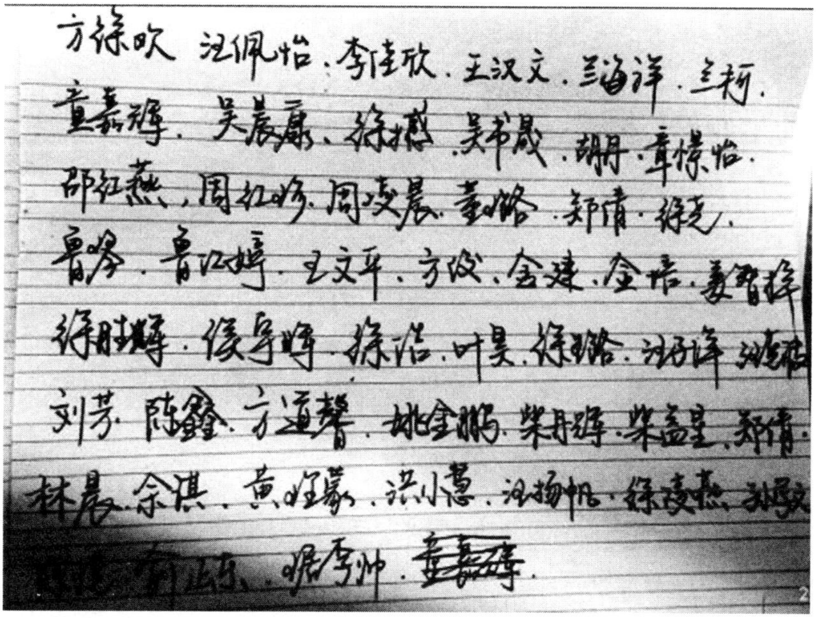

口，两个立马点头：“对极！”这确实是我的心里话。现在的人，不是只为传宗接代而结婚的，为了保证自己的生活质量，找对伴侣是排在第一位的。而找对伴侣，是需要一定的时间，有时也需要缘分的。

天气真好，太阳从窗外铺洒进来，落在客厅光洁照人的地砖上，我建议出去走走。我们顺着崭新整洁的盈川东路一路闲逛到不远处的月亮湾公园。整个公园被暖阳烘烤得暖意熏人，草坪上，老人、年轻的父母、蹦蹦跳跳的孩子、鲜艳的帐篷、气球以及山坡上错落盛开的红色和粉色的桃花，将整个画面点缀得色彩缤纷，美不胜收。三个人一下子就融入了这个绚丽、开阔而温馨的世界。

师生姐妹

在我心目中，我们早已不是师生关系，

而是相遇相知、彼此珍惜的好姐妹。

丽华在二十多年前是我的学生。那时，我大学毕业第二年，她则是一个刚刚走进初中校门的孩子，稚气而秀气，同时还带着些许调皮，但她成绩不错，工作能力很强，被我选为班长。丽华的哥哥是我第一年所带的毕业班的学生，成绩非常好。丽华的姐姐和父亲都是我同校的老师，我们在一起共事了几年。后来，我调离了那个学校，和丽华一家人的联系逐渐减少。

有一年我在做高考监考的时候，却意外地遇见了丽华。当我看见坐在考生位置上的丽华的时候，心里有一种说不出的意外和惊喜。丽华是我喜欢的学生，我和她一家人都很有缘分，离开那个学校之后，我多次想起丽华、她的哥哥、姐姐和她的父亲，觉得这家人和我那么有缘，我怎么就这么轻易地就离开了他们。此刻，老天安排我再次和她见面，那就是不想让我们从此断了联系。没想到丽华见到我比我见到她还高兴，高考一结束就找我滔滔不绝地说话，说我几乎是她心目中最优秀的老师，在这些年里她经常想到我，很希望见到我。而老天竟然真的安排我们见面了，她又惊又喜，开始简直有点不敢相信自己的眼睛。

我们从此有了联系。但丽华很快就去异地读大学了。我们见面的机会也不多。

但有缘人终究还是要相聚的。丽华读的是师范专业，毕业前实习，竟然又来到了我所在的学校，于是我们有了再叙前缘的机会。丽华这时是实习生的身份，学校给她安排的指导老师并不是我，但她仍然找一切机会向我请教教学上的甚至生活中的问题。我发现其实丽华自己也有很多很好的见解，而且，她很愿意和我交流，我们之间可以交流的东西特别多。有时候，我反倒觉得她说的更在理，我应该采纳她的意见。她终究长大了，我们已经可以以朋友的身份交流任何问题了。

我们俩对一些事物的感觉和看法竟然相当接近。我们一起出现在一些人面前的时候，有些人还以为我们是姐妹，丽华就非常骄傲，然后她一本正经地对人说，其实，我们是师生关系哦。于是他们便感慨：看你们这么亲密无间，哪里像是师生呢?我们便都开心地笑。

在我心里丽华早已被当做了妹妹，这个妹妹有很多和我很接近的思维方式，我们之间的交流常常是畅通无阻，有时是一拍即合，有时也擦出闪亮的火花，交流过后，彼此的内心都充满了一种满足感。

有一段时间，彼此都有的困惑，于是常常凑在一起深切地交谈。我对丽华说出了自己内心的困惑。丽华听了之后很坦率地发表她的看法，让我觉得她就是我的知音。我分明感觉到：我和丽华之间，是可以做到无话不说的。

人生总有很多不如意的事情会发生。丽华也遇到了很不如意的事情，但她用惊人的意志扛着，直至最后战胜了自己。如今回顾往事的时候，她觉得自己是成功的，她的成功不是获得了多少钱财或者收获了多少功名，她的成功在于自己经受住了人生最艰难的考验，她觉得有过这样一次考验，以后再大风浪她也顶得住了。

在我经历过的这些年当中，曾有过不少好朋友，但和我相处最久，与我意见最一致、想法最契合，并给我最真诚的帮助的人，还是丽华。丽华不仅真诚实在，还热情果断，敢作敢当。如今，我们早已超越了师生关系，成为了相遇相知、彼此珍惜的好姐妹。

飙车的杨总

一个人要较好地立足社会，从一开始就要不断地修炼自我。

唯有如此，才能让自己所拥有的优良素质化为智慧和财富。

杨正今年37岁了，25年前是我的学生，如今，他已是省城一家公司的老总，在QQ群里他的同学和我都叫他杨总，我有时也叫他名字，但不管是叫杨总还是叫杨正，感觉都一样亲切，而且亲切的里面还藏着一丝其他的感觉：随意，调侃，敬佩……这些都有那么一点。

前年我和丽华因公事到省城，丽华是杨正当年的同学。杨正要请我和丽华吃饭，顺便叫了在省城工作的其他同学，他说能来的尽量都叫来。

好多年没见过面了，当年的小不点如今变成了成就不小的杨总了，我心里有一种说不出的欣喜和好奇。在宾馆等杨总的时候，往年的事情便像那老旧的电影，开始缓缓地回放。

25年前，我在那所农村初中当班主任，我的学生们都是小学刚毕业的孩子，他们在我的面前是那么的稚气可爱、天真无邪，让我这个任教才两年的新老师完全没了师长的架势，把他们当做小弟弟小妹妹看待，和他们平等相处。这样做的结果会如何，我并没去考虑，只是发现自己这个班级的学生特别活跃，有些时候部分学生甚至有些调皮捣蛋的意味了。

那时，杨正个头极小，是全班最小的，小小的身子，小小的脸蛋，一双乌亮的眼睛却转动灵活，里面似乎藏着什么主意。小杨正平时说话不多，但一开口语速却很快，让人感觉这个孩子脑子里时刻有着自己的想法。因为个子小，他理所当然地坐在了第一排。

有一次，班级要开展一项活动，我让大家出点子， 看看开展什么活动好，最好可以进行比赛，可以设奖项，对优胜者进行一定的奖励。班团活动课上，大家叽叽喳喳地议论开了。庐军说可以开展一个书法比赛，毛笔的钢笔的都可以，那样既能促进大家书写，又有艺术的欣赏价值。呵呵，这小子曾经有一次艺术字写得好受到表扬，就惦念着这个了。丽君说，唱歌或者舞蹈比赛吧，那样大家都开心，表演的锻炼了胆量，看表演的心情好，多好啊！丽君是个乖巧漂亮的女孩，她的手脚随便比划几下就像跳舞，俏丽甜美的脸蛋和婀娜的身姿常常得到老师们的夸奖。此刻，杨正坐在位置上一声不吭，眨巴眨巴眼睛听着别人讲，等大伙都说完了，他不紧不慢地站起来，说："老师，来个放风筝比赛吧。"全班一下子喧哗起来：哈哈，那确实好。可是，买风筝要钱的，这个不好办吧，而且镇上也不一定有风筝卖。"那时，我们的学校坐落在很偏僻的一个古镇的边缘上，孩子们大多数来自山沟沟里面，经济条件都不允许他们买风筝，就是少数有钱的，也不一定能买到风筝。杨正似乎明白大家的意思，他大声地说："风筝我们

自己做，我会做的。”

这话一说出口，所有的目光都聚焦到他脸上，教室里顿时安静下来。我认真地看着他，问道：“你真会？”“真会。”杨正毫不含糊地回答。不知为何我立刻就相信他说的了。

于是，我们就决定开展一次风筝大赛，所有的风筝都自己做，杨正做风筝制作的指导，所需的竹条子、纸笔、浆糊、线等材料大家一起寻找，学校也有部分材料提供。活动搞得声势浩大。那天，在学校后面的山坡上，一群快乐的孩子，捧着自己制作的各种各样的风筝，开心地放飞着，有的风筝飞上了天，有的落到了地上。不管是飞上去的还是落下来的，在我眼中它们的制作者都是成功的，都应该获得奖励。不过，最应该获奖的是杨正。在他的那个孙猴子风筝飞上天的时候，我就在心里给他写好了颁奖词：小小的身躯积聚着强大的能量，你用果敢和智慧，引领一群纸飞鸟，让伙伴们的梦想在蔚蓝的天空飞翔！

后来，我离开了那个偏远的乡村中学，小杨正以及班里所有同学那一张张单纯稚嫩的脸便都定格在了我记忆的深处。

一晃，二十多年过去了，虽然现在我们早已通过互联网获得了联系，但是彼此真正见面的机会也并不多。所以，每一次相聚都能勾起对往事的美好回忆。

正想着时，杨正的车已经到了我们的面前，我和丽华赶紧上车。

从宾馆到预定好的饭店，有很长的一段路，这段路看起来宽敞而少行人。杨正一边开着车，一边对我和丽华说：“你们今天来，我没有准备什么节目，就临时给你们表演一个吧。请你们坐稳来，拉住座位上的扶手，车子要加速了。”我们刚端正好身子，拉住扶手，车子便飞了出去。我和丽华忍不住尖叫起来。然而杨正并没让车子减速，而是继续让车子向前飞，还稍微带了点弧度，惹得我们连连惊叫。车子不知飞出去多远了，我再也不敢叫，双手扶着座位上的把手，一颗心紧紧地卡在了喉咙上，我估摸这时的车速得有180码。惊魂未定，杨正渐渐把车速放慢下来，我和丽华慢慢恢复常态，开始整理自己早已歪斜了的身子和失了常态的表情。

我开始责怪杨正的鲁莽：把车子开这么快，那可是玩命的啊！杨正一本正经地说："老师，您放心，这种训练我已经经历无数次了，这个表演是我的拿手项目，很多人都拜我为师呢。今天路上没人，我是有百分百的把握才做这事情的，目的是给您一个刺激和惊喜，让您今生难忘，就好像您让我们这些做学生的这辈子无法忘记您一样。除了这种办法，我没有更好的节目能够让你开心了。"

原来如此！真拿他没办法，和当年的小杨正还是一样啊：出众调皮、超乎常人的大胆、超强的处事能力、他人所没有的冒险果敢。岁月流逝过去那么多年了，人的天性却没有改变。虽然这个节目过于惊险，但杨正就是杨正，他有想法、有冒险精神、办事有经验有章法，确实收到了不一般的效果：我不得不承认，这次坐车是我有坐车历史以来感觉最刺激的一次，那惊心动魄的感觉回忆起来至今仍历历在目。

那天，杨正几乎把在杭州工作的同班同学都叫来了，满满的一大圆桌子都挤爆了。大家好开心啊！

几天后，公事办完了，我和丽华要回了。杨正百忙中抽出时间将我们送到火车站，和我们同行的还有另外两个熟人，杨正在我们走到售票处之前就已经把四张火车票买好，递到我们手中；又给我们提行李，把我们送上火车；然后才放心地开车回公司了。

当年鬼灵精怪的小杨正，如今是器宇轩昂、办事干练牢靠的杨总，这当中的变化也许有机遇之类的因素，但更多的是个人本身所拥有的良好的素质。一个人要较好地立足社会，从一开始就要不断地修炼自我。唯有如此，才能让自己的优良素质化为智慧和财富。

玲珑女孩

那座山，一直像一位知心朋友一样，伴她长大，
帮她化解各种各样的心结。

玲子是一个长得玲珑精致的女孩，她个子不高，是全班，不，应该是全校女生中最矮的。总之，她和同学站在一起的时候明显比他们矮一截。但是，玲子的五官却长得很精致，椭圆形的脸，白皙水嫩的皮肤，身材也匀称，不胖不瘦恰到好处，而且脸上经常挂着微笑，好像一个美女被电脑技术处理过，整体尺寸被缩小了。

我喜欢这个脸上始终挂着微笑的玲珑的女孩。

她是我的课代表。我对所有担任过语文课代表一年以上的学生都印象深刻，而且很有好感。

玲子那时是主动要求担任语文课代表的。那时，玲子所在的班调皮的男生很多。包括语文作业在内的很多作业，有一小批男生交起来特别费力，班主任老师让勇于为班级事务担当的学生自己报名担任各科课代表。我被告知语文课代表是玲子。虽然玲子身材娇小玲珑，但我对玲子颇有信心。

因为玲子的学习成绩不错，尤其是语文和英语成绩。看玲子做语文作业，并没有比别人花更多的时间，但每次语文成绩出来，常常是班里前几名的，有时是第一名。我想，这大概是天分吧，想当年我自己也是，学语文特轻松，语文成绩总是很让我骄傲。但同样需要背诵的历史却让我头疼，似乎花再多的时间也收获

不佳。所以，玲子一直以很好的语文成绩作为班级语文科目的引领者。

但玲子让我更佩服的地方并不是这个，而是她不露痕迹的管理能力。她收语文作业，比前一任的课代表利索，欠交的人也少。玲子说话做事风风火火却不鲁莽，有条有理却自然流畅，没有和同学有过多的交涉和争执。有少数不交的，她有时看情况干脆就算了；有时整个班上交都比较困难，她便临时决定改变交作业的时间。她的灵活机变提升了她的办事效率和在同学心目中的威信，一些块头很大的男生都和她靠得比较近，很听她的话。

玲子有时候很任性。她会无缘无故心情不好，然后就去找班主任，要求回家。班主任起先不同意，觉得无缘无故回家违反校规，但玲子说，她心情不好的时候留在学校也学不进去，回家调整一下就会好的，好了就马上回学校，最多也就一天多点时间。班主任拗不过她，只好放她走了。因为玲子平时还真算得上是比较懂事的，如此坚决地要求回家，也许真的有原因。

玲子第二天下午按时回校了。回来的时候，已经是满脸笑意，满身轻松了。

我很好奇。问玲子究竟回去做了什么，怎么就一下子烦恼全消、精神焕发了？玲子神秘地一笑，说什么也没干，就是回家爬了一趟山。原来，玲子家边上有一座山，玲子从小就喜欢爬那山，每次高兴的时候或不高兴的时候都要去爬那山，特别是心情不好的时候，只要爬上山，一切烦恼都会得到化解。爸爸妈妈都在外地打工挣钱，为了玲子的学费。玲子回家的时候是到奶奶家吃饭的。这座山，一直像一位知心朋友一样，伴着她一年年地长大，一次又一次帮助她化解各种各样的心结。

原来，玲子的自信满满、阳光灿烂和老家的一座山也有千丝万缕的关系啊。

但是玲子的数学不太稳定，如果数学能超常发挥，她或许会有更理想的成绩。我不止一次对玲子说了我的看法。玲子都只是淡然地笑一笑：我数学就那样，没关系的，考几分算几分吧。

高考结束了。玲子出人意料地获得了全班最高分，以超过重点线30多分的成绩进入了南京农业大学——一所“211”名校。

玲珑精致的玲子，她的内在和她的外形一样精致美好，让人刮目相看。

欣欣向荣

只要心有梦想，努力拼搏，很多本以为不行的事情都可以实现。

这句话是对学生说的，也是对我自己说的。

一个没过录取分数线的学生通过顽强不懈的努力，三年后把许多同学都甩到了后面，成为年级里的佼佼者。他，是徐欣。

徐欣个子高高的，不苟言笑却显得亲和，显示出一个高中男生特有的沉稳。开学初竞选班干部，外表文静的徐欣以流畅响亮、内容充实的表述获得了同学的认可，当选了班长。

一次作文课，我布置了一篇题为《我的老师》的作文，虽然这是一个老掉牙的题目了，但是，我相信这个老瓶子永远可以用来装新酒，因为新学年每个同学的老师都是新的。徐欣早早就把作文交上来了，他写的竟然是我。他细致而传神地描摹了我的神态、动作和语言，把我描绘成一个温文尔雅、亲和温暖的母亲般的老师，字里行间充满了对我的敬重，让我禁不住心生愧意。当然，这篇作文也存在着不少问题。我决定让他的作文获得较为彻底的改善。

我把徐欣的作文删去了名字，复印了45份，全班人手一份，让每个同学按照自己的想法对这篇作文进行点评和修改，然后在班里集体交流，最后综合点评，归纳出修改的方案。这次评改，给了徐欣很大的触动，老师的重视，同学的帮助让他非常感动。此后，每次写作文，他都很用心，上交的作文常常在班中受到表扬。一般来说，有一段甚至一个句子写得精彩，我就会在课堂上作展示，及时鼓励学生。考虑到学生对写作文有畏惧心理，我平时就多表扬。

在一次国家级的作文大赛中，徐欣的《飘飞的风筝》获得了一等奖。得知喜讯的那天下午，我看见他在打电话。听见他喊“妈妈”，原来他是让妈妈分享他的成功。这孩子很有孝心啊！

一个学期过去了，收语文作业难的问题开始暴露出来，这是每一届都会遇到的问题。学生都把语文作业放在最后，若最后时间来不及，语文作业就省略了。语文课代表到我面前诉苦，提出要再选一个“很有魄力”的同学协助工作。第二天徐欣来到我面前，他说他愿意做语文课代表。我同意了，我相信毛遂自荐的人，更相信徐欣。

果然，情况很快好起来，语文作业交得整齐而及时。我暗中进行了观察，发现徐欣每次和组长交流很多，他让组长对写作业慢的同学多加监督。组长催不动时，他就亲自找未交作业的人。或许是徐欣的认真劲感染了他们，或许是徐欣班长的威严震慑住了对方，总之，经过徐欣亲自催促的同学都老老实实地把作业做好交给了徐欣。

语文课上，我喜欢听徐欣朗诵。一首诗，徐欣能够根据自己的解读把每一句处理得很有自己的特色。尽管有些地方似乎表现得有点情感过剩，甚至引来少数同学偷偷地发笑，但能够大胆地尽情挥洒自己满腔的激情，语文学习便充满了乐趣，所以，每次我都肯定了他。后来，徐欣参与竞选主持人，成功入选。连续两年，他主持了学校最重要的几场文艺晚会，奠定了他在学校男主持第一把交椅的格局。

徐欣还热衷于参加学校和班级的各项工作。高二那年他去竞选学生会主席，也顺利入选了。从此他经常忙于学生会的事务，为此做了大量的工作。他的激情和才情也得到了充分的锻炼和展示。但他的学习成绩并没像许多人担心的那样落下来。

分班了，徐欣不在我教的班里了，我有点失落。但我却常常在走廊上碰到他，他看见我还是和以前一样热情而有礼地叫我，让我觉得他还一直在我的身边。有时他会来办公室找我交流，希望我能够在人生未来的定位上给他一点建议。他的主动、诚恳让我无法以敷衍的态度应付他，每次我都将自己最深入的思考和盘托出，希望自己的看法对他能有所启迪。

有一次，他对我说他想考中国人民大学，问我他行不行。我心里又一次暗暗吃惊：这个目标太高了，可能性不是很大。但是，我很认真地对他说：怎么不行，你这么一路走来，很多本以为不行的事情都实现了，这个梦照样可以实现，只要你踏踏实实地拼搏，发挥出自己应有的水平，这个梦就可能实现。

那个教师节，徐欣把一个自己制作的贺卡放到我手里。我打开看时，几个遒劲的字跃入我的眼帘：老师，我觉得你很好！很好！很好！！这是一个学生对老师的认可，它深深地触动了我，并带给我温暖。我很想对他说：徐欣，你很优秀！很优秀！很优秀！！但是，我终究没有找到这样的机会。

高考结束了，所有的同学都看到了自己三年拼搏的结果。徐欣的结果让我们吃惊又开心：他真的如愿去了人民大学！徐欣这三年激情四溢的学习、顽强奋力的拼搏终于获得了回报。

分别在即，我掏出了准备好的礼物送给他：一本精致的牛皮笔记本，扉页上，我给他留下了四个热情洋溢的大字：欣欣向荣！

徐欣，希望你在未来的人生道路上永远充满活力、蓬勃向上！

第四辑　家校之间

爸爸有了新家

对家庭处于风浪中颠簸的孩子，

给予足够的关注，让我们和她风雨同舟。

高一的新生，在最初的时候，我是先通过他们的作业，特别是随笔来了解他们的。小意的随笔作业让我每次都要在上面多停留几分钟，因为她的作业有几个特别的地方：本子非常精美；书写非常漂亮；文章感情细腻而充沛。我常常忍不住要重读一遍。

很快我就能把文字清秀唯美的小意和活生生的人对上号了。小意长得秀气水灵，一双清澈的眸子看人的时候闪动着晶莹的光芒。说话的时候，声音厚实悦耳。这样一个女孩子，注定是被语文老师喜欢的。事实上，和小意初步交流后，我知道：在学校这么多年来，她偏爱语文，尤其是写作，她舍得花很多时间在上面，所以，写的文章一直受到语文老师的赞赏，但其他功课因为花的时间不足，就没有那么理想。

但不久我就从小意的作文里读出了某种和其他同学不一样的东西：一种忧伤——一种压抑在心底的无法诉说的忧伤。我开始在小意的随笔上和她对话，每次都在她的文字后面洋洋洒洒地附上我的感言。渐渐地，小意对我透露出了一些她不曾和任何人透露的信息：她爸妈正在闹矛盾，两个人的嘴里已经都吐出了“离婚”二字，这两个字眼让她整日惴惴不安。在她眼里，爸爸是个大帅哥，是靠山，妈妈是个女强人，一家的支柱。这原本应该是个很美好的家，却不知什么

原因，弄得时刻就像要爆发的火山。小意说她很害怕。

看着小意低垂的眼帘，耷拉着的脑袋，我一时竟不知道说什么。大人的世界有时也很无奈，相信小意的爸妈也都不希望自己的家变成战场，不希望辛辛苦苦建设起来的家园坍塌毁灭，他们一定有难以解决的矛盾。但是，孩子无法理解，孩子只有接受，这对孩子来说确实很残忍。于是，我对小意说："不要太担心，大人有自己的看法，也有自己的追求，我们要允许他们去解决一些问题。我们做孩子的用心把学习搞好，让自己健健康康长大，就比什么都好。爸妈虽然自己有矛盾，但他们一定都希望你好好的。"

小意的随笔是我关注度最高的作业，小意这段时间的变化也成为我关注的重要内容。有一次下课时间，学生们都在教室外面玩，我在小意座位边的地上捡到4张崭新的百元人民币。我想，或许是小意的吧。等小意进来问她是否她丢了钱，她看了下自己的包，果然少了400元钱，她说，那是周末爸爸给他的，爸爸现在已经很少回家了，她很少看到爸爸了，她想爸爸，有时会独自流泪，她觉得爸爸依然是个好爸爸。我安慰了她一番，让她不要顾虑太多，爸爸跑不走的，他永远都是你小意的爸爸。

半年过去了。小意虽然情绪时而有波动，但总体上还是平稳的，她的困惑有很多倾诉在了随笔本上，而她的随笔本，经常提前被发到她的手中，为的是守住当中的秘密。小意的妈妈也来学校看过小意，小意特地将我介绍给她的妈妈。小意妈妈看上去年龄和我相仿，打扮得挺精神。她对我说："辛苦老师了，小意常常在我面前提起语文老师，她一直都和语文老师很有缘分。"我说："小意的写作能力不错，好好培养，以后会有成就的。"

小意的妈妈走了，眼睛里也带着忧伤，还带着一种倔强。看得出，这是一个很要强也很能干的女人，小意有很优秀的父母。但是，他们夫妻之间出现什么矛盾旁人却无法了解。

又一个周一到了，小意没有交随笔，我去找她。发现她压根儿就没写，眼睛红红的。我吃了一惊，觉得可能有什么事情发生了。小意一下子就咧开嘴哭了，眼泪像决堤的河水，哗哗直流。原来她爸爸妈妈已经离婚了。听说有一个阿姨对爸爸特别好……

我终于不知道怎么安慰小意了。我只想象着小意的妈妈，她现在会是一种怎样的状态？我默默地站在小意的身边，一句话都没说，看着她趴在桌子上抽泣，我的内心也在抽泣。

我仍然在随笔上用文字的方式和小意交流，文字是我和小意共同喜爱的东西，文字能接通我和小意之间交流的线路，能帮助我和小意疏通凌乱的思维和混乱的情绪。在一篇篇倾诉的文字之后，小意重新又恢复了安静平和的状态，灵秀的眸子重新闪现出晶莹的光泽。

不知过了多久，小意特地找到我，对我说："爸爸有新家了，他还带我到他的新家去了一趟，那里有阿姨和一个小妹妹。爸爸说，我以后就多了一个家了。但是，妈妈说她不会再有新家，她会一直陪着我。"小意说这话的时候脸上显现出平静的神色，这是一种从惊涛骇浪中挣脱出来的宁静状态，我知道。暴风雨已经过去，小意安全了。

生活常常会有风浪，孩子的世界需要安宁，但大人有时也无法躲避风浪的袭击。对家庭处于风浪中颠簸的孩子，给出足够的关注，让我们和他们风雨同舟。

父母在新疆

父母远在异地，为的是挣钱养家。留守的大孩子懂，
她安心地在安适的校园里，专心做着自己的功课。

无论如何都没想到，去老家招生，竟然到了我初中的同桌冬梅的家里，那个大气漂亮的女孩子娜娜竟然是冬梅的女儿。

但冬梅却不在家，她和老公在新疆做生意已经好几年了，女儿娜娜一直就是一个人，周末，娜娜一般到外婆家里吃饭。

看到这个穿戴整齐、身材高挑、模样俏丽的女孩竟然是远离父母的留守大孩子，我禁不住在内心赞叹：多能干的女孩子！父母不在身边，不但学习成绩这么好，还把自己收拾得这么整齐妥帖，这孩子真不简单。

娜娜来到我这个学校读高中了，和她一起来的还有她的同龄表姐倩倩。冬梅对我说，有你在，我还有什么不放心的！这话说得我心里有点发慌。说实话，看到娜娜，的确从内心喜欢，心想一定要多关心她，让她这三年学有所成，至少不能辜负了光阴。但是，孩子成长的过程中是有很多变数的，有时即便很努力，或许成绩不一定如人意，更何况还有其他方面的问题需要解决。高中三年，是孩子由一个单纯懵懂的初中生向成熟的成年人转变的关键时期，其间的思想发展变化需要大人时刻关注。娜娜虽然已经适应了父母不在身边的生活，但是，离开自己的家乡到市属学校，她会有怎样的变化也是无法预知的。

无论如何，这个女孩高中三年的未来现在似乎都被托付到我的身上了，忽然

就觉得肩上的担子沉甸甸的。

娜娜在学校看起来还挺适应的，她不像那些刚刚离开父母的女同学，一周没结束就想家想得要哭，她没有那些住校女孩子所特有的恋家现象。在班里，和同学相处都很愉快，班级里举行的各种活动她都积极参加，文艺节目主持、班级文艺节目表演、运动会跑步比赛，处处都有她的影子。娜娜的唱歌很不错，和同龄女孩子唱歌的风格有所不同，不是单纯追求声音的亮度，企图用音色来取悦听众的耳朵，她用的是气息和情感，是一种和谐巧妙的旋律的变化。所以，听娜娜唱歌，能感受到一种似乎与听者有交流的独特的感觉。娜娜主持过几次班级会议，她总是不慌不忙，有大家闺秀的风范。这孩子，因为父母离得远，一直都没有受父母过多的管束，或许正因为这一点，才使得她比一般女孩子都放得开。

娜娜爱运动，长跑、游泳、登山都是她喜爱的。学校开运动会了，娜娜毫不犹豫地报了大家都想逃避的项目：跑步，特别是长跑。娜娜很随意地把两个长跑项目都报了，结果常常不是第一就是第二，为班级争得了不少分数。暑假，娜娜经常和倩倩一起去游泳，两个都是经过游泳培训指导过的，蛙泳对她们来说是轻车熟路，两个人在一起就比赛游泳的速度和时间，结果常常在游泳池里泡半个下午还舍不得上来。娜娜有时和同学去爬山，双腿修长的她在爬山的时候极有优势，所以，每次她都能轻而易举地第一个登上峰顶。

娜娜也有沮丧的时候，但我却没能看出来，是冬梅从新疆那头打来的电话让我知道娜娜最近成绩退步了。期中考试，娜娜的英语和物理两门功课考得很不理想，和预期的相差很大，班主任开家长会的时候向家长详细地反馈了每个学生的薄弱环节，娜娜没有通知我参加她的家长会，她让她的舅妈来了，舅妈和冬梅交代了情况，冬梅又打电话给我，好一番周折啊！这让我心有愧意，赶紧找娜娜聊。在我面前，娜娜依旧很平静。交流一番后她说她知道自己退步的原因，是因为用心不够，她表示，她会重新努力取得进步的。她订了一份计划书，交给我一份，自己留一份。看着娜娜字迹工整、条理清晰的计划书，我也释然：孩子成绩的进退是正常的，只要她能及时领悟到，只要她足够努力，那么，我们做大人的不必一定要给她制定什么必须达到的目标。目标很多时候都是在孩子们自己的心里的。娜娜有自己的目标，她的目标是警校，她希望自己将来成为一名女警。

高三了，即将奔赴高考考场的学子们进入了最后冲刺阶段，大家你追我赶。冬梅从新疆也赶过来了，她要在最后的半年时间里陪伴娜娜，照顾娜娜的生活，为娜娜加油助威。六年了，娜娜独自面对很多：学习、生活、困难，自己解决了所有自己能够解决的困难，此刻，她最大的困难是面对高考！她要考的是警察学院，而这不仅需要文化课要有较高的水准，还要在体能方面测试过关。娜娜每天坚持跑步练体能，她的一部分时间要用在体能训练这门功课上。

此刻，和无数高三考生的妈妈一样，冬梅为了陪伴女儿顺利走过高三，特地在学校附近租房住了下来。给女儿洗衣服，做营养可口的饭菜，安抚女儿高三迎考过程中偶尔出现的不安心理。虽然，她无法在功课上对女儿有一丝的帮助，但她希望用自己的这份陪伴和守候，弥补这么些年来自己对女儿关照方面的缺失。

娜娜的高考成绩虽然和重点线有几分之差，但这个成绩已超出警校录取分数线很多了，她被警校录取了，成了一名女警。

接到通知书的那一刻，娜娜很兴奋，她在QQ个性签名上写上了四个字表达她内心的骄傲和满足：我是女警！

而拥有这份骄傲和满足的人无疑也包括了冬梅和我，我为娜娜感到骄傲。

所以，父母远在异地，为的是挣钱养家，留守的大孩子如果懂，那么就安心地在安适的校园里，专心做自己的功课吧。

放养的孩子

作为老师，我们要关注的不仅仅是一个朱杰，而是所有的学生。

学校的教育又怎能千人一面呢？

朱杰算是班里比较聪明的一个男孩子。说他聪明是因为他有两个特点：一是他背课文特别快，二是他做理科作业速度比一般同学快些。但我们当着学生的面都不会轻易说哪个聪明或者哪个不聪明，我们很坦诚地对他们说：现在的孩子都很聪明，智商都很高，但最终谁能取得成功，关键看谁更努力。

朱杰虽然在私底下被我们几个老师认作是"聪明的孩子"，却也常常有"不聪明的举止"，比如作业做好了，他就做出很明显的作业完成的样子，似乎要让别人知道他做得比较快，却不能自己很好地安排多余的时间。比如他做理科作业相对主动和快速，而做到文科作业的时候就要被动和迟缓些，特别是写作文，他有时因为嫌麻烦，竟然全班最后一个交或者干脆不写；比如预习新的课文或者做点老师没有布置的课外练习，等等，朱杰都不能自觉地去做；他的总分曾经在班里领先过，但更多的时候是被紧跟在他后面的几个同学甩开了。所以，所谓的聪明有时也是相对的，那些做作业相对慢一些的孩子能抓紧时间，弥补自己的不足，不也是一种聪明吗！

但是朱杰平时又没有特别超出常规、违反学校纪律的大毛病，所以，我们并没有对他有过多的担忧，更多的是鼓励他，希望他下一次能够重新摘得桂冠。

但是，高一第二个学期的后半段，朱杰的成绩开始明显地退步，语文、英语的成绩更是下降了很多。班主任找他聊，我也找他聊。我和他聊的是希望他对语文能够重视一点，希望作业能够按时完成，尤其是作文。他曾几次没做，虽然都让他补做，但交上来的也是敷衍的文字。朱杰站在我面前，说话很少，我说了一大通，他才一句话或几个字，我根本无法明白他内心到底在想些什么。在我看来，学生不愿意和老师交流是最大的问题，这说明学生内心有什么顽固的想法，但他不愿意说出来，如果不改变这种状况，那问题就永远无法得到解决。于是我不再说废话，只要求他在两天之内把最近一次未写的作文补写好交给我。

然后我和班主任做了交流，希望从班主任那里了解一些朱杰的近况。班主任也正为朱杰学习退步的事情焦急，他已经联系了朱杰的家长，准备和家长好好沟通一下。

两天的时间马上到了，该交作文了，还没见朱杰把作文交过来。我便在早读课时亲自向他讨要。朱杰说他早已做好了，找出作文交给我。我一看还是一篇应付之类的作文，他并没有很认真地去写。我想，一定要改变这种状况，否则这棵“好苗子”肯定长不好。

下午，班主任告诉我他已经和朱妈妈沟通过。朱妈妈也正着手在和儿子交流，可能近两天她会来学校。

晚自习坐班的时候，被调成振动状态的手机在讲台上抖动了几下，我拿起来一看，是一个短信：“毛老师，我是朱杰的妈妈。能不能占用您几分钟的时间，我想和你交流一下关于朱杰的事情。我就在教室门口。”我赶紧走到门口，打开教室门，看见一个烫着卷发戴着眼镜的年轻女人站在走廊上，微笑着看着我。没想到朱杰妈妈这么年轻漂亮，而且从她发给我的短信里的文字，从她在教室外面等候这些细微的举动，我意识到：这是一个有知识、文化素养较好的家长。

朱妈妈很客气地表达了她对我们老师的感激之情，因为老师如此重视他的儿子，把学生当做自己的孩子那样教育，而且还那么讲究教育方法。她坦诚地告诉我她对孩子的教育方式比较特殊，因为她采取的是放养式教育。从小到大，她在儿子教育方面用的是“顺其自然”的原则，让孩子自己完成作业，自己安排自己的学习，家长在细节上过问很少，只在大的方向上把握一下。朱杰这么些年来也没有什么违反校规校纪的行为，和老师、同学相处也没什么大的问题，学习成绩一直也还好，所以，她也就很放松了。最近朱杰成绩的退步她也看到了，心里也有些焦急，正想着如何找老师交流，没想到老师已经走在她的前面了。所以，她非常感谢老师对他儿子的关注。

显然，朱杰的妈妈对儿子的关心不亚于其他任何一个母亲，只是她所采取的教育方式与其他母亲有所不同。为了儿子学习方便，她已经在学校附近租了房子，一家人都住在租的房子里，让朱杰可以每天回家睡觉，自己也能更真实细致地了解儿子的发展变化。她已经和儿子做了初步的交流。原来朱杰认为，学习语文多花时间和少花时间效果相差不明显，而把多一点时间放在学习理科上，效果会明显一点。这是别人给他的“经验之谈”，他记在了心里。本来他就怕写作文、偏爱做理科作业，这么一个理念灌输下去，就越发加重了他轻视语文的思想。

我拿自己关于学习语文的想法与朱妈妈交流：高中语文和初中语文不一样，它所涵盖的知识要比初中的深得多、广得多，如果再用初中曾用的那种临时突击

的办法，一定会失败；高考语文总分是150分，如果不重视，考个80多分还算是不错了，但那样，损失就极为惨重了；再者，学语文不仅仅是为考试那点分数，它是对一个人综合能力的培养，是一个人人文素质最重要的熏陶途径，学好语文，对一个人完善文化修养、提升个人品位，对将来顺利走上社会都将起到非常积极的作用。

我希望自己的说法对朱妈妈有帮助，因为我觉得要说服一个学生，首先必须让一个家长信服，如果家长都不认可你的说法，孩子怎么会理解？朱妈妈是一个对教育有不少思考的家长，她完全赞同我的看法，她所要寻求的是：到高中阶段，什么样的教育方式和方法是她教育儿子最适合的？她原先的放养式的教育方法是不是要适当做点改革？

于是我们又讨论起放养式教育。放养，本意是指利用自然环境饲养动物。在教育孩子方面，这个词的意思是指对孩子尽可能没有人为的限制，一切任由孩子的喜好，让孩子随着自己的天性发展。当今有一部分父母尝试用这种方法教育孩子，有些效果还不错。但学校老师很少能够那样去做，因为如果在需要诸多条例约束的学校实施放养式教育，那么那些制定出来的班规校纪就变成了废纸，所以，家庭教育和学校教育的方式自然不能相同。

朱杰被叫出来。在妈妈面前，朱杰孩子般放松的神态还是很明显地表现出来了。看得出，这个孩子一直生活在宽松温暖的幸福家庭里，妈妈即便是在批评他作业没做不对的时候，语气语调都是很亲切委婉的，朱杰也没有任何反驳。告诉他下次不能再拖欠作业了，他就轻松地点点头，这和有些家长对孩子厉声呵斥的情形全然不同。朱妈妈以她自己以前读书不容易和勤奋苦学的事实告诉朱杰，要珍惜现在这么好的学习环境，要自觉做好自己分内的事情。我趁机也把自己对学语文的看法和自己以前学语文的一些感受和朱杰一起分享。我发现自己说到以前学语文的情景的时候就觉得特别的轻松愉快，当年的我完全是在没有人监督管理的情况下学习的，是彻彻底底的放养式。我看很多书、写很多文章都是在自觉自愿的情况下完成的，我的语文学得比一般人都轻松，但我在学语文方面所做的事情其实比一般人都要多。虽然多，但却是轻松的，就是因为是主动学习的。看来让孩子主动学习是关键啊。

暑假很快到了，拿着假期阅读和写作指导资料，我对朱杰说：暑假你要写6篇作文，你要趁这个机会，让自己的作文和书写都有一个较大的提升，从及格的档次提升到良好甚至优秀的档次，是否能做好这件事情，需要看你的决心和毅力哦。朱杰点点头。

开学了，我收到了朱杰表现最好的一次语文作业：他把自己做过的练习题都对照答案用红笔订正过了，6篇作文每篇都内容翔实，结构清晰，书写达到了他自己的最佳状态。我不知道这究竟是班主任和我几次找他谈话的效果还是朱妈妈放养式的家庭教育起的作用，但这只是一个开端，我和朱妈妈要做的事情还很多，后面很长的时间都需要我们携起手来，共同关注孩子继续向前的脚步。而且，作为老师，我们要关注的不仅仅是一个朱杰，而是所有的学生，在家里接受各式各样教育方式的孩子。所以，学校的教育如何能千人一面呢？那必须是百花齐放的啊！

状元温晴

也许并不是每一位学生都能够这么优秀，

但是，每一位学生都可以做到战胜自己，这才是最重要的。

我没教过温晴，她并不是我班里的学生。但我第一次听这个名字的时候，就被这个奇特的名字吸引住了。后来，我从温晴的妈妈以及其他人那里零零碎碎听到不少关于温晴的故事，有平常小事，也有让我唏嘘感慨的事，有她小时候的事，还有她成人后高考以及后来在大学里发生的事。

温晴是个做事非常认真的孩子。打小就这样，做任何事情都不含糊。还在读小学的时候，温晴就已经学会了做好多家务：洗菜、切菜、做饭、拖地甚至洗衣服。这些事情，并不是爸爸妈妈要求她做的，是温晴平时看爸爸妈妈做，看多了，就觉得自己也行。暑假，爸爸妈妈上班，温晴一个人在家里，做好计划中的作业，然后就开始做家务。收拾东西，洗菜、切菜、点火、炒菜，最后电饭锅的饭也熟了。爸爸妈妈回家时发现女儿竟然已经把做好的饭菜和碗筷一起摆在了桌上，内心禁不住一阵惊喜。尽管菜的咸淡和火候不是很到位，但他们都用欣赏的口吻肯定了女儿的成绩。

温晴做每一件事情都喜欢动脑子，想着如何把事情做得最有效。拖地的时候，她发现拖把的布块太大，她根本没有办法用自己小小的手去拧干巨大的拖把头，就把拖把头上的那些布摊平，然后对折两次，再用小板凳之类的东西放在上面压，把水分挤出来。这个办法很有效，所以，温晴每次把地拖得干干净净等爸爸妈妈回家。爸妈很惊讶，问温晴你是如何用你的小手把拖把拧干的啊？温晴开心地笑了：这很简单啊！

温晴在学校里学习的认真劲是得到老师公认的，她的成绩也一直处于领先位置。爸爸妈妈并没有为温晴的学习操过多少心，过问也不多，温晴却每年都能以非常优秀的成绩向爸爸妈妈汇报。而那时的爸爸妈妈，也正是工作上最繁忙的时候，客观上也没有时间去关注温晴的学习，但他们却很关注女儿思想和情感的变化，回家后都尽量要和女儿作交流，却不是在学习上给女儿制定什么目标。父母的宽松反而让温晴的学习成绩越来越优秀。到了高考前，温晴的成绩已经保持年级第一好久了。

高考临近，一向淡定沉稳的温晴似乎有些不安。根据她所在的学校以往的经验，平时成绩名列前茅的，高考往往是拿不到第一的，而温晴在高中阶段，一直排名文科年级第一，老师们对她寄予极大的期望，希望她不仅要在市里夺冠，更希望她能够在省里拿到较好的名次，为学校争光。也许是来自学校、老师的压力太大了，一向开心放松的温晴，突然之间感到了莫名的紧张，走路也有些恍惚，

在寝室里竟然摔倒了，右手包括拇指在内的几个手指受伤严重，不能写字了。而此刻，距离高考只有一个月的时间。

这个时候，爸爸妈妈开始焦急了。如果不能尽快把手上的伤治好，一定会影响女儿的高考啊！妈妈此刻做出了果断的决定：放下自己手头可以放下的任何事情，尽最大努力，尽快治好女儿的手伤，同时抚慰好女儿慌乱的心。妈妈一边和女儿聊天，宽慰女儿，一边用医生嘱咐的方法为女儿的手上药，在生活上无微不至地关照着女儿。温晴享受到了从未有过的细心的呵护。

日子一天天过去了，眼看着同学们一个个握笔书写，专注地复习迎考，自己的手却还是不能动弹。而医生嘱咐，不能握笔的时候千万不能勉强，否则伤势会更加严重。温晴的内心一定非常焦急。但她尽可能让自己表现得从容些，因为她知道，妈妈内心一定也很焦急，老师也为她不安，她唯有从容淡定，才能让所有关心她的人安心。

高考前一天下午，温晴的手终于可以握笔了！虽然仍然有些不顺手，但至少可以进考场，可以书写历经十几年寒窗才等来的答卷了。当五门功课全部考完的时候，温晴的右手已经完全麻木。放下笔，她苍白的脸上露出一丝轻松的笑容，对自己说：我写完了，我成功了。

妈妈心疼地握着女儿僵硬的手，微笑着对女儿说："是的，写完了就是成功了，不管几分。"母女两个相拥回家了，把分数这个概念远远地扔在脑后。

上天总是眷顾敢于付出的人。高考成绩揭晓：温晴是当年全市高考文科状元！在全省的排名也达到了近几年以来的最好成绩！她打破了"平时第一，高考往往不是第一"的"常规"。她成了学校的神话，成了很多学生和家长心目中的女神。

温晴被北大金融系录取。高中的文科生，一下子要进入以理科为主的学习环境了。妈妈怕温晴不适应，但温晴却没让妈妈失望。她非常努力，在大学里，她的成绩依然不错。一有空，她就打电话给家里，和爸爸妈妈说话。快乐的，和爸妈分享；烦恼的，只要和爸爸妈妈交流了，所有的困惑、烦恼都会一扫而空。所以，和爸妈打电话，成了温晴每天或者每隔几天必做的功课。

有一次，和温晴通电话的时候，妈妈发现女儿的嗓子是沙哑的，问女儿是不是感冒了。温晴告诉妈妈，因为昨晚整夜没睡觉，今天上午又有数学考试，人很疲倦。原来，前一天晚上睡觉前上厕所，发现有个同学在厕所里呻吟，温晴一摸那同学的额头，发现她竟然发着高烧，温晴二话不说，就陪着那个同学到当地的一家医院。医生给同学打上了点滴之后，温晴又一直陪护着，一直到凌晨，等同学的烧退下来，然后陪同学回校一起参加数学考试。妈妈虽然心疼女儿，但她却对女儿说："做得对的，同学需要帮助的时候，我们不能袖手旁观。"

温晴真是个好孩子，学习主动，从不让妈妈操心，到了大学也是这样。爸爸妈妈以为温晴到了北大，在众多高材生中达到中等水平就很好了。可是他们却在一次意外的交流中发现，温晴成绩不错，而且一年比一年好，三年都获得了奖学金。当爸妈问女儿钱还需要寄多少时，温晴说不需要，因为她还有很多奖学金没花完。这时，爸爸妈妈才知道女儿在大学里依然非常出众。

温晴因为成绩优秀，成为年级里两名公派到纽约大学的交换生之一。一年后，她又考上了美国麻省理工大学。温晴要到更高端的群体里去了。温晴是不是依然会出众？温晴能战胜对手吗？温晴会不会更累？我心里有些担心，可是温晴妈妈却微笑着说不担心。她认为，能不能战胜对手并不重要，温晴能战胜自己，这点最重要，她充分相信自己的女儿，而且温晴一直和父母保持着密切的联系。有家的温暖，有亲情的呵护，再加上她在磨砺中获得的人生经验，父母完全放心让她到她所能到达的世界，尽她自己所能展翅翱翔。

错过大学

人生的路有很多条，人的活法也有很多，

按照自己的想法去走，去奋斗，那就是有价值的。

姚俊是我以前当初中班主任时班里的一个既聪明又调皮的学生。毕业之后过了整整12年，我才有机会再一次见到他。

这时，他已经长成一个眉清目秀，个子高高，说起话来条理清晰、思维严谨的帅小伙子了。他把离开我之后所经历的故事说与我听，令我禁不住感慨万千。

初中毕业后，姚俊顺利考上当地最好的高中。高二那年，贪玩的姚俊违反了校规，在寝室打牌时被老师抓住，老师告诉他，第二天他将会在全校大会上受到点名批评，也许还会受到处分。他闻言慌了手脚，脑子里立刻浮现出父亲严厉的面孔。父亲是军人出身，对他的要求非常严格，天性顽皮好动的姚俊从小没少受父亲的呵斥甚至打骂。但是，他曾经犯过的那些错误比起被学校处分来，都只能算是小菜一碟。如今，犯了这么大的错误，要在全校大会上挨批，不要说父亲会如何震怒，就是他自己也不知如何应对，以后在同学面前，自己的脸往哪儿搁啊！想到这里，姚俊再也等不住了，赶紧找机会溜出学校，跑到舅舅家，编个理由向舅舅借了些钱，然后坐上了南下的火车，一口气从浙江坐到广州。

学校发现姚俊不见了，便联系家长。父母急得焦头烂额，接连找了几天都没结果，最后还是姚俊自己打电话给父母，告知原委。他对父母说，不用到广州找他了，他会在那里好好干，闯出一番事业的，决不给父母丢脸。

姚俊再也没回学校，真的在广东那边开始闯荡了。找到一份超市营业员的工作，住在没有窗户的廉价地下室，每天吃几毛钱的伙食：一盒白米饭几片炒青菜分两餐吃。每天保证自己所挣的钱够吃住。一段时间过后，他开始买资料学习，了解如何搞营销，如何管理超市。实践加上理论，他逐渐地在超市销售和管理方面积累了经验，为后来工作逐日进步打下了扎实的基础。

经过若干年艰苦卓绝的拼搏，姚俊终于从最底层的销售员一步步走到了管理层，同时也在遥远的异地收获了爱情，成了家，有了孩子，又买了房子，还经常寄钱给在老家农村的父母，父母甚至用儿子寄来的钱盖了一幢新楼房。当他昔日的同学大学毕业后刚刚开始工作时，姚俊已经是一个有5年艰难创业史的白领了。

猪年寒假相会，姚俊把自己所经历的一切和他昔日的老师、同学分享的时候，显得那样镇定自若，仿佛过去的一切已经是风轻云淡，未来却还有许多东西等着他：更美好的未来规划以及为美好未来奋斗过程中将遇到的困难。

眼下，他已是三岁孩子的父亲，他给儿子取名姚风。这是一个和小时候的他一样聪明调皮的男孩。姚风一口流利的普通话，很会讲故事，讲起故事来语调抑扬顿挫，表情眉飞色舞，非常可爱。小家伙还唱歌给我听，唱得颇有点成人的韵味，都是模仿原唱的结果，可见模仿能力之强。带着他们在风景优美的公园游赏，姚俊不断地给儿子拍着照片，姚风会很配合地摆出各种姿势，很有明星的派头。姚俊说儿子从小就被他教育“自己能做的事情要自己做”，所以，动手能力比幼儿园里同班小朋友都好，就是太调皮好动，一刻也不闲着。我说，像你这个父亲的啊！他便笑了。

三年后，姚俊再一次回来时，把挺着大肚子的老婆也带来了。原来他在老家农村买了一块地，造了个别墅，这次想带全家回老家发展。这第二个孩子如果是女孩，就取名小雨，他希望家里有风有雨，自己能呼风唤雨，日子风调雨顺。

看来曾经的艰辛创业岁月给姚俊留下了太深刻的记忆，他对自己的未来有了更贴近实际的目标，风调雨顺，是多么质朴而实在的愿望啊。和同龄人比，姚俊的所思所为都明显更实在、更理性。这就是一个曾经因为年轻不懂事而失去到大学深造机会的男生与众不同的思路。

我曾经为姚俊错过大学而深感遗憾，但此刻，我觉得那种遗憾大可不必。人生的路是有很多条的，人的活法也有很多种，实实在在地按照自己的想法去走，去奋斗，实现自己的梦想，那就是有价值的。姚俊现在这样的生活就很充实很有意义。大学毕业并不能代表有多成功，学历有时只是一个虚名。

不久后，姚俊通过QQ给我发来了他女儿小雨的照片，一个胖嘟嘟、粉嫩嫩的女娃娃，两个眸子像两颗闪亮的黑珍珠，可爱至极。还有姚风和妹妹小雨的合影，风哥哥双手搂着雨妹妹，两张脸甜蜜地贴在一起，像两朵含苞欲放的牡丹花，鲜艳而明丽。真美啊！

招生的那些事儿

一套粉红色的连衣裙很快吸引住了我，我问小翠喜不喜欢，小翠点点头。于是，我用自己的钱为小翠买了那件漂亮的连衣裙。

从教十多年的时间里，我没有参加过招生，因为自己所在的普通县级中学都是政府行为招生的，全照政府政策执行，不需要老师到学生的家里一个个去说服，只有那些职业技校之类的学校，因为学校办学规模大、招生数量多，学校怕完不成招生的人数，才让老师们到各个学校甚至每个学生家里去抢生源。每当夏天毕业季节来临，各个职业技校开始招生的时候，我就会为他们感慨：他们招生好辛苦!

但没想到，从某一年开始，身为普高老师的我也被划入了招生的队伍，跟着浩浩荡荡的招生大军，到附近的初中学校招收适合本校的高中生源。

那时在一所区级的普通高中。学校教学楼又高又大，一共有高中三个年级共54个班级，每个班50多个人。每一年新高一得招满900个学生。到5月份，学校就开始进入招生战争阶段了。凡是有招生任务的老师，一律尽早安排好课务，服从学校招生安排需要。自己的课，或者交给班主任照应，或者和其他老师换课，或者改为自修。平时要是错过一堂课，就会像触犯了法律一般，被定性为重大的教学事故。而此刻，一切事情在招生面前都显得不那么重要了。因为没有学生，学校就没有了，老师就没课可上了。所以，必要的时候得全员出动，学校里仅仅留下小部分管纪律的老师，或者干脆全校学生放假回家。每当这个时候，校长常常成为在招生大战中冲锋陷阵的第一人。第一次招生，我只是个跟班而已。当我大致了解了招生的流程和策略时，又被调到了另一所学校。

这是一所省级重点中学，在老百姓心目中有较好的口碑。我想，这样的学校，很多学生都是主观上争着要来的，应该不必那么辛苦地招生了吧。但事实和我预想的完全相反，在这个学校，我反而遭遇到了从教以来最艰苦卓绝的招生经历。

此类重点中学招生的缘由，是为了抢夺好生源。一个学校的生命，任你管理者有多大的能耐，如果没有优质的生源进来，三年后想取得令人瞩目的成绩，几乎是不可能的。学生高考的成败，学校办学成功与否，生源起着至关重要的作用。这是教育行业的共识。所以，争抢优质生源让原本应该是平和友善的学校之间变成了硝烟弥漫的战场。

当然，这不是枪炮中的硝烟，这是一种看不见的争夺优质生源的智力战斗，但它的艰巨性丝毫不比有烟火的战争小。几年下来，它已经足够让我们这些做招生工作的老师唏嘘感慨，甚至谈招色变。

5月份，还远远没到放暑假的时间，各校的招生战争就已经打响了。

到这个学校的第一年，也是第一次参加这个学校的招生。我被分配到多年从事招生工作的毛老师一组，有点跟着师傅实习的意思。但我毫不懈怠，拿出了十二分的注意力对付这件事。周六上完早上第一二节课，我们就出发了，目标是A县。我们开车去，车是刘老师的。那时，我们学校已经有不少老师有私家车了。每到招生季节，私家车就都为学校的招生服务了，车主自然也就成了招生专职驾驶员。

根据事先制定好的学生名单，我们挨家挨户走访，向他们介绍我们学校的教育教学条件，软件的，硬件的，历年招来的学生三年高中结束后的高考成绩，表明在我们这个学校学习，将会受到较好的关注和较严格的管理。又回答家长和学生提出的关于学习或者生活上的各种各样的问题，有平时学校的管理制度，周末学生放假安排，寝室的条件状况，食堂的伙食情况，交通问题等，有的家长担心孩子离开家乡到了新的学校不能适应，我们又从培养孩子独立生活能力的角度进行分析解答。

一两个小时很快就过去了，但学生还是很难做出决定。有的孩子有表态了，但家长却顾虑重重，他们表示还需要时间继续考虑并希望有机会去学校看看。于是，又会约时间，将他们送到学校实地察看一番，随后又把他们送回。这样连着几个周末两天下来，每组招生老师跑六七个学生的家就已经累得要趴下了。

虽然，我们自己对自己的学校是信心满满的，但他人未必了解或者认可。学生和家长的认识很多要受到社会舆论的影响，而这个社会舆论有时也会受一些缺乏正气的集体利用不正当的手段所制造的某些虚假信息的影响，这就是招生带来的伤害：有些学校会默许甚至鼓励他们的老师在家长面前说一些不切实际的言论，中伤与他们相竞争的学校的声誉，让老百姓陷入认识模糊的状态中。如此，原本想来我们学校就读的学生就会犹豫不决，甚至本已经定下要来的，最后却临时打了退堂鼓。

那年，花了两个周末去A县拜访小翠，或许是被我这个校友的真诚和实在所打动，小翠终于定下来到我们学校就读。小翠平时成绩不错，看起来也很文静秀气，是个爱学习的女孩，她对我所描绘的学校很神往。但她的爸爸还犹豫，因为爸爸是当地一所中学的老师，他担心“放走女儿”，当地教育主管部门会对他有不利之举。中考结束了，小翠打电话告诉我，她填报了我这个学校，但是，志愿表要过两天才交，他爸爸至今还不太同意。

周六上完课，我和招生老师们又去A县学生们的家了。到了小翠家，小翠的爸爸告诉我，本地的重点高中决定录取他女儿，而且还有一定的奖学金，他们要他女儿明天就去报到缴费，然后跟着他们这个提前批次录取同学集体外出学习。

有这样的事情？真是出乎意料了。我们有点不信，立刻去了解，结果是真的。原来，本地的那个重点高中已经动员了所有有意向到我们学校就读的学生放弃既定的计划，他们不希望这些优秀的学生离开本土到市属中学去。如此一来，原来有意向来我们学校的学生有一部分就不会来了。

但我们还是决定努力一番。我们也把这些学生集中到一起，对他们说，到哪个学校读书，选择的权力在你们自己这里，如果你们确实是愿意来我们学校就读，那么，我们也组织一次集体活动，到我们的学校去，我们开展一些有趣的活动，愿意去的同学请和自己的父母商量一下。

就这样，小翠也加入了来学校的队伍。队伍人数并不多，十来个人，因为我们在这个县的招生人数也就20多名。十多个人，在校园内参观，在会议室交流、座谈，互相认识。后来，小翠说她身上的衣服脏了，需要换洗的衣服。于是，我带着她去了商场。我们在热闹的服装店内看衣服。一件粉红色的连衣裙很快吸引住了我，我问小翠喜不喜欢，小翠点点头，于是，我为小翠买下了那件漂亮的连衣裙。

我们又带着十几个孩子逛了市区最大的公园，在饭店吃了可口的晚餐。招生组的老师们陪着这些孩子聊天游玩，却把自己的孩子丢在周末的家里，把自己仅有的周末休息时间花在了招生这件关乎学校前途命运的大事里。没办法，谁叫我们是招生老师呢！

周一，还是继续上课。没有经过周末的休整，人特别疲倦，但是，更让我们担心是：我们的战果还会因为各种各样的原因而丢失。小翠最终还是没能来。她在电话里哭着对我说，她爸爸一定要她改填本地的重点高中。她回去之后爸爸还是强行把她的志愿给改了。和小翠一样，和我们结识了一场，相处了一段美好的时光，最后依然没能来的有不少，有些是被班主任再三劝说留下了，有些是家长和班主任一起软硬逼迫之后不得不放弃了自己的坚持。总之，招生中花费在那些有缘无份的学生身上的时间、精力和稍许钱物都是无法省略的，因为你根本不知道哪些最终是能够坚持到最后的，而有一些，基本不需要担心，他们就一直非常执着地坚持要到我们学校就读。

让人纠结万分、欲罢不能的招生混战状况，终于在前两年得到明显的改善。市政府出台了市区高中招生按市教育局统一划定分数线录取的政策，至此，弥漫了多年的招生混战硝烟终于得以消散而去。

母子间的代沟

她的心里只有儿子，儿子的吃穿，儿子的冷暖，尤其是儿子的考试成绩，都是决定她快乐或哀愁的最重砝码。

一个语文成绩总是上不去的男孩，他自己似乎很不在意，但是，他的妈妈却为儿子的语文成绩不知和我这个任课老师打了多少次电话。

一个周末，又接到鸿飞妈妈的电话，说希望能和我见上一面。我答应了。我也很想见见这个对儿子的关爱超过一般母亲的女人。

按照推测，鸿飞比我的儿子小四五岁，那么，鸿飞妈妈至少也比我小四岁。比我年轻啊。那么，这个妈妈会是怎样一个样子。

鸿飞妈妈竟然是开着车来的，这是我没想到的。当我见到鸿飞妈妈的时候，我原先想象中柔弱无助的女子形象完全被颠覆了。原来鸿飞妈妈看上去状态不错，是一个身体强健，待人真诚热情，看起来勤劳善良的女人。

一看见我，鸿飞妈妈就诉说开了："老师，不好意思了，打扰你，知道你很忙，却还麻烦你。王鸿飞多亏你的指导，这次考试语文总算有进步了！"

鸿飞妈妈没读过高中，和我说话时，却始终把我的感受摆在第一位，态度极其谦和，这不是每个家长都做得到的。我赶紧对她说："不打扰的，其实我也很想见见你。"

我想见王鸿飞的妈妈，是因为我想从一个母亲那里更多地了解王鸿飞，这是一个看起来很洒脱的男孩，理科成绩还不错，文科相对弱一点。当然，还有另一个原因是：凭直觉，我觉得我和王鸿飞妈妈会有共同语言，我们一定会聊得比较愉快。

鸿飞妈妈建议到饭馆边吃边聊，我们一起来到饭馆，没想到鸿飞也在。看到我来，鸿飞很有礼貌地和我打招呼。我们三个一边等菜上来，一边聊。

“我自己这辈子已经这个样子了，很多东西已经失去，再也无法挽回，我希望我的儿子能有一个美好的将来，不要和我一样苦，而要有好的将来，现在就必须努力学习，取得优异的成绩，考一个好的大学，这是我唯一的心愿。”鸿飞妈妈急切地将自己的心愿表达了出来。虽然，他和王鸿飞的爸爸分开已经很多年了，但儿子一直和她生活在一起，为了王鸿飞，她一直没结婚。她的心里只有儿子，儿子的吃穿、儿子的冷暖、尤其是儿子的学习成绩的进退，成了决定她快乐和哀愁的最重砝码。

而王鸿飞似乎并不买妈妈的这个账。他只按照自己的想法去做，成绩虽然也还过得去，但他并不会为了提升语文成绩而打破自己固有的学习模式，他不愿听从妈妈让他将来考公务员的安排。“为什么不愿意考公务员？公务员多好啊，工

作稳定，又有地位，如果不考公务员，那你想做什么呢？”鸿飞妈妈说这话的时候急切的心情一览无余。但王鸿飞态度极其明确：“不，我就不考，我就是不喜欢。”见儿子口气如此强硬，鸿飞妈妈急得不知如何是好，于是带着求助的目光看着我。我知道，她想让我说服王鸿飞。

但是，我不能够帮这个忙。我对王鸿飞说：“妈妈的心愿是好的，妈妈一心想让你好。也许，你不喜欢做公务员，那你可以和妈妈深入交流，让她明白你不愿意这样做的原因。而不能只说一个‘不’字。妈妈有她的理解，你这样的态度会让妈妈心里难过的。”王鸿飞说：“公务员最没本事了，整天坐在办公室，没技术没创意，谁都会做，再说，现在公务员工资也不高。希望妈妈以后慢慢理解我。”

我对鸿飞妈妈说：“现在的社会也说不清哪些职业是最好的，有些是会随着时间的变化而变换的，也许适合孩子的才是真正好的。孩子高考结束后也就成人了，他们有自己选择职业的权利，他们有自己美好的未来设计，我们大人也要尊重他们的想法。离高考还有一年多，慢慢沟通，最终总会有合适的选择的。不要太急。”

鸿飞妈妈出去点菜去了，王鸿飞感慨地对我说：“我妈妈就是个急性子，有些事情她其实自己也不太清楚，却一定要我按照她的意思去做，我不能。我有自己的目标，虽然现在我还不太清晰。”鸿飞妈妈回来时，服务员也把菜上来了。

我们聊着这一代人和做父母一代人的思想差距，鸿飞妈妈不得不承认和儿子之间存在着代沟。是啊，我和鸿飞妈妈这一代人，和当今的90后来到地球的时间相差那么多年，这些年地球发生着怎样天翻地覆的变化啊，按照我们的思路去给90后的一代定位人生目标，那确实是不现实的。

和鸿飞妈妈独自在一起的时候，我强烈地感受到她对儿子所寄予的厚望，她几乎是将自己所有的心思都放在了鸿飞的身上，完全忽略了她自己。

我说：“人有时也必须为自己而活。虽然，孩子只有一个，虽然，最亲的只剩下孩子了，但是，自己仍然还是一个活生生的人，我们仍然必须为自己的生活考虑下。”

鸿飞妈妈沉默了一阵，突然抬起头，有些动容。她说；“老师，非常感谢今天你对我说这句话，这话说到了我心里了。”

其实这话是以前别人对我说的。人生不如意者十之八九，如果凡事都能如自己希望的那样，那这个世界岂不是很简单、很容易了！所以，要改善不如意的生活，就要对自己好一点。

我把自己一些不如意的事也和鸿飞妈妈说了，鸿飞妈妈感慨地说道：“看来，是人都有不如意的时候，有些看起来很顺利的人，其实际情况并不是我们想象的那样。希望我们以后多交流，相信我们一定会成为很好的朋友。

我也强烈地有同感。虽然我和鸿飞妈妈所从事的职业不同，但是，我们都有个90后的儿子，我们都有一腔炽热的母爱。这就足够了。

家长请吃饭

其实，吃不吃饭都不重要，

老师和家长一样，希望每一个孩子都能优秀出众。

平时学校和家两点一线，待在学校的时间长些，周末就特喜欢窝在家里。在家里想咋地就咋地，那是难得的惬意。

但今早就得到一个短信通知：晚上有一个家长请客，人家是远道而来，不为别的，只为对老师表达一份敬意，家中没要紧事的，尽可能去。

这个提醒是必须的。虽然请老师吃饭的家长并不多，但每次也还会有不少老师因为各种各样的理由不能赴宴。这似乎有点令人费解了。

学校是一个有点特别的地方。在这里，学生的身体和心理像抽穗的麦子，每天都在快速地变化发展，时间对这些处于成长黄金季节的孩子来说是一寸光阴一寸金，所以，所有的安排都必须扎扎实实。学生的时间被安排得那么紧凑，老师也就松不了多少，尤其是班主任，平时早出晚归的，和家人相处的时间就很有限。孩子小的，常常是要到周末才能和孩子交流，因为早上出来的时候，孩子还没醒，晚上回去时，孩子已经睡着。弥补与孩子情感交流的缺失只能寄希望于周六晚上和周日的白天，周六白天上课，周日的晚上新的一周就要开始了，班主任又必须去学校了。所以，周六的晚上成为老师们全家团聚的珍贵时光。

今晚刚好是这样一个周六晚上。不过今天的我没什么问题，家里的另一个因有事不能过来，否则他也会有怨言：平时不在一起，难得周末回来了，你又不在家吃饭。那样我一不小心就落下个“无趣”的罪名。儿子早已经在大学的校园里做自己的事情了。现在，我就属于我自己，我完全可以毫无顾虑地去参加这个家长盛情相邀的晚宴。

来到酒店，灯火辉煌的餐厅里已经快满座了，没想到除了一个老师在外地赶不过来，其余的竟然都到齐了。看来，这个家长远道而来的特殊情意终究还是打动了大家，老师们都能理解一个父亲的爱子之情。

这是一个极有涵养的家长，举止稳重，谈吐文雅，在省城一家国企做一个部门负责人。去年援藏才回来。这让我们对这个父亲心生敬意。因为父亲一心忙于工作，对儿子的管理明显缺失，造成儿子的学习成绩很不如人意，能到我们这个学校来读书，已经是一种特殊的照顾了。这个孩子除了学习成绩和同学差距大了一点外，其他方面的表现还不错。对这样的学生，特别关注一下，争取让孩子早点跟上班级学习的队伍，也是我们的心愿，那样也可以让为工作付出太多的家长内心获得一点安慰。席间，这个父亲不断给老师们敬酒，每次敬酒，都要起身走到老师的面前，态度极其和悦，语言极其诚挚，几乎让我们有点担当不起的感觉。大家也急忙以同样的礼节回敬，并表示，会尽力关心帮助孩子的。

对家长表达心态的时候心里是非常真诚的，但同时还有几分忐忑，担心以后做不到位。高中的教学任务繁忙。很多时候我们吃了家长请的饭，最终并没有真正付出较多的精力去关心他们的孩子，去特别地照顾他们的孩子。不是我们不愿意，而是时间不允许。每天，我们上完课，又会有很多别的事情等着我们去做，如果学生不主动多提问，老师就很少有时间去主动关注那些家长请过饭的孩子；而对于主动提问的，我们也从不去想这个孩子的家长是否请过饭。关注力度的大小，讲解细致与否，似乎都与是否吃过饭无关。在关爱辅导学生的时候我们都是一视同仁的，该讲的问题都会毫不保留地对学生讲，而不问学生的家庭、出身。这是大部分老师的做法，所以，有时去吃家长请的饭，我们反而心里会有一些不安：因为我们做不了什么，吃了这个饭，孩子要是学习仍然没长进，那我们该会觉得内疚了。每个孩子的情况是不一样的，有的孩子已经尽心了，家长如果对自己的孩子期望值过高，老师就会觉得压力很大。

这餐饭不知花了家长多少钱，一定不便宜，因为家长把饭店里的特色菜都点齐了，然后还送了每个人一份小礼物。礼物虽不大，但我们仍觉得不是分内应得。但是如果不接受下来，家长会觉得老师看不起他的孩子，不愿意帮助孩子。想起自己也曾有过送礼被退回的情景，那种感觉好尴尬啊，觉得被人看不起了，心里隐隐有股怨愤不平。后来才明白，人家也是和我现在一样的心理，怕收了礼物帮不上忙，所以，干脆一开始就拒绝。

所以，一般来说，有家长请吃饭，我都尽可能不缺席。饭桌上的交流，可能会让老师与家长走得更近，同时也意味着会和学生走得更近。通过家长，我们可以了解到关于学生的更多信息，甚至可能会因为这餐饭，老师和这个家长成为了好朋友。

有缘电话

能够互通电话是一种缘分。

家长打电话有他的理由，只是他们并不了解老师工作的状态，不要怪罪于他们，寻找机会敞开我们的心扉，也让他们懂我们。

没当班主任，家长的电话相对少一点。但有时一些家长也会比较频繁地打科任老师的电话。原因大概有三种：自己的孩子这门功课比较弱一点，希望这门功课的老师多给自己的孩子一些关照；有事情，一时联系不上班主任，就先找科任老师帮忙处理；家长与科任老师有着某种特殊的关系，比如亲戚、朋友、同学、老乡等关系。

一个侄女之类的亲戚，几十年间我们都没有什么来往，这次因为儿子在这所学校读书，突然之间就联系密切了；甚至于从未谋面的侄女婿，因此就和我处得很熟络了，这期间电话帮了不少忙。

接近寒假，侄女又打电话过来了，说夫妻两个刚从打工的南方城市回来，一定要请我吃个饭，说是这么近的亲戚，在一起吃个饭是必须的，更何况孩子在学校还要我多多关照呢。其实关照孩子是另外一码事，读书主要靠孩子自己。当然，偶尔在某些方面，我可以以学校老师的身份去关心他，或许比其他身份的人的关照会更有效一点。但有些方面却起不到什么作用。比如侄女的儿子数学物理成绩都很不错，语文却总是落后。找他谈了几次话，发现他对语文这门功课的认识有误，他认为花在语文上的时间无法让他的语文成绩提高多少，所以，他不愿在这上面浪费时间。我、班主任、他的语文老师都为他的语文成绩拖后腿的事情找他谈过话，但都不见效果，最后，侄女也说，就随他吧。

大学校友兼老乡的小花，女儿来这个学校读高中了。我很高兴，希望能在她需要的地方尽可能帮到她。当初在大学，小花是老乡中口碑不错的人，对比她小一届的我也比较照顾，现在，她的女儿在我所在的学校读书，我也应该主动去关照她。但是女孩子很懂事,学习也很努力，我似乎也帮不上什么忙。但只要每次小花的电话过来，我都会欣然和她展开任何话题：有关她女儿的，无关她女儿的。我们聊的时间并不长，都是最需要交流的新信息，都是我们共同关注的。多和小花通一次电话，我就多一份开心。后来，小花的女儿从这个学校毕业出去了，我们之间的电话自然也就减少了。

都说美不美家乡水，亲不亲故乡人，在家长的电话中，有些老乡家长的电话却让我进退两难，欲罢不能。因为每年到故乡招生，和老乡家长的联系就比较多。那次，那个刚刚被招到学校来就读的学生毛意鹏的家长电话打过来，说儿子要在这里读三年高中，爸爸在上海做生意，妈妈决定在学校附近租房陪读三年，他们让我陪他们一起到学校附近找出租房。没办法，老乡啊，初来乍到人生地不熟的，就陪着他们一家找出租房了。因为要住三年，妈妈对房子非常挑剔，足足看了六套出租房，整整花了一个上午的时间才搞定。交完押金，已经是下午将近1点钟。我并没抱怨什么，辛苦一些，但看到了实际的成果，我还是开心的。

让人犯愁的是小秋爸爸的电话。小秋爸爸第一次电话打过来就给我留下了极其深刻的印象。接起电话，那头立马响起了熟悉的家乡话，自报家门，说是我的老乡，然后就开心地笑，笑完了说找到一个老乡老师，孩子可要请我多多关照了。我连忙回应说，作为老师，我会尽自己所能关照每一个学生，你的孩子小秋自然更加不能忽视了，难得是老乡啊。小秋爸爸又开心地笑，然后和我细细数落起小秋在学习上、生活上的点点滴滴，一口气讲了半个小时仍意犹未尽。我有点着急，手头的事情还很多，很希望小秋的爸爸赶紧结束闲聊。于是，我暗示说，小秋是个很懂事的孩子，你的意思我懂，我会尽心关照的。但对方没有刹住话题的意思，依然滔滔不绝。最后我实在忍不住了，告诉他我手头还有事情等着要完成，下回空闲的时候再聊，对方才恋恋不舍地挂了电话。

没想到几天之后，小秋爸爸又来电话了。那时，我正在准备10分钟之后上课。小秋爸爸在电话对我说前两天女儿物理考试成绩不理想，他希望我能找他女儿说一说，让小秋下次不要考差了。然后又和我说起他在家教育女儿的细节。5分钟过去了，我着急了：我必须去教室了，否则上课要迟到了。于是，我心怀歉意告诉对方，我马上要上课去了，下回再聊，然后挂了电话直奔教室。我不知道对方是否认为我这个老乡老师有架子，有可能吧。

我的担心似乎有些多余，因为不久以后小秋爸爸常常来电话，还是一样的风格，先是很开心地笑，然后打开关于女儿的学习和教育的话闸，然后就滔滔不绝。有时，我吃饭吃到一半，电话又来了。我说我在吃饭呢，等我把饭吃完我回打给你。小秋爸爸应了声“哦”后仍然继续他的话题，我只好再次重复，然后挂了电话赶紧吃饭。有时他电话来时我正在开会，我说不方便说话，可小秋爸爸仍然继续说着，他似乎只要我听就可以，并不需要我开口说什么。

也许这个父亲真的太在意这个女儿了，他完全超过了一般的父亲。也许生活在农村的他相对清闲一点，不像那种在城里忙忙碌碌的上班族，否则怎么可能有这么悠闲的时间打电话？不过，这些都仅仅只是我的主观臆测罢了。但是，我依然不能生硬地拒绝倾听他的津津乐道，因为他和我交流的是他自己教育女儿的内容。每一次，我都让自己的忍耐到达一种极限，然后再设法找理由结束通话。结束通话后我还是会惴惴不安，生怕自己这样做会让家长觉得我们当老师的摆谱了。

希望有一天，能和小秋爸爸面对面好好谈一谈，不仅谈小秋，也谈谈我们大人自己的事情。到那时，也许我会知道他如此频繁和我通电话的原因，他也会了解我常常在他兴致勃勃之时打断他话题的真相。是的，能互通电话是一种缘分，家长打电话有他的理由，只是他们并不了解老师工作的状态。那么，不要怪罪于他们，寻找机会敞开我们的心扉，和他们沟通，也让他们懂我们。

静静地驶入校园

有时一种美好情境的获得，仅仅是因为你注意到了某个细节，并让自己把这个细节做得最好。

那天，黄老师自己的车子没开，难得搭了我的便车。车快到学校门口的时候我照例开始按喇叭，目的是引起门卫的注意，尽早把大门的横木收上去，以放我通行。没想到黄老师说了一句话让我惭愧了许久。

黄老师说，他每次到学校门口从不按喇叭，因为他觉得用刺耳的喇叭声来提醒门卫，其实是对门卫的不尊重。

反复回味黄老师的这句话，觉得很有道理。学校的这些门卫平时工作都很认真，绝大多数情况下他们都能及时看到大门外将要进来的车辆，他们应该知道在什么时间把横木收起来放行，另外，他们还要看清是不是学校老师的车，并不是对所有的车子都放行。这就注定了他们的工作异常辛苦，但即便这么辛苦，这些门卫还是一直不懈怠。平时对老师都很热情亲和，值得我们敬重。

但我怎么就养成了未到校门口就早早地开始按喇叭的习惯了呢？

想起了半年前自己拿到驾照后刚刚开车的第一天。那一天，在老驾的陪伴下，我开着这辆手动的标志新车来学校。初次上路，又激动又紧张。车开到学校门口的时候，发现门口车辆很多，原来周日的傍晚，正是家长们开车把孩子们送到学校里来的时间。车子开到校门口的时候我不得不停车，因为里面有车子出来。可当我再次发动车子要进校门时，却发现车子不但没有前进，反而后退了。突然明白这里刚好是上坡，我将离合器松开的同时没有及时踩上油门。这可不得了，因为后面紧跟着有好几辆车子，再多退一点就会碰到后面的车子了。我顿时有些慌了，赶紧刹车，让老驾把我的车子开进校门。之后每当车开到这里的时候我就会情不自禁地早早鸣喇叭提示门卫早点收起横木，那样我就没有中途刹车起步的麻烦了。就这样，汽车喇叭对门卫们鸣了快半年了，我竟然都没有感觉这半年对他们造成了不敬和骚扰。

后来我开始观察其他进校门的车辆，发现，绝大多数的车子都没有鸣喇叭。只有少数和我一样做的。现在想来，这少数的车主，犯的大概是和我同样的错误：要么就是新手，技术不太娴熟，要么就是性急，不想在校门口停留耽误哪怕几秒的时间。这样做的结果是，自己是获得方便了，但没有很平和地对待别人。喇叭是提请注意的信号，门卫收到这样的信号无异于收到一个命令，每一个喇叭声对他们来说都是不可抗拒的命令，我们无意中做了发号施令的人，仅仅是因为我们有了一辆车子。

此后到校门口的时候不再鸣喇叭。驾驶技术早已完全可以控制车的进退，再也没有第一次那样出现对车子后退的担忧，所以，我完全可以不对别人发号施令，让车子静静地靠近校门，静静地靠近门卫们，看着横木无声地静静地收起，然后静静地让车子驶入整洁而美丽的校园。校园内，学生们都静静地在教室里自修或听老师讲课，多么和谐而美好的氛围啊！之前怎么就没想到、感受到这一切呢？所有的美好都被我的鲁莽、简单、自私破坏了。

现在我真切地感受了那种平和之美。门卫总是在我还没有到达校门口之前就早早地收起了横木，不让我在校门口无故作停留，他们其实也是想给我们提供最好的服务，而这并不需要喇叭声，所有的关注都在他们的心里，所有的热情也在他们的心里，所有的责任都在他们的心里。

有时一种美好情境的获得，仅仅是因为你注意到了某个细节并让自己把这个细节做得最好。

调皮的指纹

将时间提早5分钟，时间就充裕了一点儿，步伐也从容了一点儿，

其实，调皮的不是指纹。

从某月某日起，我的指纹多了一项功能：用来上班报到。在规定的时间到指纹机上去按那个固定的手指，听到指纹机发出一声“谢谢”，那就是签到成功了。

有点新鲜感。指纹机有点像电话机，平常的时候上面显示着蓝色的花纹，当把手指放上去按过之后，非常清晰的指纹就呈现出来。于是心里有一种莫名的舒畅感：原来指纹这么漂亮啊！

我按的是左手的食指，是一个由无数条波浪重叠而成的箕形，如果要论指纹图案的漂亮程度，我更喜欢罗形的指纹，因为那是由完整的一个个圆圈排列而成的。而且，按照命相，我这个二罗的指纹是属于富贵的命。呵呵，宁可信其有。但我的罗纹手指是无名指，用来按机器不太方便，所以，每天报到这个任务还是交给食指去完成。

没想到的是：这个食指非常调皮，常常不让我省心。按过指纹后，机器发出的声音经常是：请重按手指！只好再按。如此重复，原先的一种愉悦感失落了不少，有时要按三四次才会听到机器说“谢谢”。哎，真有点捉弄人啊！

一个周二的早上，带上在家里做好的早餐急忙下楼，离7点10分的早读时间只有10分钟了！稍微耽搁片刻就有迟到的危险。年底的气温很低，车子前面的玻璃结了层薄薄的冰。但也没时间预热车子了，发动起来就开。空阔的街道上，

车速迅速被提到将近80码。但是令人焦躁的是，到十字路口的时候，绿灯刚刚结束，红灯鲜艳地闪亮了起来。哎！真是哪壶不开提哪壶！好不容易等绿灯亮起，便又飞一般地向前冲。啊，完了，也许超速了，刚刚过去的那段是限速50码，而且正好是有摄像头的路段，如果被那摄像头拍去，要被罚款200元再扣6分，那真是不划算了！

到了校门口，正好前面有几个参加早读的语文老师刚刚刷过指纹往里面走，看见我，其中一个嘿嘿一笑："还有三十秒钟了，迟到喽！"

慌忙中车子门也没锁，赶紧跑上去刷指纹。伸出左手的食指，小心地对准指纹机蓝色的屏幕按过去，机器发出了声音："请重按手指！"赶紧又按了一下，又听见"请重按手指！"心有点慌了，似乎只有几秒钟的时间就要过点了。也许是天气冷，手指太干燥了吧？于是在食指上沾了些许唾液，这回一定要按标准了，不然就真的迟到了。带着万般祈祷、万般虔诚将那根沾了唾沫的食指稳稳地按在了指纹机上，期盼着好运的降临。但是，让人彻底失望的是，机器发出的声音还是"请重按手指！"

立刻崩溃。之后机器上立显时间：7：10。一旁的保安忍不住上前来关注，他们鼓励我：再按，还来得及，刚好的时间，不要按太重。于是我什么也不想，赶紧再按。一连按了三次，终于听到机器传来了温暖的声音："谢谢！"于是千恩万谢，不知道是谢保安还是谢机器终于让我过了关，赶紧一边用遥控锁车门，一边飞奔向教室。

这个调皮的指纹，我该怎么收拾它呢？同事对我说，一定是当初采集指纹的时候我按得太重或者太轻，或者和机器接触的面积不充分，而且，也不止我一个人这样，有些人后来改为用按键输入数字的方法了，取消了指纹的任务。按数字键多单调啊，我还是喜欢用指纹，虽然经常要重复按，但比起枯燥的数字来还是按指纹更有意思些。

有意思归有意思，可我这个人就是多事，上午下班的时候常常忘记刷指纹，尤其是最后一节课下课的时候，已经接近12点，赶着往食堂奔，怕菜凉了或者

没菜了，对不起自己本来就很不好的胃。结果搞得下午还要跑到办公室去说明，说自己是记性差，忘记刷指纹了。这种事情做不了假的，因为校园内到处是摄像头，人在不在学校，真假与否，很好检查。但说明是必须的，否则，迟到超过规定的次数是要被领导找去谈话或者还要扣钱的。

后来又有几次忘了，总是去办公室说明有点难为情。哎，怎么就这么差的记性啊，是不是年纪大了，已经不适合做老师了？据说女教师以后可能要延迟到61岁退休，那还不思维混乱误人子弟啊！算了，不去说明了，反正我人都在学校的，摄像头可以证明，我在岗的时间其实很长，经常是下班的时间到了，同事们都走光了，我却觉得还有事情没做完，就一直在办公室待着，到了很晚才离开，而且偶尔又会因为走得太晚忘记刷指纹。

有点不适应刷指纹啊，尽管开始觉得蛮好玩的。

关于刷指纹的讨论在校内QQ群里渐渐热烈起来，有人认为这个制度太死板，迟到一点就被无情地打上了痕迹，有时仅仅是几秒的时间啊；有的觉得太不自由了，被锁在了学校，离开学校超过5分钟就要向教研组长和办公室请假，太麻烦了。我倒是觉得无所谓，我的事情不多，每天到了学校，就很安心地待在办公室里做事情。待在学校的感觉挺好的，和同事们在一起，过大家庭的生活也蛮开心的。但是，群里统计到岗情况的老师发出的几句话一下子抓住了我的心，上面写着："有些老师要注意了，迟到或者忘记刷的次数有点多了。"

"谁啊？迟到，忘记。"询问马上出现。我刚刚参与了前面一个话题的讨论，此刻也特别关注这一条。刚发出询问的老师立刻就被认定迟到了好几次，我也被告知迟到和未刷一共有8次。天哪，怎么可能！我额头几乎要冒汗了，一排字马上打出去为自己辩护："我只是有几次忘记刷就没到办公室说明，但也不至于有那么多次啊！是不是机器出故障了？"我真的怀疑机器出故障了。

群里立刻有好几张惶恐的QQ头像出现，有的说，自己得了强迫症，总怀疑自己没按手指；有的说，自己在路上冒险开飞车，为的是赶上刷指纹的时间；有的说，家里一辆车子是不够，两个人上班的方向不同，必须再买一辆才赶得上刷指纹……我打上一个问题："8:00按指纹算迟到吗？"回复："必须在7:59。"到了8:00，就是迟到了。

悲催，原来如此！那我确实是有好多次迟到了。哎，都怪我自己，为什么就非得到那个点呢，就不能提早几分钟吗！刷指纹是这样，其他事情也如此，以后必须改改自己这个毛病了啊！

比起班主任一天要刷6次，普通任课老师已经算很好了，虽然刷指纹让不少人开始觉得有些别扭甚至抵触，但后来大家逐渐地习惯了这个程序，忘记刷指纹的人越来越少，按时到岗的情况已经是相当好了，工作日的办公室里教师几乎都在岗，校园内教研、学习的氛围日渐浓厚。

为了不再迟到，我从此将出发时间提早了5分钟。到学校早了些，时间充裕了一点点，按指纹也从容多了，机器对我发"重按指纹"的指令也渐渐少了。

其实调皮的不是指纹。

午间时光

有书、有阳光陪伴的午间一小时，
如此精致，如此美妙。

从上午下班到下午签到，午间吃饭加上休息一般有两个多小时的时间。

这段时间，如果要好好利用，可以做很多事情。可是，已经对自己说过了：年纪大了，你现在最主要的任务是把身体弄好，只有身体好了，美好的一切才会在前方等着你。所以，这段时间，我必须让自己好好休整。

一般有两种安排：一是在学校吃午饭，吃过饭就回办公室，在电脑上放松地看看新闻，或翻阅几本文学杂志，或批改一小叠学生作业。当睡意有点袭来的时候就在座位上摆好两条硬板凳，拿出桌底下的小被子，和衣而睡。等到办公室声音嘈杂，人员差不多到齐的时候，也就到了上班的时间了。休息的时间总是过得特别的快，像有贼在专门偷盗时间一样，我的时间被他们偷去不少，不然，岁月何以如此一天又一天地轻轻悄悄地将我甩在了它的后面？

另一种安排则有着完全不一样的感受。那就是趁着这点时间回一趟家，在另一番天地里匆忙而又充实地度过这一个多小时的时光。

这一个小时可谓是精致美妙的。

从学校到家，仅5分钟的车程。一到家，就开始为自己做午饭。午饭很简单，但遵循两个原则，一是合胃口，二是能吃饱。确切地说，回家不是要吃午饭，而是享受午间的时光。

在冬天，首先享受的是阳光。

一个人的米饭只需要片刻就能焖好，如果早餐有稀饭、米果、粽子或馒头之类的剩余，中午就把它们热起来，再炒几片青菜叶加一个鸡蛋，就算完成了中餐的制作。做的过程很简单，吃的过程却很美。

把做好的东西都端到客厅南面的落地窗台边上，两个椅子，一高一矮。落地窗帘全拉开，让暖暖的阳光满满地铺洒进来，把客厅的一半地面都铺上了一层明晃晃的橘黄色。太阳是世界上最公平的施善者，只要你需要，多少她都倾囊奉出，只要她在，你就不会成为一个一无所有的穷人。此刻，温暖亮光已经把我的半个房间装满。坐在落地窗前，任凭阳光柔柔地抚摩着我的脸、我的眼、我的手、我全身上下，并慢慢地享用着可口的午餐。这种惬意，妙不可言。

接着便是享受书的墨香。

饭后洗手洗脸后走进兼作书房的卧室，慷慨的阳光也一直铺洒到了卧室的床上，床边的柜子上永远有一小堆经常要被翻看的书。周大新的《安魂》，王小妮的《上课记》，迟子建的《额尔古纳河的右岸》，麦家的《暗算》《非虚构的我》，等等。拿起周华诚的散文《西湖时光，遇见24节气》躺在床上，开始浏览。

这是一本装帧非常精美的书，让人一看就顿生喜欢，银色做底加彩绘西湖风景照点缀的封面，让整本书散发出诱人的墨香，但更让人欣喜的是书里面的东西。这是一本写西湖的散文。华诚写自己从初来杭城因为陌生而产生的莫名惊慌，到后来欢喜、依恋甚至热烈地挚爱这座城市的情感变化，写得跌宕起伏，精彩纷呈，令人痴迷沉醉。而这变化，都是因为杭城西湖的灵性之水。两年间，他每两周去一次西湖，不为别的，只为喜欢，只为感受那湖水以及湖水所附带的一切事物。喜欢湖里的水，喜欢湖边的树，喜欢湖里的草，喜欢随船在湖里荡漾，喜欢来到西湖的所有的人，他们也和他一样，因为西湖而获得一份欣喜，因为西湖而获得了一份宁静，因为西湖而生活充满惬意……总之，因为西湖他们享受着了生活。所以，这西湖就变成了华诚的西湖，也就变成了所有喜爱西湖的人的西湖。

此刻，我也因这本书而享受着西湖了。虽然，我离西湖还很远，但是，杭城毕竟是我这个浙江人的省城，我与西湖的谋面次数也并不少，华诚的文字，足以唤起我对曾经踏足的西湖和杭州的回味和追忆，那像水一样丝滑的绸缎，色泽翠绿、甘香如兰的龙井，断桥上许仙和白蛇娘子的缠绵悱恻，钱塘苏小小的油壁香车，等等。此刻都如幻境般在我的眼前一一显现，让我再一次品味其间的醇香和美妙。

感谢华诚，感谢这个20年前就有过交流的家乡故人，给我饭后短暂的半个多小时带来的喜悦；感谢西湖，用她的秀美山水，用她的美丽传奇，为我平凡的生活平添了一分惊喜。

浓浓的书香将我带入了甜美而温暖的梦乡。20分钟后闹铃响起。飞身下楼，树木葱郁的小区静静地沐浴在金色的暖阳里。心里是满满的，唯美而富含哲理的文字经过一场梦的发酵，似乎已经在我急需营养的身体中积淀，小草们和树木们散发出的清香，头上慷慨倾洒的阳光，将我心中其他的杂物排挤得干干净净。多么美好的世界，多么美好的生活！

回到学校，刷了指纹，暂时将午间收获的东西储藏，拿出了课本、试卷，开始了另一种思维，也开始了另一种生活。

第五辑　成长旧事

无师幼儿园

童年的记忆，
永远都是人生旅途中最珍贵的行李。

20世纪的家庭都是家中有许多孩子的。我家有五个兄弟姐妹，我上面有三个姐姐一个哥哥，我最小。母亲自从生下二姐后就因为参加建造水库而落下病，后来一直身体不好，老家还有一个奶奶需要父亲每月寄钱过去，父亲一个人的工资要养全家7口人，那时候，我们家经济挺紧张的。

我2岁那年，长我11岁，初中还没念满一年的大姐要被安排进父亲厂里做车床学徒了。班主任跑到我们家来替大姐求情，说孩子成绩是班里最好的，学费她替我们出，不能让大姐辍学。可是，因为下面弟妹多，生活压力大，父亲终究还是让大姐学技术挣钱去了。在那种条件下，我自然也不可能有机会上幼儿园。

但是，我却在父亲的厂里读了一所最好的幼儿园。

我们住在父亲厂里的几间简易的旧房子里。在我们住的房子的附近，有一个很大的钢球仓库，它是锻铸车间存放钢球的地方。锻铸车间就在仓库的斜对面，钢球都是从锻铸车间煅铸出来，然后滚到车间外的空地上冷却，再搬到钢球仓库装袋包扎的。锻铸车间有1000多平方米，储藏钢球和草袋的仓库也差不多有那么大。仓库的正面是敞开的，房基做得高高的，走在下面往上面看，里面的钢球和草袋堆叠得满满的。右边是用草袋包扎堆叠好的一袋袋的钢球，左边是堆叠得整整齐齐的崭新的草袋，还有一捆又一捆粗大的草绳。

这里是我和一群小伙伴们的乐园。每天，我们一吃完饭就跑到这里，爬到高高的草袋堆上，做各种各样的游戏。

荡秋千是玩得最多的一种游戏。高高的仓库顶上有很多粗大的钢筋支架，不知道是哪个大人把粗粗的草绳挂上了高高的钢筋上，草绳的下端，很扎实地绑着草袋，人可以稳稳地坐在上面，然后开始荡秋千。秋千下面是厚厚的宽阔的草袋堆，所以，即便从秋千上掉下来，也不会发生任何危险。那时的我们都是野孩子，大人们自己的事情都忙不过来，没人会管我们在这里玩什么，会不会不安全。坐在秋千上，我们放胆把自己晃到了最高，如果想停下来，只要把双腿伸直伸长，脚掌就可以碰触到下面的草袋，秋千随时就可以停下来。秋千带给我们刺激，带给我们快乐，也带给我们胆量。而当年有条件进幼儿园的小朋友却并没有这样的秋千玩耍。

无边无际的草袋堆叠在一起，高低错落的时候就给我们很多奇怪的暗示，我们会设想草袋堆中间有一个窟窿，里面有人住着，而且还不止一个。于是，我们便真的在有窟窿的草袋堆里玩起了捉迷藏。没有窟窿的，抽掉一些草袋，挖出窟窿；有窟窿的，把窟窿整得更安全、更隐蔽些，让小伙伴找都找不到，最后躲不住了自己跑出来，嘲笑小伙伴笨。真开心啊！后来，我们做了好几个安稳结实的草袋屋，在里面摆了做饭的碗筷，找了自己喜欢的小伙伴一起过家家，指定谁当爸爸，谁当妈妈，谁当孩子，玩到天黑还不回家。直到父母们到车间外面放大嗓门叫喊我们每个人的名字，我们才恋恋不舍

地钻出草袋屋回到自己真正的家。

跳绳是必不可少的。人家跳的是细绳，我们跳的是粗大的草绳。将这个原本用于包扎钢球袋的草绳用于跳跃，我们照样得心应手。在这里剪一段草绳跳跳，师傅们根本不会有意见的，相反，他们还要帮我们剪，帮我们估计好长度。短的，用于单人跳，长的，用于成群的人跳大绳。刚开始只会双脚平跳；后来又会单脚换跳；然后是双跳，就是跳一下，绳子摇两圈；然后是快速连贯双跳，甚至是三跳；最后是花样跳。

记得一次学校举行跳绳比赛，我想都没想就报名了。尽管学校比赛用的是塑料跳绳，但我凭着自己良好的实力，还是拿下了年级第一名。载誉归来的我向爸妈报告了自己成果，爸爸高兴地说要奖励我。不久爸爸用人家做家具剩余的三合板的下脚料亲自为我做了一副光板乒乓球拍，我高兴得在地上连翻了四个筋斗。

草袋车间对面的锻工车间是师傅们集中上班的地方，那里，到处都是火红的颜色，高温、噪声充斥着整个车间。很多时候师傅们都会嘱咐我们尽可能不要过去，但有时也经不住好奇，我们总要过去瞅一瞅。

在那里我们看到的是任何一所幼儿园的小朋友们都看不到的东西。

我们躲过空闲工作人员的目光，在专注而忙碌的师傅们中间穿行，来到了热气滚滚的高炉前。看着师傅打开高炉的门，只觉得一股巨大的热浪迎面扑来，然后我们看见了炉内如夏天晚霞般红的炉膛，里面躺着一堆先前送进去的圆钢，师傅戴着厚厚的嵌了墨镜的帆布帽和厚厚的帆布手套，靠近炉门，从炉膛中夹出一块块烧得通体透红的圆钢段，放在斜坡的铁槽上，以便让下面的师傅逐个夹起放在空锤机上锻打。空锤机有6座，操作空锤机的师傅们都将自己用厚实的帆布工作服和工作帽武装起来，用大铁钳夹着红红的钢块在圆槽上让机器锻打。一台机器通常由两个师傅操作，一起对付这个滚烫的铁家伙。原本透红的铁块经过反复的锻打，渐渐变成暗红色，黑红色，等打得初步呈圆形了，铁球已经变成了平时看到的常温下的那种颜色，然后堆放一起等再次送进高炉加热，等待第二轮锻打。第二轮锻打就可以把球打得比较圆滑，直至成为一个标准的铁球，最后让它顺着架起来的斜槽滚到车间外面广阔的空地上。

外面空地上的铁球堆就是一个火焰山，虽然看不见明火，但是，每个暗红色的铁球都会给碰到他的人造成致命的伤害。所以，如果一个毫不知情的陌生人靠近这片钢球还是很危险的。但是，常年生活在“火焰山”旁边的我们是知道的，尽管钢球堆四周没有任何防护措施，我们当中都没有人被钢球烫伤过，在观看锻打钢球的过程中也没被四处飞溅的滚烫的铁碎溅到过。至今想起这些都觉得很不可思议。幼小的我们不仅能保护好自己，而且稍大一点的，还会学着大人的方法，利用钢球堆的热能为家里煮晚餐。姐姐经常带着我把家里整锅的玉米、红薯等拿到钢球堆里煮，为家里做几餐杂粮饭，以减轻父母的负担。穷人的孩子早当家啊!

近水楼台先得月，住在钢球车间附近的人家，几乎每户都有自制的哑铃。那是我们从冷却后的钢球堆里拿来的钢球，用一根空心铁棍焊接而成的，钢球有大号的、中号的和小号的，哑铃也就有三种重量等级。记得那时从最小的哑铃开始试举，直到好几年后才可以举起中号的，大号的永远都没有能够举起来。住在厂里的人家不算多，每户人家做几副哑铃也被厂里默许，而我也就早早地接触到了那时幼儿园里根本就没有的东西，得到了比幼儿园小朋友还要多的快乐!

无师幼儿园是我人生旅途中永不磨灭的幸福驿站。

钢水和彩泥

童年曾经拥有过几座五色缤纷的橡皮泥山，
我老早就是橡皮泥最大的拥有者了。

那个年代的工厂并没有严格的安全管理条例，家住厂里又没有幼儿园可上的我，不需要通行证就可以走遍厂里的每一个车间。

除了煅工车间火红的钢球和粗糙的草袋草绳外，金工车间的铜丝银线,车工车间飞转的机头，机修车间油腻的地面，钳工车间风力如同台风一般的大电风扇下面，电焊工人带着面罩在飞溅的火花中焊接的景象……每一个车间都在我童年的脑海中烙下了深刻而神奇的印象。而最让我觉得惊心动魄的是铸工车间红色的铁水倾倒到铸沙模子里面的情景，那种绚烂得如同梦幻一般的红色铁水被工人们从火红的炉膛里舀出来，倒入黑色的铸沙模子里面的震撼场景简直让我窒息。这是一种不可思议的奇观。

第一次走进铸工车间，小小的我被巨大的黑色空间笼罩，感觉走进了一个从天到地都是黑色的世界，高高的屋顶上来回移动的工作缆车，让我仿佛走进梦幻世界。若干年之后在看美国科幻片《未来世界》时，我突然觉得有些画面似乎在从前的某个时候见过，后来明白：是童年在铸工车间所接触到的，那种氛围和《未来世界》上的某些画面极其相似。车间里到处都是黑色的铸沙，有很多是做成模型的，还有些是外层有木质的模子。为什么铸沙是黑色的？当时的我并不会去思考这样的问题，只觉得自己仿佛走进了一个制造弹药武器之类的兵工厂。缆车在极高的屋顶上缓缓地移动着，人走在下面显得那么的渺小。到处弥漫着金属的味道，黑色仿佛要把人吞没。

有一天，父亲对我说，今天他们办公室有一批人要去铸工车间和工人们一起倒钢水。我听了觉得很好奇，心想，钢水是什么东西呢？便估摸好时间悄悄地进了铸工车间。黑色的车间内很热，一伙穿着厚厚工作服的工人正挥汗往炉膛下添火。一会，炉膛门被打开了。只见炉门像一个火山喷发口，红红的火焰在炉膛里像无数面猎猎飘扬的红旗，不停地跳跃着那鲜艳夺目的光芒，那种红色激越地晃动着，仿佛有无穷的能量。

因为穿着厚厚的衣服，带着遮住脸的帽子，我分辨不清那个是父亲，但看得出，每一个人都极其郑重地对待这件事情，他们讨论着送进去的钢铁融化的程度，估摸着开炉倒钢水的时间。我躲在他们看不见的地方，一会儿从后门溜出去玩房子后面的彩色泥沙，一会儿又回来看他们的钢是否已经融化成水了，我希望自己能亲眼看到他们把钢水倒进装满铸沙的模子里，然后冷却，再拆去模子，刮去铸沙，做成他们想要的铸铁模具。这将是一件多么奇妙的事情啊。

我终于等到了那一刻。开炉的时间到了，全副武装的工人手持长长的铁勺子，他们将勺子的那头伸进那红艳艳的炉膛子里面，慢慢地舀出钢水，小心翼翼地把鲜红得如同血一般的钢水往模具里倒。看他们倒得那么认真，红红的钢水慢慢注入黑色的铸沙模子里，渐渐变黑了。那长长的柄不能碰到任何东西，否则钢水洒出来就非常危险。为了给铸工车间的工人们鼓劲，厂领导甚至办公室人员在夏天要轮流到铸工车间去舀钢水。这是一件光荣而又艰巨的任务。曾经有工人在工作时出了差错，舀钢水时洒出的钢水烫伤了自己，从此落下了残疾。

在铸工车间偷窥大人舀钢水，童年的我知道了别的孩子不知道的东西：比如像钢铁一般坚硬的东西可以化为流动的液体；黑色的东西经过火的烧烤可以变成红色。在我的眼中，那种红色是那样的特别，是平时无法见到的，千百度的高温让静止的红变成了一种荡漾着滚滚激情的血色海洋，这海洋一般流淌的红是那么惊艳而美丽，美得让人窒息。

而另一种色彩斑斓的美丽却是静静的，无声无息。

他们就是堆放在铸工车间后面的晶莹剔透的石英砂和其他五颜六色的各种细沙。那些沙被分类堆放着，有水泥墙做分界。我当时并不知道这些沙是干什么用的，也从没去想，只觉得那些泥土是那么的漂亮，红的、黄的、赭的等等，色彩多样。它们又是那么细腻，捏在手上那么的柔软舒服，稍微加点水，就可以捏成各种各样的形状，圆球形的，长方体的、正方体的，柱子状的，还有很多奇形怪状的，只要我想得到，就可以尽情地捏。其实，当时的头脑中也并没有长方体、正方体那些概念，只是按照生活中看到的形状来捏，按照我自己喜欢的形状去捏，根本不需要老师的指点。我没有老师，但捏出的形状或许比老师教的更多。还有那些透明的、形状像方冰的石英石，更是强烈地吸引了我。我把眼睛凑到这些小颗粒面前，透过晶莹剔透的水晶般的面，看到了一个完全和现实不同的梦幻世界。哦，那里有各种各样奇妙的东西，美得说不出来，奇得无以言表。我和伙伴们长时间地流连于此，把玩美丽的石英砂砾，用五彩的泥巴做成各种形状的东西，任凭想象在石英石和彩泥的梦幻中插翅飞翔。

多年后，在高中学习立体几何时，我感受到了久违故人般的熟悉亲切感。这门让同学们颇感费力的功课我竟然学得特别的轻松，做题的时候脑子中就有一个个非常清晰的立方体、长方体或圆锥体，里面拉着各种各样的实线和虚线，它们仿佛都是有生命的，像我的小伙伴，站在我面前等待我和他们玩耍。结果是我的立体几何题做得又快又好。

十多年后，儿子上幼儿园了，给儿子买橡皮泥的时候发现，自己对橡皮泥也有着一种特别熟悉的感觉，于是又想起童年曾经拥有过几座五色缤纷的橡皮泥山。其实我老早就是橡皮泥最大的拥有者了，儿子怕是玩十年的橡皮泥都赶不上当年不分昼夜地滚在橡皮泥山里的我。

哦，我的童年多么富有啊！

草坪与柔功

当我看到绿茸茸的草坪时，儿时在草坪玩耍的情景再一次浮现在眼前。草坪里藏着一座关于童年的天堂。

父亲所在的厂就是我童年的幼儿园，除了众多风格迥异内容丰富得如同迷宫一般的车间外，家门口那个大草坪是我和小伙伴们嬉戏的又一个天堂。

这是一个天然草坪，在离我家门口东北面20米的地方，边上是一圈明晃晃的黄泥小路，淡黄色的路带把一个青青的大草坪围在了中间，无规则形状，大概有一两百个平方。离草坪北面十几米的地方，就是父亲办公的大楼，一共两层，在当时已经算是很好的办公楼了。站在任何一间办公室的门口，草坪的风景都一目了然。所以，即便没有伙伴，就我一个人在这个草坪上玩，也没有半点不安全因素。

草坪是由那种比较粗的野生的蒺藜藤铺成的，我至今不知自己这样称呼这种草是否正确。因为这是根据那时土话叫的谐音写出来的，当年只顾着玩，没想过要知道草的名字。草坪如今灰飞烟灭，草的名称已经无从考证。这草叫什么名并不重要，重要的是它无人修整，却长得坦荡而茂密，根连着根，叶连着叶，分不清哪是头哪是尾，哪是茎哪是须，绿茫茫的一大片，敞开碧绿宽阔的胸怀，拥抱每一个投入她怀抱中的人。

清早，我起来，走出家门，不知不觉就往草坪上走。早晨的草坪有露水，走在上面，穿凉鞋的脚很快被露水沾湿了，当太阳升起来的时候，这些露水就化成水汽悠悠地升上了天空，草坪很快变得既干爽又凉快。于是脱了鞋，赤着脚，在草上尽情地跑啊跳啊，翻跟斗啊。哥哥也来了，姐姐也来了，邻居小红也来了，小芳也来了，草坪上很快就有五六个小伙伴了。大家各自玩自己发明的游戏，有时又合在一起玩。

翻跟斗是普及最快的小游戏。最初是邻家的男孩小龙翻了一个跟斗，后来大家就跟着学会了，然后是连贯翻跟斗，一口气能翻十几二十个，可以在草地上打一个大大的圈。后来年长一点的把这个技术做了改进，翻过一个跟头后做一个劈叉，就像杂技演员那样，于是大家开始学劈叉。自己先把前腿拉直，再请人帮忙把后退也拉直，然后坚持一段时间，最后自己能慢慢岔开，伸直双腿，完成整个劈叉动作了。这个动作靠的是多练，熟能生巧。劈叉对我不是难事，我没花多少时间就学会了，翻过一个跟头或者两三个跟头后做一个劈叉，动作干净而利落，娴熟而潇洒，常常惹得同伴们羡慕，也常常引得路过草坪边的大人们喝彩。

办公室就在一旁，父亲的同事有时会过来，对着我笑着叫：老毛的女儿，你翻几个跟斗给我们看看，我们给你糖吃。那个缺吃少穿的年代，甜蜜的糖果是稀罕而高档的食物，是大人给孩子最好的奖赏。于是我真就翻给他们看，他们便开

心地鼓掌，并真的给我糖果吃。有时没有糖果，他们就拿5分钱给我，让我自己去买。其时我真正的意图并不在糖果，而是喜欢，我就喜欢那样玩，跑跑跳跳翻个跟头做个劈叉是一件很开心的事情，有没有糖吃是很次要的。

后来，又有个伙伴传来一种弯腰的技术，两腿稍稍分开，人的腰身向后慢慢弯倒，直到双手能反叉在接近脚后跟的地上，整个人成一个欧米伽形状，然后又能够自己慢慢地抬起上身，恢复原样。弯腰是杂技团的女演员必学的一种柔功。我学柔功似乎比一般的女孩都顺利，是不是我的骨头特别细软？如今我在想这个问题的时候常常怀疑那个时候的我也许是缺钙。家里姐妹多，营养没跟上，个子没长高，一张稚气难脱的娃娃脸，这些都是那个年代物质条件的艰苦造成的。还有，那时母亲生我的时候正是“文革”初期，她每天胆战心惊，生怕父亲出事。虽说父母都属于根正苗红的贫下中农，但世道那么乱，什么时候什么人被批斗都很难说。母亲说她生我的那年正是心头最不安的时候。幸好一切平安。因为家里孩子太多负担过重，大姐被带到乡下奶奶那里生活，在13岁那年被迫停止学业做了学徒，而我，则能幸福地和父母在一起，在父亲的厂里开心地玩耍。

家门口的这个草坪成了我“练柔功”的好地方。有时还能在草丛里面捡到一分、两分或5分钱的硬币。那时候的5分是一个不小的数目，可以买到一个足以对付一顿成人早餐的甜烧饼。硬币都是来玩耍的小伙伴们落下的，不管谁捡到都不用归还，直接可以拿去买东西吃，大家都不会计较是不是自己丢的又被谁捡走了，小伙伴难得享受一次美食，大家都不会计较。

草坪的西面有一片高一点的草丛，那些草丛里似乎有很多我未知的神秘的东西。有时练过柔功后，我会和伙伴走进里面去采些漂亮的草。有一种叫狗尾巴草的植物，长着细而长的茎，头上是一团长条的毛茸茸的东西，摸上去感觉绒绒的，很像微型的狗尾巴。我们采一小把，把它们细而长的柄紧紧地捏在手心里，让头上的一群小狗尾巴在风中颤悠颤悠地抖动，那感觉真是好极了；还有一种植物叫作刺猬草，果实的形状呈椭圆球体，整个球体长着刺，很像一只小刺猬。这种刺球可以用来搞恶作剧或者惩罚做坏事的人，只要在他头发上放几颗，尤其是长头发的女生，她必定会惊慌得叫爹叫妈，因为，它会很快把头发粘成一团，拿也拿不下来，最后只有回家叫家人帮你耐心地解开，要花好长时间并粘连扯下一小撮头发才能拿掉。如果这种惩罚办法出现在今天的孩子世界里，不知道大人孩子会是什么反应。不过，今天我的身边已经找不到这种刺猬球了，我已经三十多年没有见到过那种刺猬草了，它只存放在我童年的记忆里。

我的柔功虽然因为岁月的流逝而几乎荒废，但那弯腰伸腿翻跟头的动作却深深地烙在了记忆的深处。在生完孩子的第二年，我尝试让自己做一个劈叉，居然能做得比较标准。以后每隔一两年或更长一点的时间，我都会让自己倒立墙壁几次，并连翻几次跟头，基本都能轻而易举地完成。

最后一次连翻几个跟头是在我写这篇文章的前几天，我45周岁的时候。那天吃过午饭，和同事到学校的健身操场散步，当我看到绿茸茸的草坪时，儿时在草坪玩耍的情景再一次浮现于我的眼前，我对身边的几个同事说，我以前很能翻跟斗的呢，他们便笑我吹牛，要不然就翻几个看看，我就在草地上连翻了三个跟头，他们都惊叹并叫好。没想到时隔那么多年了，那感觉居然还完好地留在记忆的深处。

跟头翻过去之后，觉得非常开心，尤其是当站在我边上比我年轻十几岁的同事们用赞叹和羡慕的眼神看着我的时候，我更是深深地意识到：这是我美丽的童年留给我的无价珍宝。

草从里的青瓷碗

哦，草丛中的青瓷碗碎片，

它将一个女孩的美丽故事悠悠珍藏。

6岁时候的我还是一个非常快乐、天真的顽童。因为没上学，我每天都有很多时间自由地玩耍，父母从不给我布置什么学习或者家务方面的任务，他们甚至都没有让我拿过一次扫把，洗过一方手帕。可是，父母、哥哥姐姐们却都有事情要做，他们经常在外面忙到很晚才回家做饭吃饭。

看到父母每天那么辛苦地劳作，有一天我突发奇想：帮父母做点什么，让他们高兴一下！我看着灶上乱七八糟地堆放着午饭用过的碗筷，父母都出去做事了，我一个人在家待着无事，于是想：把这堆东西洗干净整理好，让母亲回来得到一个意外的惊喜，说不定他们都会夸奖我。于是我拿了一个小板凳，站在上面，趴在和我个头差不多的灶上开始洗碗。我学着母亲平时的做法，先把水舀进大锅，然后开始洗碗，洗好后又换水，一共洗了三次，才觉得碗算是干净了。看着一大摞淡青色的印花陶瓷碗清清爽爽地发着亮亮的光，让人颇感惬意。这是我第一次洗碗，也是第一次做家务事，做得还是蛮不错的嘛。

不过，做事情要做到底，不能留个尾巴，让别人再费一遍事，这是平时父母在告诫哥姐时我听到的。所以，我决定把最后一道工序做完——把碗摆到碗橱里。

我开始用双手捧住最下面的一个碗，然后整摞托起。妈呀，好沉哪！这是我事先没想到的，等我感觉到不对劲，应该把这摞碗分几次进行搬运的时候，已经

来不及了，上面的几个碗已经开始倾斜并很快要往外倒下去。我更加慌乱了，想腾出手护住上面的那些碗，结果，手一松，“啪”的一声巨响，整摞碗全部掉在了地上。这下可真是傻了眼了。天哪，怎么会这样啊！这可不是小事情啊！在当时，一般人家里都没多少家当，每一样东西都是很宝贝的，平时哪怕孩子只是打破一只碗，无论哪家的父母都会狠命地责骂甚至动手打孩子。现在我把全家的碗都打碎了，家里没有碗了，这可怎么好啊？我被自己的鲁莽吓坏了，看着满地破碎的陶瓷片，一时竟不知所措，心里直叫:怎么办啊？怎么办啊！

终于，我想到了草坪边上的草丛。在我每天玩耍的草坪的西面，有一个超过我半人多高的草丛，草丛里面的狗尾巴草是我的好伙伴，它们毛茸茸的狗尾巴曾经带给我莫大的快乐，此刻，我是否可以求助于它们，让茂密的狗尾巴草遮住这些破碎的青花瓷碗，因为我绝不敢也不忍心把这散落在地上的青花瓷碎片扔到垃圾桶里。家门前面的这片草丛是这些被打碎的瓷碗的最好的藏身之处。于是我费了好大劲把这些破碗片全都搬到草丛里，藏在草长得最密的地方，然后打扫干净现场，出了家门，在厂区里面离家远些的地方游荡，再不敢回家。

天黑了，我听到父母在呼唤我的名字，我不敢应声。我蹲藏在草丛最茂密的藏着那些碎碗片的地方，一直到四周黑魆魆，天仿佛要压下来。我非常害怕，不

得不从草丛中钻出来，向父母发出呼唤声的方向奔去。

回到家，全家人都还没吃饭，父亲和母亲焦急得脸色都变了。原来他们回家发现碗不见，我也不见了，都非常惊异。看见地上没扫干净的瓷碗碎片，便猜测我把碗打破了。但那晚，父母脸上的惊慌是因为没看见我，我回来了，他们没有责骂我半句。最后大家用家里仅剩的平时几乎不用的三只铁碗轮着盛饭吃。到睡觉前父亲始终都没有说一句责怪我的话。我因紧张恐惧而悬了半天的心终于放了下来。

第二天，父亲又到市场上买来一些碗，比原来的要小一些，但更白净漂亮些，那些碗又花掉父亲不多的工资里面不少的钱。而我却更加怀念曾经的那些相对粗糙的青花瓷碗。偶尔，我会到草丛中去看看那些被我打碎的青花碗碎片，仿佛祭奠一堆珍贵的宝藏。因为从那堆碎片中，我知道了我的父母是世界上最善良的父母，我有一个虽清贫却温暖的家。那些碎碗一直隐身在草丛中，直到我后来搬家离开了那片草丛。

草丛中的青瓷碗碎片，它将一个女孩的美丽故事悠悠珍藏。

上学了

伴随着锣鼓声，我一路风光地走到家门口。

父亲和母亲这回自然又获得了很大的荣耀。

7周岁不到的那个夏天，父亲说我该去学校上学了。我没啥反应，因为我已经习惯了一个人在厂里自由自在地玩耍。父亲所在的厂仿佛就是我家的后花园，而且它所拥有的内容远比任何一个大户人家的后花园丰富有趣。

父亲的大手拉着我的小手，我们走出坐落在小城南端的厂区，渐渐地走进越来越热闹的大街，我的视野也从“后花园”走出，走进了一个更为广阔的新天地，四周的一切都让我觉得新奇。商店、菜市、各种车辆、张贴或书写在房屋墙身上的各种各样的标语，还有披着蓑笠牵着牛的农民……哦，原来外面的世界更加丰富有趣啊！

穿过一段大街，拐进一条宽敞的泥巴路，经过一个水面平静的池塘，躲过一条蹲在门口向着路人吼叫的大狗，大约走了15分钟，学校便到了。

这是我有生以来第一次迈进学校的大门。

到了办公室，父亲放开了他那温暖厚实的手，让我站到一个大约是教务主任的女老师面前，对老师说：“这是我女儿，来报名的，您看看如何？”

女老师仔细地看了我两眼，然后平静地说：“个头太小了，恐怕不行，今年开始要打算盘的，还要求写毛笔字，不是那么简单的。还是明年再来吧。”

“别看她个头小了一点，真不笨呢，你让她试试看吧。”父亲很恳切地要求着。女老师摇摇头，没有接话，和另一名带着孩子的家长说话去了。

过了一会儿，走过来一个和父亲差不多年龄的男老师，父亲赶紧迎上去。他似乎和父亲很熟。只听他对女老师说：“这孩子我了解一点，不错的，就让她试试看吧。”

最后的结果是，女老师同意让我试试。于是我被安排在了一年级2班。

我从此有任务了：每天要到两三里外的学校去上学了！

从家到学校是一段缤纷多彩的路，一趟走下来，看见的听见的很丰富，还要经历种种考验：比如镇定地从牛的边上走过，或者沉着地从有狗的人家门口经过。一次我从一头小牛身边走过时，看到小牛的淡黄色细长的绒毛，心生喜欢，忍不住摸了一下，结果小牛竟然扭头追我，吓得我没命地逃，幸好赶牛的农民伯伯及时抓住了牵着牛鼻的绳；至于狗，只有你沉着，它才会安安静静地看着你从它边上走过，否则它有可能会狂吠。比如看到衣衫褴褛的要饭者，它就毫不客气地怒吼，直至要饭的远远地躲开。

幸好三姐也在同一所学校，三姐大我四年，在五年级，于是最初的一段时间常常跟着三姐一起去上学。后来路走熟悉了就都自己走了。第二年，三姐便不在这个学校了。

父亲说得对，我还真不笨，在班里，我的个头倒数第二，但我其他方面几乎样样是最棒的。算盘我打得噼啪作响，十分流畅，这是因为口诀背得熟，手指又灵活；毛笔字，我几乎是一片红圈，让全班同学羡慕至极，因为被老师画了红圈的就意味着写得好，而每次得红圈最多的都是我；考试，我常常拿全班第一名，不管是语文还是算术。甚至连体育，我也是女生中出类拔萃的。班主任原本当我是试用生的，没想到我给了她一份惊喜。半个学期后，她把我这个试用生直接提拔为班长。

班长首先是用来上课前喊全班同学起立的，那时的我嗓门天生好，喊“起立”的声音非常响亮。其次，全校少先队搞活动的时候，班长的地位就体现出来了：在广场上，站在班级最前面的领队都是一班之长，袖子上别着有两道红杠的布牌，那是少先队中队长的象征。一个班一个中队长，小队长整理完队伍向中队长汇报，中队长再向大队长汇报。大队长是三道红杠，整个学校才一个。后来，学校又增设了副大队长，副大队长也佩戴上了三道杠的布牌，而这个新任命的，和大队长一样有三道杠待遇的人便是我。自从成了副大队长，我在学校的知名度就得到了很大的提升。

不过，更让我在同年级出名的是我的作文。因为我住在父亲厂里，父亲厂里又有一个藏书丰富的图书室，我从那里读到很多其他同学不能读到的书，所以我的写作能力不知不觉就得到提升。整个小学阶段，没有人对我的作文作过哪怕是一次特别的课外指导，包括父母、哥姐、老师等人。那个年代，没有开小灶的风气，没有补课和辅导的概念，所有的学生，都靠自己的天分和机遇读书，考试成绩实在差的，只能用留级的办法弥补，直到你最终过关；但即便是留级的，也没有哪个父母为孩子找家教做辅导的。

我也不知道自己是怎样喜欢上写作文。那时就觉得老师布置的作文太少，写得不过瘾，就用父亲给我制作的作文本自由写，轻而易举地做完老师布置的作文，我开始随自己的心意写其他的东西。每次交作文本的时候，人家交的是几篇，我交的却是厚厚的一个本子。而且，我的作文经常被老师在班里朗读，读完之后又被同年级其他班级的老师拿到他们班里去读。很快，他们都认识我了。

有一年，全县小学生作文比赛，我被推荐去参赛了。作文的题目是《我家的喜事》。坐在其他学校的教室里，看着和自己一起比赛的同学已经开始奋笔疾书，我有点紧张，一时想不出家里有啥喜事。突然想起前一天听到广播里播报华国锋当选国家主席的消息，那天，爸爸妈妈听了也很开心，我和姐姐们也很开心，国家终于有新的领导人了，这是整个国家的喜事，当然也是我们家喜事。就写这个吧。于是，我编织了一个华国锋主席来到我家的故事，把家里欢乐的场面描写得很逼真。最后点明，这是一场梦，因为我醒来后，才明白，原来自己做了一个快乐而奇特的美梦。这篇作文在参赛的几十篇里被排在第二名。当老师把喜讯告诉我的时候，我很开心地笑了：原来文章真的是可以编的啊！

五年小学，我当了四年半的班长，十个学期的三好学生。那种没有任何压力的学习生活，不仅让我学得轻松，玩得也很开心。最初的时候还常常因为习惯于在父亲厂里玩耍而忘记去上学。后来，和同学一起在学校玩各种游戏到了极其投入的地步：官兵抓埸、跳橡皮筋、踢毽子、跳绳、打乒乓球、玩双杠，五年，几乎都是在边学边玩中度过。而到毕业的时候，收获还是丰盛的：全校毕业生中共评出两名“三好标兵”，我是其中之一。这是按照学习成绩和平时各种表现综合评定的，这至少说明小学毕业时的我是优秀的，全面发展的，像当年伟大领袖毛主席要求的那样，“德智体全面发展”，而且，那种荣誉，也绝无水分掺入，因为那时我们家庭是典型的贫民之家，父母和学校任何一个领导都没有半毛钱的关系。

离开朝夕相处了五年的母校那天，两名“三好标兵”胸前被戴上鲜艳夺目的大红花，伴着一路敲打的锣鼓声，在学校几名老师的护送和数名同学的簇拥下，一路风光地回家。家门远还没到，喧闹的锣鼓声就吸引了一大批看热闹的人，左邻右舍的，在厂里上班的父亲同事，陌生人，大家都想看看，是谁家的孩子这么给父母挣面子。等我的父母看到是他们的“滚窝蛋”女儿时，禁不住咧开嘴，笑着迎向这个红花锣鼓队伍。

悲悼领袖

那一天，我明白了人生的一种滋味。

但是更多更复杂的滋味，直到几十年后我才明了。

每天上学的这段路，对我来说是一段美丽的旅行。在这段路，我时刻都吸收着新鲜的信息，目睹了各种各样的人和事。街路上各种人物的面孔，沿街店铺里品种丰富的食物，街路上被人牵着悠然走过的牛，被赶着的成群的鸭子，一群没有主人互相追咬的狗，等等。每样事物都能轻而易举地抓住我的注意力，让我抑制不住地对它们产生十足的好奇。

这些都是生活当中必不可少的。只有一样东西是生活中少了它无关紧要的，而多了它，却让我的生活多了一分内容，那就是沿街房屋墙壁上的标语。

记忆中，一些标语是用红色的油漆写在墙壁上或用黑色的墨汁在红色的纸上写成的，那些直接写在墙上的标语很久都能保持鲜艳夺目的色彩，鲜艳到几乎压住了周围其他一切景物，它们成了我及所有认识字的人必须阅读的内容。每天走过每一段不同的路段，我就会依次温习墙上不同的语句："伟大领袖毛主席万岁，万岁，万万岁！""中国共产党万岁！""为人民服务！""伟大领袖毛主席万寿无疆！""大海航行靠舵手，万物生长靠太阳，干革命靠的是毛泽东思想。""帝国主义和一切反动派都是纸老虎。"一遍又一遍地读这些标语之后，我就相信自己很明白标语中的含义了。

那时，经常看到各种各样的运动发生，还是小学生的我强烈地感受着这个社会中人们激奋昂扬的斗志，感受到我们的国家是一个很强大的国家，因为我们有一个万寿无疆的毛主席，他是不落的太阳，是永远守护中国的一个神。国家有了这样一个守护神，人民是多么幸福啊。所以，那时的我一直觉得自已生活在幸福当中。

但是，有一天傍晚在放学回家的路上，我突然听到广播很清晰地在播报：伟大领袖毛主席和我们永别了！当时我并没有反应过来，等看到街路上的人都逐渐停下脚步，倾听广播的播报，有几个开始哽咽了，有几个竟然号啕大哭了的时候，我才感觉到事情不妙了，但是，我还是不太敢确定发生了什么事情。于是，我问在路上哭的阿姨，阿姨告诉我，毛主席他老人家去世了。“去世就是死吗？毛主席是万岁的，怎么会死呢？”我还是不敢相信阿姨说的。在我的认知中，毛主席是神，是长生不老的万岁神，怎么可能死了呢？不行，我得回学校问问老师。于是我和一起回家的几个同学商量，大家暂时不回家，返回学校去问问老师究竟怎么回事。

当我们几个回到学校时，看到的一幕让我觉得已经不需要再问什么了：我们的老师都在哭，校长更是哭得像泪人似的。整个学校除了老师们的哭声，再没有别的声音了。学生们差不多都回家了，剩下我们几个待在办公室外面不知所措。

这时，不知道谁提议：我们也哭吧，到教室去哭。大家一致同意，于是，我们便回到自己的教室，趴在自己的课桌上开始哭起来。刚开始，几个人都只是干嚎，没有眼泪。我觉得自己这样哭很没诚意，不像样，便竭力想让自己流眼泪。后来想到班主任和校长都哭成那个样子了，他们红红的眼圈在我的脑子中不断地闪现，于是我的眼泪便慢慢来了。再后来，我们几个都哭得泪眼迷茫，真觉得毛主席比自己的爹娘还亲，失去了毛主席，我们以后怎么活下去啊，于是更加哭得天昏地暗。

也不知过了多久，班主任眼睛红肿着来到教室，让我们不要哭了，赶紧回家，我们才一个个擦着满是泪水的脸，昏昏沉沉地走回家了。

回到家，天已经黑了，父母似乎并没有像平时那样惊诧于我这么晚才回家，他们似乎明白一切，家里的气氛也是阴沉沉的，所有的人都知道今天发生了一件很不寻常的事情，这件事情让往日的欢声笑语一下子全都逃逸到不知哪里了。

第二天我们到学校的时候，就没有正常上课了，开追悼会，剪白纸花，扎花圈，买黑布做黑袖纱，所有的学生和老师都在做祭奠一个亲人必须做的事情。而我，到那时才真正明白所谓的“万岁”的含义。但也只还是明白一部分，剩下的部分也许只有等到我真正长大彻悟的时候才能明了了。

童年图书馆

图书室是一座桥梁，它架起了文学与我之间的桥梁，

让我的文学之梦向前延伸。

它成了我生命中美好的记忆的珍藏。

父亲20多岁就到城里打拼了，最早是在厂里的锻工车间，红红的钢球曾经在父亲的手中乖乖地由圆柱体慢慢变成标准的球体。后来，父亲被转岗到办公室的行政科，负责厂里生活物资的保管和发放之类的事情。从房子分配到纸笔的保管，从冬天保暖衣服手套的发放到夏令降温物品的分配，父亲常常会忙得饭吃到一半就被人叫去处理物资分配的事情。

有一天，父亲故作神秘地说要给我看一样好东西。我狐疑地看着父亲，不知道到底是什么好东西。父亲拉着我的手，从他口袋里掏出一个红色塑料皮的本子，他说，经过他们几个人的一番努力，厂里的图书室终于办成了，今晚就可以去借书了，这是借书证，现在，它归你用。

我伸出小手，接过那个小红本，像接过一团圣火，红红的火焰在我的心头似乎就要腾腾地燃烧起来。童年的大部分时光，我都像一个野孩子一样在父亲厂里的角角落落奔跑玩耍，以至于上了小学后还经常流连那些地方而忘记了去学校。我不缺玩耍，我缺少的是读书。

而现在，父亲告诉我，我想看什么书就可以看什么书，因为厂里的图书室书非常多。此刻，8岁的我突然间有了一种喜悦到近乎幸福的感觉，拿着小红本半

天说不出话。父亲说，晚上我带你去新图书室借书。

早早吃过晚饭，父亲就带着我去借书了。图书室在工厂大礼堂的西北角，是由大礼堂的一部分改建而成的。走进墙壁雪白、灯火通明的图书室，让人感觉仿佛走进了一个神话中的宫殿。

图书室分两部分，外间是阅览室，有各种报纸，里间是图书室，玻璃橱柜内摆满了崭新的各类图书。20世纪70年代，小城里没有几家工厂有图书室，就算加上学校，在整个小城，这样的图书室也是屈指可数的。跟着父亲走进图书室，感觉到了一个五彩缤纷的童话世界，两边橱柜里满满的图书像磁石一般牢牢地吸引住我的眼球，让我的脚步难以挪动。我的视线落在了童话书堆上：《格林童话》《安徒生童话》《春风吹来的童话》《木偶奇遇记》……这些封面有着梦幻一般色彩的书在我的面前闪烁着熠熠的光芒。

父亲把我带到一扇窗边，对着里面一个戴眼镜的阿姨笑着说："这是我闺女，以后借书证就给我闺女用了，第一次我带她来，以后她自己会来借的。"戴眼镜的阿姨伸出头来，透过明亮的镜片，温暖的目光落在了我的身上，她脸上洋溢着笑意，夸我长得水灵，然后问我要借什么书。我用手指着那几本童话，她很快就把崭新的两本书放到了我面前——《格林童话》和《木偶奇遇记》，然后翻开父亲的借书证，在上面记下了所借书的名称和日期。我捧着两本封面印着精美的彩色图案、散发着油墨香的书，感觉那不是两本书，而是两个梦幻世界。虽

然还没有仔细翻看，但是心已经飞进那梦幻的童话世界里面了。父亲又带我到一旁的报刊阅览室走了一圈，里面有很多大桌子和长条靠椅，一些职工正在翻阅报纸，“哗哗”的翻书声在静静的空间里回响，那种感觉在一个8岁的女孩子心里竟然是一种特别的享受，我一下子就喜欢上了这个带着一丝神秘又充满温暖的地方了。

后来，我成为了这里的常客。借阅的图书类型不断更新，从童话到民间故事，到小说，再到中外经典文学名著，还有各类杂志。从小学到中学，从家在厂内到家搬到远离厂区的城中心闹市区，年复一年，我一直都是图书室忠实的客人。

直到有一天，我再去借书的时候，眼镜阿姨神色黯然地对我说，图书室要关闭了。我睁大眼睛，几乎不相信自己的耳朵。为什么啊？她说，一句话也说不清楚，反正这是厂里的决定，不过，你不用担心，城里的图书馆比我们这个大多了，你可以去那里借书看。

等我下次再来的时候，这个图书室已经人去室空，门上留下一把大铁锁，听人说，图书馆里的书多数都低价转卖掉了，眼镜阿姨买去不少。后来，我偶尔在县报上读到眼镜阿姨写的散文，眼镜阿姨全名是周辉芬，我总认为辉芬阿姨是读了图书馆的那些书，才写出那些文章的，所以，我相信了当时学到的几句名言：熟读唐诗三百首，不会作诗也会吟；读书破万卷，下笔如有神。

我决定到县城图书馆办一个借书证。没想到县图书馆就在我新家的附近。天助我也，这图书馆似乎就是为我而开的。这里的图书果真更多，除了图书，还有大量的报纸杂志，最吸引我的是那些文学杂志，《作家》《青年作家》《江南》《昆仑》《小说月报》《作品与争鸣》《大众电影》……众多的杂志陈列在书架上，像一颗颗巨大而璀璨的明珠，在我的眼前闪闪发亮。可每次时间都过得特别快，我看不了几本就到了图书馆关门的时间了。每次我几乎都是最后一个离开。这些杂志是不能外借的，而我也只能在晚上和周末时间过来。

这个图书馆是继父亲厂里那个图书室之后进一步把我的文学之梦向前延伸的桥梁，它和我童年的那个图书室一样，成了我生命中美好的记忆的珍藏。

你是块大学生的料子

鼓舞的力量是无法估量的。

老师，不要吝啬你对学生激励的言辞。

初中，我在县城规模最大的一所初中学校就读。那是20世纪80年代初期，学校已经有重点和非重点班级之分了。平行班一共8个，2个重点班，我被分在重点班里，还做了班委。

但是，我从来没有在意过自己的分数，我的父母也从未在意过我考多少分，他们忙自己的事情都来不及。家里这么多孩子需要他们关照，每一天的伙食及其他杂事需要他们操心，他们真的顾不上分数这个东西，看到孩子们每天能正常学习，大人正常工作，一家人大大小小出入平安，那就万事大吉了。

所以，我有很多时间玩。

每天在学校，我都会和伙伴们玩几种游戏：跳牛皮筋、踢毽子、打乒乓球等。跳牛皮筋和打乒乓球都需要场地，所以，每节课快要下课的时候，我的注意力便开始转移到另一件事情上去：下课抢占游戏的地盘。跳牛皮筋的地盘相对好抢一点，因为可以选择的场地比较多，而打乒乓球就需要拿出十二分的精力去对付抢球桌这项艰巨的任务了。乒乓球球桌在教室外面不远处，是一排水泥砌成的球桌，一共有五个。想玩的学生很多，每堂课上完后，这五个水泥球桌就成了珍稀之物而遭到疯抢，谁第一个占到谁就先用。而我因为贪玩，还因为有父亲给我专门制作的一副木板乒乓球拍，所以，抢占球桌这个事情对我来说就特别有意义。每堂课下课前几分钟，老师在讲什么，我几乎都不知道了。这心不在焉的后果是：我的学习成绩从第二名逐渐退到了第五六名，有时甚至更后面。

有一次，班主任钱幼娟老师生病了。学校派了另一位大学刚毕业的老师暂时担任我们班的班主任。新老师姓杨，第一堂课，杨老师精神抖擞地走进来了。原来是一个年轻帅气的男老师。他说，有机会为我们班上课并做代班主任他感到非常荣幸，那堂课他给大家讲的是《白杨礼赞》。他上课的风格和钱老师有点像，朗读优美、讲解细致，同学们很爱听。他和学生相处非常平等，仿佛自己是学生们的大哥哥，这在当时是不多见的为师风格。

那几天的课，我听得很享受，但每次快下课的时候，我还是忍不住不断地往教室外面的乒乓球桌上瞄。杨老师注意到了，但他并没有批评我。直到第三天语文课下课，我拿着球拍飞一般从教室往外冲时，杨老师才在教室门口拦住我，微笑着问我：跑那么快有什么事呢？我说打乒乓球。杨老师便说他也喜欢，可陪我一起打。杨老师的球技可真了得啊，作为他的对手，我狼狈地东跑西跳地接球，简直不堪一击，杨老师却边打边笑。完后，杨老师对我说，爱运动是好事， 但不要因为这个影响了听课。每堂课最后的内容是一堂课的总结，还有作业布置，千万不可疏忽了，打球的时间多得很，放学、周末，都可以啊。他说他已经和钱老师交流过了，知道我平时成绩不错，但最近有退步现象，原因应该和我把心思用在玩上面过多有关。杨老师最后郑重其事地对我说了一句话。这句话让我如同一个昏睡已久的人突然之间被人用力一推，整个人醍醐灌顶般地清醒过来了。从那天开始，我再也没有一下课就去抢乒乓球桌了。

杨老师说的那句话是：你是块大学生的料子!

原来钱老师也早就注意到我贪玩了，本来也想找个机会和我谈话的，但因为身体不好来不及和我说。杨老师向他了解班级情况的时候，专门提到了我，他们对我有相同的认识，认为我是个有潜力的学生。虽为临时班主任，杨老师对我们班级的工作却从不敷衍，我的事情，他也当作一件重要的事放在心上。

杨老师对我说的这句话像一颗重磅炸弹，在我的心海里掀起了巨大的浪花。

那个年代，“大学”是一个很神圣的字眼儿，能进大学校园的人寥寥无几，大学生是天之骄子，能够上大学意味着：从此成了“吃皇粮”的人了，从此衣食无忧了，从此有了很好的身份，甚至以后可能就有了很好的地位，从此就不是贫穷的农二代了。当然，我本来就不是农二代，但是，我们家，我父亲的家，我母亲的家，我所知道的我比较亲近的亲戚当中，几乎没有一个是上过大学的。“大学生”这是一个多么高贵而美好的荣誉！虽然，从读书以来我的成绩一直不错，虽然，我一直是班干部，老师眼中的尖子生，但是，从没有一个老师对我说过我有机会上大学，说过我是块大学生的料子。大学生！大学生的料子！这是多么高的评价！我很激动，很兴奋。

杨老师后面说什么，我已经记不清了，我整个脑子中就留下了这么一句话：我是块大学生的料子，我能考上大学！

从此，我的心里埋下了一颗梦想的种子：我要上大学！

很快，三年高中毕业了，我真的成了一名大学生。而那一刻，左邻右舍那么多的人家中，也只有两户人家的孩子拥有大学生的称呼。父亲为此非常骄傲：我们家终于有大学生了！

而我的感觉是：一个不经意之间来到我身边的老师，在不经意之间给了我一份不经意的关怀，让我得到了一种从未有过的激励。一个老师对一个学生说一句鼓励的话或许并不难，而它对学生无法估量的鼓舞是老师们也料想不到的。所以，老师们，别吝啬你对学生激励的言辞。

第一笔工资

第一笔工资全部花在了给长辈们买礼物上了，

礼物虽小，长辈们一个个都挺高兴的。儿子真的长大了！

新家刚刚安顿好没几天，儿子电话就来了，说忙完事情了，明天要过来了。我说，小子，终于知道来看我了啊，咱们已经住到新的地方了，那老地方过两天就是别人的了，别往那里去了。

我把新家的地址和公交路线告诉了他。

第二天，他背着一个鼓鼓的双肩包满头大汗地站在了家门口。接过包，哇，沉得我几乎拿不住，原来包括电脑之类的所有家当都在这里面了。到底是年轻人啊，有气力，这么重的东西驮在背上也能到处走。看着他长胖了一圈的脸和身子，心里一下子放宽了。

卸下包袱，他边环顾四周边点评起新房子来：不错，挺敞亮的，感觉蛮舒服……把所有的房间都看完以后，他的脸上露出了欣慰的笑意：这多好啊，你早就应该住这样的房子了，辛苦了这么多年，完全应该让自己住得舒服点了！。

这些话句句说到我的心窝里。都是凡人，都逃不过一个“俗”字，追求舒适的住所也一直是我的梦想，虽然不是要求那种华丽富贵，但要达到居住舒适的目标，有时也不是很容易的事情。这次，我下决心让自己实现了梦想，自己满意了，也得到了别人的赞许，心里很是舒坦。

儿子在外三年了，每年寒暑假回来一次，每次也就待上几天，也许只有做点好吃的才能表达母亲对儿子的关爱吧。可是，做什么呢？这几年平时在单位吃得比较多，厨房操作越来越少，厨艺也直线下降。走进厨房我看着买来的菜发呆。

到底是从小在身边长大的，他马上看穿了我，说："我们随便吃点，不要那么麻烦的，这年头还怕没得吃，在那边几乎每天都上饭馆，大鱼大肉都吃腻了，我想吃清淡点的，你看，有新鲜青菜，很好了，等会我们一起做饭菜。"他说的那边是指他父亲那边，估计在那边确实是三天两头下馆子的。而在这边，儿子和我一起做饭，帮我切菜炒菜的场面，每个暑假都会上演。有儿子在家，很多事情就变得容易甚至有趣起来，有些搁置了三五个月的事情，等他一回来，立马就做好了。

"但现在，我们去逛街。"他很肯定地说。逛街？我纳闷了："你一个大小伙子，时间那么金贵，还有时间陪我这个老太婆逛街？"他指着我穿的衣服，一脸的不满："看你穿的这些衣服，又旧又老土，买一身时尚一点的，穿起来可以显示出你与众不同的气质啊！走走走，我陪你还不行吗？"不由分说，硬是拽着我出门了。

其实想买衣服已经想了半个夏天了，因为各种各样的原因，一直没能实现。有时就安慰自己：夏天很快就过去的，熬一下，也就那么回事。而此刻，那根弦又被拨动了。

到了商场，他开始到处搜寻，眼光比我这个逛街并不少的妇女强多了。看到有点适合我的，就让我试穿。年轻人的审美和长辈的是不同的，但他选中的衣服，总体上是我喜欢的风格，他似乎知道我的喜好，对我穿什么样的衣服比较适合也很有感觉。

走到ONLY专卖柜，他让服务员拿下一件玫瑰红底子黑色底边的短袖，让我试穿；又找了一条水洗绣花牛仔中裤，穿起来也挺酷的。很庆幸这么快就买到了自己满意的衣服，以前一个人常常试穿半天都找不到合适的衣服，这次如此高效应该感谢儿子。我正乐颠颠地要去付钱，他一把拦住我，说："别急，我来付。"说完他很快消失了，马上又出现在对面的收银台前。这一套衣服花了他三百多元钱。看着我有点惊讶的目光，他笑了：暑假帮老师做事情挣的钱，这第一笔工资，给妈妈买套衣服，希望妈妈穿得得体大方漂亮，优雅的气质得到充分的展示。

有点感动，但我很快就掩饰住了自己，开心地说了句：“真好啊，我儿子竟然知道挣钱给妈妈买衣服了。”

做午饭的时间到了，我择菜他切菜。虽然菜切得并不算很多，但他那刀工似乎有些天赋，嚓嚓嚓，随着匀称而快速的节奏，一条黄瓜在他手下顷刻间就都成了均匀的薄片。切了几个菜，他便让我到餐厅休息，自己一个人开始打火炒菜。我很放心地去做别的事情去了，我相信等会儿吃饭的时候肯定有一两个味道和平时不太一样的菜。果然，他炒的南瓜和我前一天炒的风味完全不同，南瓜片的形状和我切的不同，里面还放了几样我不曾放的调料，结果这盘南瓜很快被瓜分掉了。

下午，他问还要不要搬东西。我正想着旧房子里剩下的东西是不是要赶紧处理掉，儿子这么一说，正合我意，我决定两个人一起把剩下的有用东西都搬过来。

搬家是个麻烦活，明明看上去没多少东西了，可是搬起来竟然还是一趟又一趟的。稍微重一点的东西他都不让我搬，宁可自己上下楼多跑几趟，弄得满头大汗精疲力竭。车子来回三趟，终于把老房子里有用的东西搬得差不多了，他中学读过的书整整有两麻布袋，我试探地问是否可以卖掉，他果断否定了：“卖了没几个钱，留着是对过去日子的珍藏，看到这些书，就会想起当年所经历过的日子。”于是大部分书都被搬到了新居。两个人累得躺在地板上老半天起不来。但他却对自己这半天的辛苦感到满意，说：“这几天趁我在，帮你多做点事，说不定我过两天临时有事走了，你又要多受累了。”

哎，儿子真是长大了！

傍晚，洗过澡，换上了新买的衣服，两个人漫步在通往西区公园的人行道上。儿子好几次回头往我身上看。我知道他是在欣赏他用第一笔工资换来的成果。他看起来比我还满意，说：“你看，就是不一样了，人靠衣装马靠鞍，你穿这身衣服既显年轻又不失得体，整个人的状态都好起来了。”我点了点他的鼻子说：“小子，别那么抬举一套衣服，我状态好和你今天回家也有一定关系的哦。”

两天后，我们一起回老家看亲戚。让我母亲和姐姐们惊喜的是，她们都收到了我儿子用自己的第一笔工资买来的珍珠项链和手链。这小子，把第一笔工资全部花在了给长辈们买礼物上了。礼物虽小，长辈们一个个都挺高兴的，她们和我一样，其实并不在乎东西价钱的高低和质量的优劣，她们高兴是因为自己收到了一份孝心。

他郑重其事地告诉我，他买来的这些珍珠饰品都是优等品。为了让所花的钱买到最实惠的东西，他和老板聊了好多，老板最后相信他买的是孝心礼品，给他出的价明显比别人便宜。他要用最少的钱买到足够好的礼物送给长辈们。

他在距离大学毕业还有两年之际挣得了第一笔钱，并用这第一笔钱做了几件他自己认为比较满意的事情，这就是一个男孩子的成长。

幸福的人

于我而言，曾经的天真单纯是幸福，艰辛拼搏是幸福，忙忙碌碌是幸福，独处孤思是幸福，坦然自在是幸福，甚至煎熬和痛苦，也是一种幸福。

经历了不少，想了很多，最后，我给自己走过的四十多年的人生定位是：幸福的人。

这个结论历经了时间的变迁和多番的感悟。

曾经为自己的简单而心存羞愧。

从校园走出，很快又进入校园，虽然角色发生了变换，但骨子里的那些东西却依然固执地占据着我心灵的空间。因为缺少广涉，见识面狭小；因为想法单纯，做事情拘泥；天生气质柔弱缺乏霸气，加上一副稚嫩的圆脸，走到哪，都让人觉得是一个需要帮助的文弱女生。所以曾经渴望自己变得强悍。但最后明白，真正的强悍不是表象能看得出来的，强悍最终归属在一个人的内心，内心坚挺了，人永远不会被生活的困难和苦痛击倒，那才称得上是真正的强者。于是，对自己有了信心，有了信心，生活就变得美好而幸福了。

曾经抱怨生活太艰辛。

从学生时代开始，我就有了朦胧的为理想而奋斗的念头，直到后来以老师的身份进入校园，才发现，真正的奋斗刚刚开始。为了家庭，为了孩子，为了自己的梦想，在三尺讲台上，一拼就是20多年。几次动摇过，是否要换个岗位。看着一个个离开的背影，最终还是选择了留下。习惯了待在校园，就觉得校园的那种氛围滋养人，和一代又一代年轻的学生在一起，心会永远保持年轻，和那些年轻的心灵不断地碰撞，渐老的灵魂才不至于僵化凝固。那些围绕在身边的青春的身影，时刻激励着你不断地汲取新鲜的知识，超越自己陈旧的思想，让你的脑子，你的身体和灵魂青春永葆。这么多年，战胜了一个又一个困难，坚持下来了，这已经是一种成功了。现在，我在享受着这种成功。所以，我是幸福的。

曾经也非常孤独幽怆。

那段时间害怕孤独又不得不一个人面对：一个人在家、一个人吃饭、一个人做事情、一个人拿主意、一个人面对困难，一个人承受伤心。这样的日子曾经让我抱怨、害怕，甚至憎恶，但是，最终，我胜利了，我让自己处于一种平衡和谐的状态：随时都能适应或一个人或不是一个人的时光。学会了一个人的时候享受孤独，不是一个人的时候享受陪伴，从一个喜欢阳光和灯光，离不开伙伴的温室女孩，变成一个能独立面对一切，从容安排自己所有的生活内容、懂得自己和自己过日子的成熟女性。这当中，孤独是修炼的法宝，是催促人走向成熟的重要因素，但并不是每一个人都能拥有这样一份生命的营养元素，我拥有，所以我幸福。

如今坦然淡泊。

常言道：风雨过后是彩虹。经历了人生的风风雨雨之后，虽然没有见到绚丽灿烂的生命彩虹，但是，曾经在岁月的天空上密布着的阴云不知何时早已烟消云散，日渐清明的天空现出了亮光，世界变得明亮起来。在这样明亮的天地间，我可以悠然地做自己想做的事，而不必担心是否会失败。此时成功和失败于我都已经只是一种点缀，我只享受做的过程，所以，能够用一种优雅的姿态对待许许多多的事物。一个人做事的时候能够不为结果如何而忧心，这是多么的幸福啊！

做一个幸福的人，原来并不很难，因为幸福仅仅是一种感觉而已。没有万贯家产，只拥有一抹阳光的自由人，是幸福的；没有显赫的成就，只完成了手头的一份小小的任务，是幸福的；没有威武英姿，只有尚还健康的身体，是幸福的。所以，于我而言，曾经的天真单纯是幸福，艰辛拼搏是幸福，忙忙碌碌是幸福，独处孤思是幸福，坦然自在是幸福，甚至煎熬和痛苦，也是一种幸福。人能感受着生活的多姿多彩，就是一种幸福啊!

这样想的时候，我真的觉得自己是个很幸福的人。所以，我庆幸此刻自己是以这样一种思维在回看自己的人生，这种思维，在此刻已经深入到了我灵魂的深处，引领我向着光明前行，所以，我的生活注定会越来越美好。

所以，我是一个幸福的人。

后　记

教育需要温柔

一个毕生将行走于菁菁校园的教育使者，不能不思考教育的某种真谛。

一位同事对我讲的关于他自己的一个真实故事让我铭记：他来自农村，到城里读中学时英语总是学不好，为此他曾经遭受英语老师无情的责骂，这加剧了他对英语的恐惧。有一次大考，他英语又考得一塌糊涂，拉了班级总分很大的后腿，老师愤怒至极，当着全班同学的面用极端的语言讽刺羞辱他。从此他就在心里埋下排斥英语和仇恨老师的种子，英语彻底不学了。高考的时候尽管他其他功课成绩不错，但因为英语分数过低，只勉强进了一个专科。上大学甚至工作后的很多年里，对英语的恐惧和英语老师留给他的羞辱的阴影一直难以抹去。这令他时刻警醒自己：不要轻易粗暴地对待任何一个学生。

教育需要因人而异，对某些孩子而言，疾言厉色，恩威并用，快刀斩乱麻不失为一种很好的教育手段，但对更多的孩子来说，娓娓说服，温柔启迪或许更适合他们的心理承受状况，更能让他们从根本上摒弃原有的幼稚顽劣、狭隘固执，从而欢欣、健康地向灿烂的明天奔跑。一个未成年的孩子，抽穗拔节的成长之心是需要雨露的浇灌和阳光的照射的，教师的温柔，无疑是教育天空中的那抹阳光，那片雨露。所以，我憧憬心清神爽、情思放飞地徜徉在阳光沐浴的金色校园的意境。

为了这份意境，我乐此不疲地追求着。从扎着马尾辫、被学生当作姐姐的青春年代，到逐渐成熟的妈妈年龄，到将要迈向人生之秋的今日，都坚守温柔为师，温和做人，温文做事。对学生温而不厉，威而不猛，很少有狂风暴雨，雷电冰霜般的行为。虽然也有波折、困惑、彷徨，但最终都从中看到了阳光。因为这份温柔里有着极其丰厚的营养元素：宽容、爱、奉献、智慧、坚持，等等。它不是简单放任，更不是失去原则的纵容，它是另一种形式的教育，犹如大自然春天滋润万物的阳光和雨露。

追寻校园教育中那抹温柔的阳光，于我也不是刻意为之，甚至完全是一种巧合。天生的外表柔弱而内心坚执，是注定我温柔特性的基石，它令我无法不温柔。纵有满腔的火焰，在穿过我心房和脑际之后的那一刻，火焰就变成了胸中鲜红却不烫人的旗帜，红红的丝绸面在微风的吹拂下缓缓飘扬；纵有重复的顽劣，在漫游我柔和却坚定的心河之后，顽劣终于变成了成长却未受伤的醒悟，欢欣的身影在校园的草坪间嬉戏追逐。

校园里，如我一般温柔，如我一般追求教育的温柔的老师，有很多，很多。

一种温柔，换取了无数的欢欣成长。

做到温柔有时并不容易。教育的天空不都是春天，有时也会有雷电风霜，冰雹雾霾，这时候就更要坚定地温柔并且微笑，用毅力和智慧去抵挡风霜的侵袭，扫除雾霾的污染。当一片温情被无端地消费，当一腔真诚被自私利用，当满怀善意被误会曲解，温柔或许会在片刻间烟飞云散，暴怒和发泄会在被称为“师者”的世界中膨胀，一旦它爆炸，其效果有时无异于心灵天空里的一颗原子弹，一片纯真的心灵世界也许从此有了永远洗涤不净的污渍。所以，温柔，需要执着的坚守，需要智慧的浇灌，需要爱心的呵护。

种瓜得瓜种豆得豆，播下温柔的爱，收获的将会是一片明媚而温暖的春天。

写这些文章，大多采用记述的方法，以求教育状态的原汁原味。我以为，有些东西，是需要岁月的沉淀才能让人领悟出其中的滋味的，真实的原貌更有助于教育者和关心教育的人们对教育现状的领悟和思考。文中涉及的班级和学生名字大多是化用的，希望阅读本书的学生不必对号入座，我们将众多真实的教育现状呈现给大家，是我们对教育的一份真诚和热爱。中国的教育需要改革，中国的教育也一直在改革，置身于教育天地里的师生们，都有一份参与教育改革的沉甸甸的责任和义务。但不管改革走到哪一步，我们始终和教育同呼吸共命运。校园，永远是我们人生中的一个大舞台。

写作此书，曾受到本人大学班主任王嘉良教授、衢籍作家周华诚先生、《第1时间》杂志主编张小武先生，以及衢州一中党总支方美花书记等人的关注和指点，在此深表谢意。

作者

2014年6月

图书在版编目（CIP）数据
无法不温柔：一本书读懂语文老师 / 毛香菊著.
-- 哈尔滨：黑龙江教育出版社，2014.5
ISBN 978-7-5316-7477-1

Ⅰ.①无… Ⅱ.①毛… Ⅲ.①中学教育－文集 Ⅳ.
①G63-53

中国版本图书馆CIP数据核字(2014)第099062号

无法不温柔：一本书读懂语文老师
WUFA BU WENROU：YI BEN SHU DUDONG YUWEN LAOSHI

作　　者　毛香菊
选题策划　邢万军
责任编辑　邢万军
封面设计　上尚装帧设计
责任校对　周维继

出版发行　黑龙江教育出版社（哈尔滨市南岗区花园街158号）
印　　刷　北京彩眸彩色印刷有限公司
新浪微博　http://weibo.com/longjiaoshe
公众微信　heilongjiangjiaoyu
E-mail　heilongjiangjiaoyu@126.com

开　　本　700×1000　1/16
印　　张　18.5
字　　数　248千
版　　次　2014年9月第1版　2014年9月第1次印刷
书　　号　ISBN 978-7-5316-7477-1
定　　价　32.00元